北京市教育委员会和北京市哲学社会科学规划办公

北京政治文明建设研究报告

2021

REPORTS ON BEIJING POLITICAL CIVILIZATION CONSTRUCTIONS

北京政治文明建设
研究基地
编

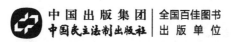

中国出版集团
中国民主法制出版社
全国百佳图书
出版单位

北京 · 2024 年

图书在版编目（CIP）数据

北京政治文明建设研究报告. 2021 / 北京政治文明建设研究基地编 . —北京：中国民主法制出版社，2024. 7. —ISBN 978-7-5162-3707-6

Ⅰ. D671

中国国家版本馆 CIP 数据核字第 2024263JR9 号

图书出品人：刘海涛
出版统筹：石　松
责任编辑：姜　华

书　　名 / 北京政治文明建设研究报告（2021）
作　　者 / 北京政治文明建设研究基地　编

出版・发行 / 中国民主法制出版社
地址 / 北京市丰台区右安门外玉林里 7 号（100069）
电话 /（010）63055259（总编室）　63058068　63057714（营销中心）
传真 /（010）63055259
http：//www.npcpub.com
E-mail：mzfz@npcpub.com
经销 / 新华书店
开本 / 16 开　710 毫米 × 1000 毫米
印张 / 20. 25　**字数** / 298 千字
版本 / 2024 年 10 月第 1 版　2024 年 10 月第 1 次印刷
印刷 / 北京建宏印刷有限公司

书号 / ISBN 978-7-5162-3707-6
定价 / 68. 00 元

《北京政治文明建设研究报告》（2021）

编 委 会

目录

人大制度

协商民主

社会治理

人大制度

人民代表大会制度热点问题问答

李　进　崔英楠*

一、关于人大代表问题的研究

人大代表问题的研究，包括对人大代表代表性的研究、人大代表主体地位的研究、人大代表结构问题的研究、人大代表素质，以及对人大代表履职等方面问题的研究。如何提高人大代表的代表水平，保障和提升人大代表的主体地位，加强对人大代表的监督和制约，成为学者们关注的焦点和热点。

问：人大代表代表谁?

答：人大代表自然代表人民，那么，人大代表究竟是代表辖区人民的利益还是代表选区人民的利益？对此，研究者的观点并不统一,一度出现了“广义代表说”和“狭义代表说”两种说法。

一些研究者认为，两种说法均存在一定缺陷，主张人大代表的双重代表性，认为人大代表在履行职务时，要正确处理辖区利益与选区利益的关系，使选区利益融入辖区利益，辖区利益包含和体现选区利益，实现辖区利益与选区利益的协调一致。

* 李进，中国电力工程顾问集团公司法律顾问、政工师；崔英楠，北京联合大学北京政治文明建设研究基地教授。

研究者普遍认为，目前我国人大代表存在代表性不强的问题，并针对人大代表代表性的完善问题，提出了对策和方法。有研究者指出，人大代表代表性的实质是人大代表忠实地代表和有效地表达人民的意志和利益。完善代表性至少要做到以下两点：一是在选举制度中保证人民能自主选择代表进入权力机关；二是在人民代表大会制度中保证人大代表能为人民办事。

问：人大代表应该实行专职化吗？

答：近年来，学界对于代表主体地位的主流观点就是人大代表应该实行专职化。很多研究者认为，人大代表只有实行专职化，才能确保人大代表有效地履行职责。

有研究者认为，代表专职化可以克服代表兼职产生的种种弊端。“在专职代表制下，人大代表必然会对其代表身份产生较强的角色认同感，从而在实践中保证代表身份的实质化。这就避免了兼职代表制下代表观的错位问题”。

也有研究者对于代表的专职化持审慎的态度，认为代表专职化是一把双刃剑，或有可能使民主有效性陷入“两可”境地，或有可能导致民主的精英主义倾向。

2010年10月修正的《中华人民共和国全国人民代表大会和地方各级人民代表大会代表法》继续否定了代表专职化和设立代表个人工作室的思路，似乎为学者们对代表专职化的论争暂时画上了句号，但是这似乎并未影响研究者的研究旨趣，人大代表的专职化问题依然是学者关注的话题。

问：当前人大代表的结构是否合理？

答：人大代表的结构不仅包括身份结构，而且包括年龄结构、知识结构与能力结构等。学者们普遍认为，目前人大代表的组成结构不尽合理，存在的问题主要表现为：官员代表所占比例过大，党员代表所占比例偏多，代表的学历层次不高、法律素养偏低。

另外，有研究者认为，目前我国通行的通过确定各类代表的比例的办法来保证社会各阶层各利益群体，特别是弱势群体的利益，让他们在人民代表大会中占据一定比例的做法不够科学。

针对人大代表的结构问题，研究者提出了一些改善的建议，特别是针对2012年3月全国人大提出的降低全国人大代表中党政领导干部比例的要求在实践中如何落实的问题，研究者更是各抒己见。有研究者提出可以通过引进竞争机制和限定官员代表的比例来改善代表结构。

问：如何确保人大代表能有效履职？

答：有学者指出，目前我国人大代表履职存在的最大难点是对于人大代表职务性质的认识不清。比如，将人大代表视为政治荣誉，将自己视为行业代表，或者将自己视为摆设等，这些因素导致代表履职意识薄弱，无法正确地履行职责。

因此，有研究者认为，提高代表履职能力的关键在于澄清各种对人大代表职务性质认识的误解，强化代表的角色意识。当然，研究者并不否认我国人大代表在角色认同上取得的进步，有研究者专门以核心期刊为样本，分析了不同时期人大代表角色的变化，指出人大代表正在从反映民声的传声筒转变为人民利益的捍卫者和代表者。

随着人大代表在职务履行方面有了更多的实际行为，人大代表角色扮演的履职保障也成为研究者的一个研究热点。

问：谁来对人大代表保持有效监督？

答：人大代表来源于人民，由人民选举产生。因此，人大代表接受人民的监督既是人民主权原则的要求，更是民主政治的技术与程序的要求。代表选举工作的好坏是决定代表素质优劣的关键性环节，但在代表选出以后加强对他们的监督工作却能起到稳定代表素质、加强代表素质的重要作用。

人大代表受人民委托，掌握国家权力，直接关系到人民的利益和幸福。如果不对人大代表保持有效的监督和控制，很难保证人大代表的代表性。对于监督人大代表的必要性，研究者均予以肯定。

有研究者指出，强化对代表的监督，是增强人大代表代表意识、代表责任、代表行动力、代表性的必要措施，最终对代表明确自己的职责和使命具有积极作用。

二、人大选举制度研究

选举制度是人大制度的重要组成部分，是人大制度的逻辑起点。它既是公民政治参与的主要方式，也是公共权力获得合法性的重要依据。改革开放以来，通过1979年制定的《中华人民共和国全国人民代表大会和地方各级人民代表大会选举法》（以下简称《选举法》），其后经过1982年、1986年、1995年、2004年、2010年、2015年、2020年7次修改和补充，人大选举法律和制度不断改进和完善。但在实践中，人大选举制度依然存在许多问题亟待解决。

问：要不要进一步扩大直接选举范围？

答：根据《中华人民共和国宪法》（以下简称《宪法》）和《选举法》的规定，只有县、乡两级人大代表是采用直接选举的方式产生，县级以上的各级人大代表都是采用间接选举的方式选出的。

针对这种情况，有研究者指出，应进一步扩大直接选举的范围，这既是中国人大代表选举制度的必然发展趋向，也是社会主义民主的内在要求。

有研究者认为，目前我国的间接选举制度存在许多问题亟待解决，主要表现为选民投票热情不高、代表候选人介绍方式存在缺陷、对选举过程的监督体系不完善等问题仍需关注。

问：要不要将竞争机制引入选举？

答：研究者普遍认为，在当前选举实践中，选举人和被选举人参选积极性不高的一个重要原因，就是缺乏竞选机制。是否实行以竞争为中心的公开、公正的选举程序，直接决定代表的素质、责任心和人民代表大会作用的发挥。

因此，研究者呼吁适度地将竞争机制引入选举中。2010 年，中国扩大了竞争选举机制的应用范围，这是一个可喜的进步，但是如何完善具有中国特色的竞选机制，以提升我国的政治民主化程度，依然有待于进一步的深化研究。

问：对目前的候选人提名和确定方式存疑？

答：有研究者指出，我国的提名制度要体现社会主义民主的优越性，并不在于人大代表构成上社会各阶层都要有一定数量的代表，最重要在于社会各阶层是否真正按照自己的意愿作出选择。因此，在人大代表候选人的提名上，不应当按照阶层来分配名额，因为它使人们对公平公正公开的选举产生了疑问，对选举制度造成了不应有的损害。

从选举的本来意义上讲，公民选举代议机关代表和国家机关特定工作人员代理自己管理国家，在本质上是其对自身利益的选择，因而保障有关公民按照自己的意愿作出选择至关重要。

问：如何调动和提高选民积极性？

答：目前，我国选举制度所面临的最大问题是选民对选举的冷淡情绪。除了选举程序存在问题，如代表的提名和确定民主性不足、候选人的介绍机制不合理、选举范围狭窄等原因外，还有研究者认为，选民之所以对选举表现出漠然的态度，关键的问题在于选举和选民利益脱节。

有研究者认为，从理论上说，选民进行投票选举，其实质是在选择自己的利益代表人，以实现自己的利益诉求。他们参与选举愿望的强弱是根据利益的大小来判断的，而不是取决于政治觉悟的高低和民主意识的强弱。只有利益才是决定选举的动力，有利益才有激情，才会去参与投票。因此，应将选举制度与利益机制有机地结合起来，将利益与选举制度挂钩。

三、关于人大监督制度的研究

从目前的研究成果来看，关于人大监督制度的研究主要包括以下几方面内容：一是人大监督的性质、特点和基本原则；二是人大监督的外部环境，主要涉及理顺全国人大及其常委会与地方人大及其常委会之间的关系，理顺人大与党的关系，理顺人大与政府的关系，以及理顺人大与司法机关的关系；三是人大监督权的行使机制问题。

问：人大监督的性质和作用是什么？

答：第一，人大监督的实质就是人民监督。

第二，人大监督是代表国家进行监督，是具有法律效力的监督，是我国监督体系中最具权威的监督。

第三，人大监督有助于扼制腐败的发生和蔓延。

第四，人大监督有利于促进和完善人大自身建设。

问：如何理顺党与人大的关系？

答：中国共产党是我们国家的执政党，是社会主义建设事业的领导核心。人民代表大会是人民行使国家权力的机关，全国人民代表大会是最高国家权力机关。一个是领导核心，一个是权力机关，因而如何处理二者之间的关系就成为规范党政关系的关键。

很长时间以来，无论是在理论上还是在政治实践中，党和人大的关系都没有很好地理顺，研究者们对此纷纷献计献策，并推出了一系列的研究成果。总结起来，主要有三个方面：一是关于规范中国执政党与人民代表大会关系的意义；二是如何理解和把握执政党与人民代表大会的关系；三是如何规范执政党与人民代表大会的关系。

问：如何理顺全国人大及其常委会和地方各级人大及其常委会的关系？

答：对于上下级人大及其常委会的关系，研究者基本赞同将其定位为监督、联系和指导。

有一些研究者从实际工作出发，讨论了全国人大及其常委会和地方人大及其常委会之间的联系和指导关系问题。还有研究者对人民代表大会与人大常委会的关系进行了分析，指出二者在职能衔接方面还存在法律规定不明晰、工作联系不紧密、主次关系把握不准确等情况，这些问题在很大程度上影响了人大职能作用的发挥，因此应加强人民代表大会与人大常委会履行职能的衔接，以便有效地发挥人大的整体职能作用。

问：如何理顺人大与政府的关系？

答：从理论上讲，人大是政府的监督机构，但在很长一段时间里，人大对政府的监督往往是“寓监督于支持”，因而造成人大对政府的监督缺乏实效。

对此，有研究者提出改变这一观念，真正将人大监督落到实处。研究者还分析了加强人大对政府监督的必要性，分析了影响人大对政府监督职能发挥的因素，同时提出了相应的对策和建议。还有研究者认为，人大监督乏力的重要原因在于缺乏具体、可操作的监督手段，因此，提出了构建人大在政府绩效评价中的主体地位的观点。该研究者认为，基于政府综合绩效评价作为一种有效的治理工具及制度安排的性质特征，可通过具体翔实的指标体系来全面测评政府绩效的具体、可操作的特点，可以为人大监督职能的加强和顺利实施提供一个行之有效的路径选择。

问：如何理顺人大与司法机关的关系？

答：根据《宪法》，司法机关由国家权力机关产生，要接受权力机关的监督和制约。

人大监督司法的最终目的是实现司法公正，与司法本身的诉求并不冲突，因此，争论的焦点并不在于是否要坚持人大对司法的监督，而是集中在如何一方面保证司法受到人大的有效监督，另一方面又确保人大依法监督不妨碍司法的独立性，即如何把握人大监督的“度”的问题。

研究者讨论的问题主要涉及人大监督的程序和方式，包括人大对司法的个案监督、人大监督的界限和原则、如何在人大监督与司法独立这两者之间寻找平衡点等。

坚持和完善人民当家作主制度的文化基础研究

任佩文 *

人类历史上建立的任何制度都是特定历史和社会文化的产物，都需要因时因势在坚持中逐步完善。因此，坚持和完善人民当家作主制度，需要首先认清历史发展方位、价值规则效能、底层文化逻辑等问题，才能把坚持和完善人民当家作主制度的问题说清楚讲明白，把坚持和完善人民当家作主制度的文化基础工作做扎实。

自新中国成立以来，由于我国从根本上消灭了剥削阶级和剥削制度，国家基本制度和宪法法律第一次把制定者和执行者统一起来，使最大多数的人民实现了自己给自己制定法律法规维护自己的根本利益、从而自觉地贯彻执行和维护法律权威有了坚实的物质和制度基础，推动我国人民当家作主制度得到了长足的发展和完善。但在实际工作中，我们却常常会遇到这样的现象，很多人对我国人民当家作主制度的认识不够高、自信心不够强，按制度办事的自觉性差，对于宪法和法律法规的贯彻落实还不够坚决，选择性执法守法的问题还比较严重，这严重影响了制度的权威和宪法法律的尊严。其中一个重要原因就是缺乏厚实的法治文化基础和背景。以至于办事找人不找法、治理靠人不靠法成为一个十分普遍的社会心态和社会观念，在一定程度上造成制度虚置、法律空转，严重影响了制度的权威和法律的尊严。这就迫切需要我们从文化的角度、历史的角度进行深入研究，理清其中的逻辑关系

* 任佩文，北京市人大常委会研究室副主任。

精准施策，为坚持和完善人民当家作主制度提供更加有力的文化保障，奠定更厚实的文化基础。

一、工业化是人民当家作主的物质文化基础和天然历史使命

实现工业化转型、进入工业社会、开辟中华工业文明是近代以来中国人民在饱受国家蒙辱、人民蒙难、文明蒙尘的深重灾难后得出的历史结论，既是决定中国人民前途命运的根本利益所在，也是人民当家作主赖以建立和发展的物质文化基础。只有在中国共产党的领导下，建立了新中国，才能快速完成社会主义改造、顺利推进工业化进程，为人民当家作主提供现实的社会物质文化基础。而持续推进工业化，不断跟上和引领人类工业文明的前进步伐，也成为人民当家作主以后的重要任务和历史使命。坚持和完善人民当家作主制度正是在这样的背景下开启和展开的。

开启工业化是摆脱“挨打”实现民族独立的自强之路。近代以来，由于政治腐败、农业生产力水平落后，加之帝国主义国家把全球野蛮殖民扩张的魔爪伸向中国，中国日益陷入内忧外患的黑暗境地，战乱频仍、山河破碎、民不聊生。通过推翻旧制度，建立强有力的新政权，坚定地推动实现国家的工业化，摆脱“落后就要挨打”的被动局面，日益成为中国人民最迫切的愿望和最重要的历史任务。围绕这项任务，各个阶级阶层、各个政党派别、无数仁人志士进行了一系列不屈不挠、可歌可泣的斗争和探索，进行了各式各样的尝试和实践，但始终都没有找到一条适合中国国情的可行道路。直到有了中国共产党，中国革命的面貌才焕然一新，才彻底推翻“三座大山”，真正开启人民当家作主推进工业化的进程，“将我们现在这样一个经济上文化上落后的国家，建设成为一个工业化的具有高度现代文化程度的伟大的国家”，才真正屹立于世界民族之林，彻底摆脱世界霸权主义的欺凌和压迫。

持续工业化是摆脱“挨饿”实现经济发展的致富之路。新中国成立后，中国共产党继续带领中国人民在满目疮痍的战争废墟上，筚路蓝缕、披荆斩棘，独立自主地建立了现代工业体系，开展了天翻地覆的工业化运动。在

几乎一穷二白的基础上，建立起门类齐全的现代工业体系，实现了由一个贫穷落后的农业国成长为世界第一工业制造大国的历史性转变，经济总量由1952年的679亿元增长到1978年的3679亿元，位居全球第11位。改革开放以来，我国经济快速发展，1986年经济总量突破1万亿元，2000年突破10万亿元，2010年达到41.2万亿元，超过日本并稳居世界第二位，我国综合国力持续提升。近年来，我国经济总量连续跨越70万亿、80万亿、90万亿和100万亿元大关，对世界经济增长的年均贡献率达到30%左右，成为全球增长的主引擎。我国人均GDP超过10000美元，进入中等偏上收入国家水平。习近平总书记在庆祝中国共产党成立100周年大会上庄严宣告，经过全党全国各族人民持续奋斗，在中华大地上全面建成了小康社会，历史性地解决了绝对贫困问题。

推动工业化是摆脱“挨间”凝聚政治共识的团结之路。近代以来，西方列强在侵华和殖民过程中，都会在政府内部或军阀中寻找和培植亲己势力，不断离间制造和挑拨利用中央与地方、不同派系间的矛盾，把原本相对政令统一的国家拆分得支离破碎，全国民众一盘散沙、一片混乱，各派各地势力挟洋自重，从自己的利益出发提出了林林总总的变革方案，但是没有哪种方案真正代表人民、能够把全国人民团结和组织起来，形成民族发展进步的强大洪流。俄国十月革命一声炮响，给中国送来了马克思列宁主义。一部分先进知识分子从日益走上历史舞台的中国工人阶级身上看到了解决中国问题的出路，走上了与工农相结合的革命道路，成立了中国共产党，承担起工人阶级先锋队的历史使命，确立了工人阶级领导、走工业化道路、实现民族独立、赢得人民解放的奋斗目标，从根本上解决了旧民主主义革命动力和革命力量不足的问题，并先后进行了建立中华苏维埃共和国、陕甘宁边区政府等人民当家作主政权的实践探索，实行了最广泛动员和组织人民进行革命斗争的一系列正确战略和策略，使中国革命面貌为之一新，推翻了压在中国人民头上的帝国主义、封建主义、官僚资本主义三座大山，实现了民族独立、人民解放、国家统一、社会稳定，从此彻底摆脱了政治“散乱”的被动局面，为中华民族的一切发展进步、为实现中华民族伟大复兴奠定了根本政治前提和制度基础。近代以来的历史反复证明，工业化是中国社会发展的最大公约数和最坚实的根基，什么时候放慢工业化发展的步伐，人心就会混乱，共识就会削弱，社会就会动荡。

引领工业化是摆脱“挨骂”实现道路自信、理论自信、制度自信、文化自信的正名之路。我们虽然创造了人类有史以来规模最大的工业化奇迹，实现了经济高速发展、社会长期稳定。但是，一些敌对分子常常从某些视角、站在某个时点、针对某些问题辱骂我们“不够文明”“不尊重人权”“管制过多”等，妄图借此否定我们的全部成就。其中的一个重要原因，就是我们的工业化处于被支配地位，在全球化体系中处于“微笑曲线”的中间部分，在价值话语、价值标准、价值分配诸环节都处于劣势。这种状况的长期存在，必然会误导我们发展的方向、带乱我们工作的节奏、挫伤我们前进的锐气，造成社会思想的混乱。一方面，这些现象是工业化不充分、不完善、不强大，很多方面还不得不依靠全球化体系的发展潮流、工艺标准、营销体系等，因此在话语权的物质基础上处于劣势；另一方面，由于工业化尚在推进之中，相关配套制度和机制不健全、与工业化相适应的价值体系尚未完全建立，也造成我们自己的认识不一、行动混乱。在新时代下，我们要着眼于构建人类命运共同体、着眼于全球资源的合理可持续利用，站在人类文明进步的制高点上，敢于和善于主导本国乃至全球的工业化进程，为文化繁荣创造更加充裕的物质财富基础。同时，也在反对保守倒退、推进改革攻坚的过程中积累宝贵的精神财富，把解决问题的过程认识深刻、分析透彻、讲好故事，更好地团结带领群众、反制各种反动势力的造谣蛊惑，从而彻底摆脱“挨骂”的被动局面。

二、党带领人民在实现工业化和现代化过程中不断完善当家作主的制度体系

中国共产党自成立起，就肩负起带领人民推翻帝国主义、封建主义和官僚资本主义反动统治，实现人民当家作主，建设社会主义工业化国家的历史使命。在不同的历史时期，为了完成不同的历史任务，党带领人民为团结大

多数形成更大的革命进步力量，对建立新型人民民主政权进行了积极的探索和反复的实践，不断推进马克思主义基本原理同中国具体实际相结合，不断推进人民当家作主的道路探索、理论探索、制度探索、文化探索。

（一）战争年代党带领人民对建立人民当家作主制度进行了艰难探索

中国共产党一经成立就把组织和带领人民当家作主、有效组织起来争取民族独立和解放作为自己的使命，围绕不同历史时期的主要历史任务和社会矛盾，带领人民对建立人民代表大会制度进行了艰苦卓绝的艰难探索。

在第二次国内革命战争时期对"工农兵代表会议制"的探索。这一时期为反对国民党蒋介石集团的反动统治，废除封建土地制度，建立工农民主政权，中国共产党带领广大人民群众，在城市成立"工人代表大会"或者"市民代表会议"，在湖南等地农村成立各式各样的"农会"，掀起了一系列的革命浪潮，进行了一系列创造性制度尝试和探索。大革命失败后，党领导各地武装力量纷纷举行起义，把党的工作重点由城市转入农村，建立了一个个红色革命根据地和工农民主政权，轰轰烈烈地开展了土地革命，开创了一条农村包围城市、武装夺取政权的中国革命新道路。1931 年 11 月，中华工农兵苏维埃第一次全国代表大会在江西瑞金召开，大会听取并讨论了劳动法问题、土地法问题、红军问题、经济政策问题、少数民族问题、工农检察问题的报告，并通过了相关法律和红军问题、经济政策等决议案。中华苏维埃共和国采用工农兵代表大会制度作为政权组织形式，形式上虽然借鉴了苏联的制度和名称，但从本质上讲，党从领导人民建立当家作主制度和人民政权开始，就是有着明确的使命和策略的，都是紧紧围绕当下的历史使命的，而不是简单地照搬某一民主形式，这对未来的政权建设提供了有益的经验。

在抗日战争时期对"参议会制"的探索。这一时期为了更加广泛地动员和组织人民群众，孤立顽固势力、发展进步势力、争取中间势力，更好地实现中国共产党抗日民族统一战线政策，一致对外反对日本帝国主义者的侵略，中国共产党领导的陕甘宁边区和各革命根据地政权纷纷建立抗日民主政权，在政权机构和民意机关的人员名额分配上实行"三三制"原则，即代表工人阶级和贫农的共产党员、代表和联系广大小资产阶级的非党左派进步分子和代表中等资产阶级、开明绅士的中间分子各占三分之一。这样，中国共产党不仅把小资产阶级，而且把民族资产阶级和开明绅士也争取到抗日政权中间来。这一制度对于巩固中国共产党在抗日民族统一战线中的无产阶级领导权，解决民族矛盾上升如何有效团结抗日、推动全国的民主化反对蒋介石的一党专政起到了积极作用，极大地促进了抗日根据地及全国抗日民族统一战线的巩固与发展。

在解放战争时期对“人民代表会议制”的探索。这一时期党因势利导，把原来的抗日民主政权逐渐演变为人民民主政权，以人民代表会议为其组织形式。在农村完成土改后，由贫农团和农会向人民代表会议制过渡，建立了农民直接选举产生的区、乡（或村）人民代表会议作为正式权力机关，并由它选出政府委员会，成立区、乡人民政府，实行议政合一制度，此后贫农团和农会则不再是政权组织而变为群众组织。在区、乡人民代表会议基础上又召开县人民代表会议，选举产生县政府委员会。在老解放区的城市中直接建立了人民代表会议制度，在新解放的城市中，由于尚不具备召开人民代表会议的条件，召开了临时性的各界各业代表座谈会，其代表的产生最初以推派和聘请为主、由民众团体选举为辅，后来则以各团体各界的民主选举为主、推派和聘请为辅。这种各界人民代表会议不是权力机关而是协商、咨询机关。之后，经过民主选举的人民代表会议才成为全市最高权力机关，而军管会则随之撤销。城乡各级人民代表会议包括了党政军代表，各民主党派、各人民团体的代表，工人、农民、学生、妇女和少数民族的代表，文化教育界及知识分子的代表，工商界和开明绅士的代表。尽管各级人民代表会议有广泛的代表性，又是权力机关，但它还不是全民普选的、完备的人民代表大会，而是向人民代表大会制度过渡的一种形式。这一形式一直延续至新中国成立初期，直至全国人民的生活、生产秩序基本稳定，普选开始之后才发生根本性变化。

（二）新中国成立后人民当家作主制度建设取得巨大成就

新中国成立后，由于全国解放尚未全部完成，以及朝鲜战争爆发，直到

1953年才开始全国普选。1954年9月，中华人民共和国第一届全国人民代表大会第一次会议在北京举行，标志着中国人民代表大会制度正式建立。人民代表大会制度确立后的最初十年，各级人民代表大会及其他国家机关基本上能正常地运行。1966年，"文化大革命"时期，人民代表大会制度遭到严重挫折。1976年"文化大革命"结束后，党和国家领导人在总结历史经验教训的基础上，更加深刻地认识到人民代表大会制度的重要性。随着党的十一届三中全会的召开，坚持和完善人民代表大会制度建设的任务被提上重要议事日程，中国的人民代表大会制度建设进入一个新的发展阶段。

党带领人民当家作主的制度机制不断健全和完善。邓小平指出，"党的工作的核心是支持和领导人民当家作主"。新中国成立伊始，中国共产党就把支持和保证人民实现当家作主作为自己的头等大事，在全国战事尚未结束、难以启动普选的情况下，迅即召开全国政治协商会议，代行人民代表大会职责，通过了具有宪法性质的《中国人民政治协商会议共同纲领》。1954年，在全国范围内进行的中国人民有史以来第一次真正当家作主的普选，选举产生了第一届全国人民代表大会，标志着人民当家作主制度的正式建立。从此，中国共产党通过人民代表大会制度，更好地发挥了总揽全局、协调各方的领导核心作用，保证党的路线方针政策和决策部署在国家工作中得到全面贯彻和有效执行，支持和保证国家政权机关依照宪法法律积极主动、独立负责、协调一致开展工作。这就使党的领导进入一个新的科学化民主化制度化的崭新阶段，即善于使党的主张通过法定程序成为国家意志，善于使党组织推荐的人选通过法定程序成为国家政权机关的领导人员，善于通过国家政权机关实施党对国家和社会的领导，善于运用民主集中制原则维护党和国家权威、维护全党全国团结统一的新阶段。历史证明，凡是我们党重视人民当家作主、重视发挥人民代表大会制度优势的时候，我们的国家就顺利发展，凡是我们党重视人民当家作主、重视人民代表大会制度不够的时候，我们国家就陷入困境甚至是危机。习近平总书记指出："我们要坚持国家一切权力属于人民的宪法理念，最广泛地动员和组织人民依照宪法和法律规定，通过各级人民代表大会行使国家权力，通过各种途径和形式管理国家和社会事务、管理经济和文化事业，共同建设，共同享有，共同发展，成为国家、社会和自己命运的主人。”

人民实现当家作主的内涵不断扩展和丰富。党的十九大报告指出，人民当家作主是社会主义民主政治的本质和核心。人民民主是社会主义的生命。没有民主就没有社会主义，就没有社会主义的现代化，就没有中华民族伟大复兴。这不仅体现了中国共产党支持和领导人民当家作主在认识上达到了新高度，同时也反映了人民当家作主实践基础和实现水平得到空前提升。

新中国成立后，我们党领导人民建立人民当家作主的国家政权，进行广泛的民主实践，实现了中国从几千年封建专制政治向人民民主的伟大飞跃。在探索构建人民当家作主制度体系的过程中，我们党牢牢立足中国历史条件、社会环境和文化背景，坚持人民主体地位，坚定不移走中国特色社会主义政治发展道路，不照搬照抄他国政治制度模式，构建起一整套既独具特色又切实保障人民根本利益的制度体系，形成了我国现行的由人民代表大会制度、中国共产党领导的多党合作和政治协商制度、民族区域自治制度和基层群众自治制度构成的保证人民当家作主的制度体系。

我国通过制定宪法法律，把实现人民当家作主的相关内容通过宪法法律固定下来，明确规定国家的一切权力属于人民。宪法法律还规定，人民代表大会统一行使国家权力，全国人民代表大会是最高国家权力机关，地方各级人民代表大会是地方国家权力机关。各级人民代表大会都由民主选举产生，对人民负责、受人民监督；各级国家行政机关、监察机关、审判机关、检察机关都由人民代表大会产生，对人大负责、受人大监督。充分体现了在党的领导下，支持和保证人民通过人民代表大会行使国家权力的制度安排的系统性和全面性。我们党自成立之日起就致力于建设人民当家作主的新社会，并领导人民为之进行不懈斗争。

“文化大革命”十年，给人民当家作主造成极大的破坏和倒退。我们党及时总结经验教训，勇于直面问题改正错误，强调发展人民民主必须坚持依法治国、维护宪法法律权威，使民主制度化、法律化，使这种制度和法律不因领导人的改变而改变，不因领导人的看法和注意力的改变而改变。

经过40多年的改革发展，党和国家不断扩大人民民主，健全民主制度，丰富民主形式，拓宽民主渠道，从各层次各领域扩大公民有序政治参与，发展了更加广泛、更加充分、更加健全的人民民主。国家各项工作都要贯彻党的群众路线，密切同人民群众的联系，倾听人民呼声，回应人民期待，不断解决人民最关心最直接最现实的利益问题，不断凝聚起最广大人民的智慧和力量。废除了实际上存在的领导干部职务终身制，普遍实行领导干部任期制度，实现了国家机关和领导层的有序更替；不断扩大人民有序政治参与，人民实现了内容广泛、层次丰富的当家作主；坚持发展最广泛的爱国统一战线，发展独具特色的社会主义协商民主，有效地凝聚了各党派、各团体、各民族、各阶层、各界人士的智慧和力量；努力建设了解民情、反映民意、集中民智、珍惜民力的决策机制，增强决策透明度和公众参与度，保证了决策符合人民利益和愿望；积极发展广纳群贤、充满活力的选人用人机制，广泛把各方面优秀人才集聚到党和国家各项事业中来；坚持依法治国、依法执政、依法行政共同推进，坚持法治国家、法治政府、法治社会一体建设，全社会法治水平不断提高。党和国家还把贯彻实施宪法作为推进人民当家作主的重要内容，强调坚持依法治国首先要坚持依宪治国，坚持依法执政首先要坚持依宪执政。坚持把依法治国作为党领导人民治理国家的基本方略、把法治作为治国理政的基本方式，不断把法治中国建设推向前进。

人民当家作主的制度和程序得到全面加强。习近平总书记指出，人民代表大会制度是中国特色社会主义制度的重要组成部分，也是支撑中国国家治理体系和治理能力的根本政治制度。新中国成立以来，特别是改革开放以来，我国依照人民代表大会及其常委会制定的法律法规来展开和推进国家各项事业和各项工作，使人民当家作主日益制度化体系化，实现了国家各项工作的规范化法治化。

首先，科学立法民主立法依法立法不断加强。经过长期努力，中国特色社会主义法律体系已经形成，我们国家和社会生活各方面总体上实现了有法可依，法律体系随着时代进步和实践发展不断健全和完善。我们注重加强重要领域立法，确保国家发展、重大改革于法有据，把发展改革决策同立法决策统筹结合起来。坚持问题导向，提高立法的针对性、及时性、系统性、可操作性，发挥立法引领和推动作用。紧紧抓住提高立法质量这个关键，深入推进科学立法、民主立法，完善立法体制和程序，努力使每一项立法都符合宪法精神、反映人民意愿、得到人民拥护。

其次，有效实施法律工作得到不断加强。法律的生命力在于实施，法律的权威也在于实施。随着中国特色社会主义法律体系的形成，法律实施问题提上议事日程。国家不断强化各级国家行政机关、监察机关、审判机关、检察机关实施法律的主体责任，坚决纠正有法不依、执法不严、违法不究现象，坚决整治以权谋私、以权压法、徇私枉法问题，深入推进依法行政，加快建设法治政府；深入推进公正司法，深化司法体制改革，加快建设公正高效权威的司法制度，不断推进科学立法、严格执法、公正司法、全民守法进程。

最后，对国家机关的监督工作不断加强。毛泽东和黄炎培在延安的“窑洞对”指出，只有让人民来监督政府，政府才不会懈怠；只有人人起来负责，才不会人亡政息。随着人民代表大会制度的日益完善，特别是地方人大设立常委会以来，各级人大及其常委会积极担负起宪法法律赋予的监督职责，不断加强对“一府一委两院”执法、司法、监察工作的监督，确保法律法规得到有效实施，确保行政权、监察权、审判权、检察权得到正确行使。同时不断拓宽人民监督权力的渠道，赋予公民对于任何国家机关和国家工作人员提出批评和建议的权利，对于任何国家机关和国家工作人员的违法失职行为有向有关国家机关提出申诉、控告或者检举的权利。还健全了申诉控告检举机制，加强检察监督，切实做到有权必有责、用权受监督、侵权要赔偿、违法必追究。

人民当家作主的主体意识日益自信和自觉。人民代表大会制度之所以具有强大生命力和显著优越性，关键在于它深深植根于人民之中。我们国家的名称及各级国家机关的名称，都冠以“人民”的称号，这是我国坚持人民当家作主、强化公职人员“人民公仆”意识、更好地为人民服务的集中体现。我国各级人大代表共计有 260 多万人，他们是代表人民利益和意志，依法参加行使国家权力的主体。代表的履职意识代表着人民当家作主的自觉水平。

各级党委和人大常委会把加强代表履职培训作为头等大事，不断完善代表培训和学习制度，支持和保证代表更好地依法履行职权、开展工作。

改革开放以来，各级人大及其常委会始终坚持正确政治方向，不断增强代表人民行使管理国家权力的政治责任感，履行宪法法律赋予的职责。不断健全人大常委会组成人员联系本级人大代表机制，畅通社情民意反映和表达渠道，支持和保证人大代表依法履职，优化人大常委会、专门委员会组成人员结构，完善人大组织制度、工作制度、议事程序。各级国家机关不断加强同人大代表的联系、加强同人民群众的联系，体现了人民代表大会制度的内在要求，体现了人民对自己选举和委派代表的基本要求。各级国家机关及其工作人员把加强同人大代表和人民群众的联系作为对人民负责、受人民监督的重要内容，虚心听取人大代表、人民群众意见和建议，积极回应社会关切，自觉接受人民监督蔚然成风。

三、吸收借鉴人类文明成果是党带领人民建立和完善当家作主制度的重要方式

我国的人民当家作主制度建立在一个人口很多但经济基础又十分薄弱的社会条件之上。如何在工业化刚刚起步、经济十分薄弱的基础之上构建高度文明高度发达的政治上层建筑，其难度可想而知，也是没有先例的。应该说，在这个过程中，党领导人民充分吸收革命文化、中华优秀传统文化和西方民主理论的有益成分，取得了制度建设的巨大成就。

（一）革命文化为坚持和完善人民当家作主制度奠定了基本理念和框架

人民当家作主制度是全新的制度，是在中国共产党的领导下一点一滴地建设起来的。今天坚持和完善这一制度，从文化的角度来看，首要是坚持中国共产党为人民而生，因人民而兴，始终同人民在一起，坚持不懈地为人民利益而奋斗的宗旨和原则，坚持尊重社会发展规律和尊重人民历史主体地位的一致性，坚持一切为了人民、一切依靠人民、一切改革发展成果由全体人

民共享的总思路和总方法。

要坚持科学理论指导。人民当家作主制度的建设发展与党的建设发展同根同源，其指导思想的成熟与否直接决定着制度的兴衰成败。习近平总书记指出，中国共产党之所以能够完成近代以来各种政治力量不可能完成的艰巨任务，就在于始终把马克思主义这一科学理论作为自己的行动指南，并坚持在实践中不断丰富和发展马克思主义。在开启全面建设社会主义现代化国家新征程、向第二个百年奋斗目标进军的新时代，必须用党的创新理论作指导，才能摆脱追求自身特殊利益的局限，有效应对重大挑战、抵御重大风险、克服重大阻力、化解重大矛盾、解决重大问题，以唯物辩证的科学精神、无私无畏的博大胸怀推进人民当家作主制度建设进程。

要坚持实践创新品格。人民当家作主是干出来的。从中国共产党成立的那一刻起，就把开展工人运动、反对国际国内剥削压迫、赢得亿万劳苦大众翻身解放作为首要任务。在极端艰苦的战争年代，中国共产党只要有一块根据地就会立即开展建立人民当家作主政权的努力，这既是不断推进革命的需要，更是中国共产党人践行初心使命的真实写照。

要坚持不断深化改革。人民当家作主具有鲜明的时代性，是一个不断探索推进的时代课题。当前要紧紧把握新发展阶段、贯彻新发展理念、构建新发展格局，不断提高政治判断力、政治领悟力、政治执行力，心怀“国之大者”，不断提高政治能力、战略眼光、专业水平，敢于担当、善于作为，紧紧抓住历史变革时机，顺势而为，才能把党中央的相关决策部署贯彻好落实好。

（二）中华优秀传统文化为完善人民当家作主制度提供了重要的智慧资源

中华文化是中国先民在中华大地上，经过几千年从不间断、反复实践、付出代价、凝练积淀而成的，虽然有其过时的一面，主要是基于农业文明、文化环境相对封闭、缺乏科学系统梳理等。但其所具有的内在优越性为完善人民当家作主制度提供了重要基础，主要表现在以下三方面。

首先，从治理理念的先进性来看，中国传统文化强调对人的道德教化。

中国传统文化把人放在一定的社会关系中来讲一个人应该如何负起自己的责任，发挥自己的作用；重视集体力量，强调集体利益高于个人利益；人与人的关系建立在等级制度和长幼次序之上；强调人与人的和谐相处，互相关心，互相帮助。这就把社会治理中对于人的自然属性和社会属性的关系处理得更加科学文明。这是因为教化的着眼点是人的社会属性，相信人的本能需要和欲望可以受到自身理性的克制；而惩治的着眼点是人的自然属性，放弃了对人的理性和善良的信仰，直接针对人仍然保留的动物原始本能产生的社会冲突，虽然二者都能实现一种秩序，但显然相信人的理性和善良更加符合人类社会弃恶扬善的发展规律。总之，中国传统文化更加注重把治理的重点放在源头上去防患于未然，而不是简单地惩治恶行于已然，着力从源头上就构建“治”的良好秩序。

其次，从治理资源的丰富性来看，中国传统文化博大精深。对中国传统文化基本精神的概括和总结仁者见仁、智者见智。有的学者认为，中国传统文化的基本精神是天人合一与以人为本、刚健有为与自强不息、厚德载物与中庸尚和；有的学者认为，中国传统文化的基本精神主要是中华民族精神；有的学者认为，中国传统文化的基本精神应包括思维方式、道德情操、价值观念、行为准则、风俗习惯等。这些思想被广大人民所熟知和认可，浸透在百姓日常生活的方方面面，通俗易懂家喻户晓，为大家自觉接受和一体遵从，因而实行起来能够达到事半功倍的效果。

最后，从治理方式的科学性来看，中国传统文化非常强调治理主客体的一致性。德治首先不是针对被治理的人民大众的，而是强调治理者要“修身齐家”。不仅应该通过“修身”具备一定水平的“官德”，还要有一定的“齐家”能力和政绩。最初“家”的概念主要是指卿大夫的封邑，这样有一定范围的历练，才能具备“治国平天下”的信任基础和托付条件，从而按照“修己才能安人”的原则，建立起“治人先治己”的治理逻辑和治理方式。这不仅有利于提高治理者的道德水平和治理能力，也有利于在全社会发挥榜样激励和贤人示范的带动作用，有效地教化引导人民遵法崇德，从而提高全社会的道德水准和治理水平。

（三）西方政治思想和民主观念为完善人民当家作主制度提供了重要参考和借鉴

西方的古希腊文明和近代欧洲的文艺复兴都具有通过政治上推行民主，推动思想大解放、经济大发展、文化大繁荣的共同特点，值得我们在完善人民当家作主制度中积极地加以借鉴。实际上，从制度和规则层面来设计和规范民主参与活动，是近代学习引进西方经验的结果。传统中国的分封制和礼教制度基本上是围绕权力分配而展开的，强调“师出有名”的权力合法性，但对于权力运行过程计较不多，好处是保持了权力的完整性和责任的明确性，弊端是忽视对权力的制约和监督，容易滑向绝对权力导致绝对腐败的泥淖。而西方民主制度则更多地围绕权力运行过程来设计和安排，有利于对权力的监督和制约，但其弊端是造成了主权的割裂，导致权力分散无序、掣肘低效、能力耗散和责任不清。而加强对权力的监督和制约，是近代中国推进工业化必须跨越的门槛，因此无数仁人志士对此进行了艰难探索。中国共产党就是其中的翘楚，不仅注重知其然，更注重知其所以然，找到了马克思主义的科学理论作指导，领导和推动中国民主制度取得了跨越式发展。改革开放以来，随着我国经济社会快速发展和对完善人民当家作主制度的迫切需要，大量借鉴和引进西方文化著述和民主学说，有力地推动了经济学、政治学、社会学、法学等学科的发展，有力地推动了我们对人民当家作主制度理论的认识、思考、研究和实践。

借鉴西方政治思想和民主观念要注意在科学理论指导下进行系统的反思。

但是我们也要清醒地看到，西方民主毕竟是在剥削制度条件下在统治阶级内部享有的民主权利，在新兴阶级上升时期具有进步性，在没落阶段就会日益保守反动。近年来，西方民主出现的种种问题，正是这种趋势的真实反映，需要我们从文化源头进行系统反思，引以为鉴。

首先，西方文化过于强调个人利益。而中华文化一向注重保护绝大多数人的集体利益，在中国悠久而漫长的政治传承中，重民本、尚和合、求大同的思想根深蒂固。"民为邦本"的民本思想已成为深入中华民族骨髓的文化基因。相反，西方文化过于强调个人英雄主义而忽视集体的力量，只顾上层统治集团的私利而不管下层百姓的死活，成为若干西方文明不能长久延续、最后走向衰败，甚至被取代和消灭的文化根源之一。

其次，西方文化过于强调个体人权。而中华文化更重视集体人权，即民权。中国古代一向具有倾听民声、考察民情、注重民意、以民心向背为政治导向的优良传统，历代开明统治者们创造了如纳谏制、举荐制、朝廷决策制、群臣合议制、弹劾制等民主治理手段，对于维护中国古代广大劳动人民的利益曾发挥过积极的历史作用。中华民族历来主张少数服从多数、个人服从组织、局部服从整体的集体主义文化，与西方崇尚个人英雄主义和单枪匹马的骑士风度的文化传统相比，中华民族更注重运用集体的力量，更讲究发挥多数人的智慧，更强调尊重群体的意志。

再次，西方文化过于注重个性自由和个人意志。而中华文化更重视保障个体平等的社会整体的公平和正义。当代中国人的民主观既直接吸收了马克思主义现代民主观的精髓，又直接继承了中国古代的民本思想精华，坚持以人为本，让人民自己当家作主，谋求人民群众的整体、长远和根本利益；主张兼顾个人和集体、少数和多数、下级和上级、地方和中央的多重利益，力求综合平衡、和谐统一。个人自由要以不妨碍集体和他人利益为前提，即所谓"从心所欲，不逾矩"。西方则恰恰相反，从古希腊到现代西方发达国家特别强调个人意志和个人私利，过于纵容个人意志自由和个人私利追求，往往以个人意志阻挡他人意志，以个性自由侵害他人自由，以个人私利妨碍他人利益、伤害集体利益。

最后，西方文化过于强调形式公正和程序正确。而中华文化更重视内容正确和实质公正，强调统筹兼顾民主形式与民主内容的和谐统一，作为治理天下的"公器"，只有真正体现占社会绝大多数人民的意志时，民主才能成为弘扬社会公理、维护公平正义、伸张真理和道义的法宝，而一旦为少数居心叵测的人所攫取、操纵和利用，就会成为毒害天下的工具。西方文化从程序至上的观念出发，提出“法无禁止即可为”的普遍法理。而中华文化认为，有些行为虽然法律没有明文禁止，但是不符合社会基本道德规范也是不可为的，这就很好地弥补了社会发展变动过程中的制度和规则缺失，增强了社会自动平衡的能力，有利于保持社会的长期稳定。

四、新时代推进社会主义现代化建设对人民当家作主的文化基础提出新的要求

中国特色社会主义进入新时代，以习近平同志为核心的党中央统揽伟大斗争、伟大工程、伟大事业、伟大梦想，对新时代中国特色社会主义发展作出战略安排，提出在全面建成小康社会的基础上，建成富强民主文明和谐美丽的社会主义现代化强国的奋斗目标。人民当家作主作为人类政治制度的全新形态，应该说尚属年幼时期，尽管在党的领导下进行了大量探索，取得了世界瞩目的伟大成就，但是不可否认，仍然有大量的探索性工作需要推进，特别是这一制度的文化基础迫切需要抓紧夯实，这也正是本文开篇提出的一系列问题的根本原因所在。当前全球正处于大变革时期，东西方竞争、两种制度的竞争进入白热化阶段，更需要着眼于核心力量、利益所在、文化价值的最大公约数，加快人民当家作主的文化建设。

新时代推进社会主义现代化建设需要进一步增强党的集中统一领导的自信和自觉。根据党的十九大的战略安排，我们的目标是要到 2035 年，基本实现社会主义现代化；到 21 世纪中叶，把我国建成富强民主文明和谐美丽的社会主义现代化强国。其中，“十四五”时期要实现：经济发展取得新成效、改革开放迈出新步伐、社会文明程度得到新提高、生态文明建设实现新进步、民生福祉达到新水平、国家治理效能得到新提升。

但是，我们也要看到，一些发展不平衡不充分的突出问题尚未解决，发展质量和效益还不高，创新能力不够强，实体经济水平有待提高，生态环境保护任重道远；民生领域还有不少短板，脱贫攻坚任务艰巨，城乡区域发展和收入分配差距依然较大，群众在就业、教育、医疗、居住、养老等方面面

临不少难题；社会文明水平尚需提高；社会矛盾和问题交织叠加，全面依法治国任务依然繁重，国家治理体系和治理能力有待加强；意识形态领域斗争依然复杂，国家安全面临新情况；一些改革部署和重大政策措施需要进一步落实等；党的建设方面还存在不少薄弱环节，必须着力加以解决。

面对错综复杂的国际形势、艰巨繁重的国内改革发展稳定任务、各种不确定难预料的风险挑战，要统筹中华民族伟大复兴战略全局和世界百年未有之大变局，必须坚持以党的自我革命引领伟大社会革命，坚定不移全面从严治党，坚定不移把党建设得更加坚强有力，特别是加强党的集中统一领导。实践证明，在防控疫情斗争、决胜全面建成小康社会、决战脱贫攻坚中，在风雨袭来时，党的坚强领导、党中央的权威是最坚实的靠山。但我们也要看到，党的十八大以来，尽管党风廉政建设和反腐败斗争取得了历史性成就，但形势依然严峻复杂，腐败是这个党执政的最大风险，存量还未清底，增量仍有发生。政治问题和经济问题交织，威胁党和国家政治安全。传统腐败和新型腐败交织，贪腐行为更加隐蔽复杂。腐败问题和不正之风交织，“四风”成为腐败滋长的温床。这些问题如果不能得到很好的解决，必然会影响进一步加强党的集中统一领导。

新时代推进社会主义现代化建设需要进一步构建文明和谐的法治环境和氛围。经过改革开放40多年的发展，我国工业化取得了举世瞩目的成就，已经成为拥有联合国产业分类目录中全部41个工业大类、207个工业中类、666个工业小类的全部工业门类的国家，成为无可争议的“世界工厂”。但是必须看到，我国的工业还存在大而不强、全而不优的问题，正处在转变发展方式、优化区域布局、升级产业结构、转换增长动力的攻关期，区域性、结构性、体制性、周期性问题相互交织，东西城乡区域经济发展不平衡、实体经济结构性供需不平衡、金融和实体经济不平衡、房地产和实体经济不平衡等问题，而国际上以信息革命为先导，新一轮科技革命和产业变革已经开启。近年来，美西方等国家不断针对中国制造挑起贸易争端，打压遏制，妄图阻断中国继续工业化的意图日益明显。面对错综复杂的国际国内形势，我们首先是要确保国内社会的生动有序、和谐稳定。

在新的条件下，继续加快推进社会主义现代化建设，必须充分发挥有为政府和有效市场两方面的积极作用，但是我们也要看到，任何事物都有正反两方面的作用，公权力一旦越过了合理的界限就会变成滥用和腐败，市场机制失灵、资本无序扩张同样会成为破坏市场规则、打压创新创造、损害人民利益，而解决这两方面的问题都离不开人民当家作主制度的完善，特别是通过法治的方式和手段进行设计、安排和完善。需要指出的是，在完善制度的同时，还要关注法治相关社会价值、社会意识、社会心理、社会观念的全面普及。因此，在新时代推进人民当家作主就是要在党的领导下，一是强化社会理想和信念的教育引导，树立社会主义现代化必胜的信心和坚定的信念，不断提高人民当家作主的意识，增强主人翁责任感，扩大人民群众的有序参与，形成对抗权力滥用和资本作恶的汪洋大海和有力屏障；同时用社会治理海晏河清的积极成效满足人民群众对社会治理、精神产品日益强烈的需求，逐步解决“人富而心不安”的社会问题。二是加强对公权力的思想规范和文化约束。通过加强为政以德等思想的灌输引导，强化对权力运行的监督，加快政府职能的转变，规范权力运行，使权力行使更加精准，更加有效服务于经济社会发展，更好地支持人民当家作主。三是加强对经世济民、重义轻利等思想的弘扬，不断强化全社会文明进步的引导力和思想倒退的免疫力，在发挥市场在资源配置中的决定性作用的同时，大力遏制资本对经济和社会事业的绑架侵害和过度干扰，特别是在住房、教育、医疗等领域造成的破坏性影响，以及对民生保障和人民切身利益的损害。

新时代推进社会主义现代化建设需要充分激发每个人的责任感和创造力。面对社会主义现代化建设的繁重任务和诸多深层次矛盾，人民群众特别是青年一代的主流是积极向上、拼搏奉献的，但是社会上也确实出现了一些非主流的消极颓废、悲观厌世、拜金主义、崇洋媚外、仇富仇官等负面思潮，必须引起高度重视。这些问题有些是受社会问题的影响，需要坚持党的领导，更多地采取改革的办法，使政府主导、社会参与、社区服务、家庭义务相互衔接、相互分担，使每个人的困难和问题都能得到更好解决；有些问题则是对青年一代思想政治教育工作的缺失，使他们不能正确对待困难和挫折，对一些社会消极现象的看法过于偏激，一叶障目不见森林，使每个人的责任感和使命感得到充分激发，使每个人的积极性和创造性得到充分调动，对改革和发展缺乏足够的信心，持消极观望的态度。只有把这些问题统筹解决好，才能进一步动员和组织全国人民准确把握新发展阶段，贯彻新发展理念，构建以国内大循环为主、国际国内双循环的大格局，才能为我国继续推进工业化提供强大动力和海量空间，才能持续地解决好科技创新、产业升级、就业增加、收入提高、内需扩大等问题，防范化解国际上的风险和挑战，避免陷入中等收入国家陷阱。

与此同时，要高度重视中华民族优秀传统文化的挖掘和传承，用丰厚的历史智慧、历史案例、历史事实、历史规律来教育人民、引导青年，提高人民思想觉悟、道德水准、文明素养，提高全社会文明程度。人民有信仰，国家有力量，民族有希望。要结合中华传统文化发掘广泛开展理想信念教育，弘扬民族精神和时代精神，加强爱国主义、集体主义、社会主义教育，引导人们树立正确的历史观、民族观、国家观、文化观，激励人们向上向善、孝老爱亲，忠于祖国、忠于人民，不断强化社会责任意识、奉献意识。

综上所述，完成上述三方面的使命和任务，都需要从中华传统文化的宝库中充分汲取智慧和营养。此外，从加强人民当家作主文化基础的总体路径来看，是要从政治的层面来观察文化建设，其基本理路是党内民主带动社会民主、党内民主文化带动人民当家作主文化建设、最终实现全社会政治文化水平提升。但客观地讲，党内文化建设要相对更加容易和简单，这是因为党作为政治组织，其政治文化主要围绕政治任务面向党员群体展开，目的相对明确清晰，构建方式简单高效，接受和落实程度很高，从价值理念、制度规则、设施容器、行为心理等都能系统高效地推进落实。但作为人民当家作主的文化基础，面对的对象千差万别，涵盖的内容宽泛庞杂，推动起来必然需要一点一滴地爬坡过坎、滚石上山。二者的可比性和可及性尚有较大距离，这就要加强二者的衔接和融合，扩大共通共融的基础，其中最大的共同基础就是中华优秀传统文化，既是党加强自身建设的文化基础，同时也是带领人民当家作主的文化基础。

五、新时代完善人民当家作主制度需要充分发掘和传承中华优秀传统文化

中外历史反复证明，人类社会的发展进步必须以正确的理论作指导、丰富的智慧作支撑、厚重的文化作滋养。而文化的发展进步有其内在的特殊规律性，是一个极其缓慢演进的过程，急于求成往往事与愿违，传承精华、发扬光大才是解决办法。实际上，中华文化历经了数千年的发展，具有很多适应现代社会的优秀特点：一是中华文化历经数千年不断顺应中国社会发展要求而更新演进，具有超强的适应能力和长久的生命力，因而具有适应新时代斗争前进、改革创新的巨大潜力、丰富经验和充分自信。二是中华文化注重把对个人、社会的教化同对国家的治理结合起来，达到相辅相成、相互促进的目的，具有明显的人本主义特征。特别是长期居于主导地位的儒家思想坚持经世致用原则，注重发挥以文化人的教化功能，能够很好地适应现代原子化社会的治理特点。三是中华文化积累了大量深入人心的理念、规则、生动故事和耳熟能详的名言警句，是完善人民当家作主制度取之不竭、用之不尽的宝贵资源。

如前所述，中国近代以来的工业化之所以成功，就因为在中国共产党的领导下，坚持以马克思主义理论为指导、充分吸收传统文化精髓和西方民主观念，在积极推动大众思想解放的基础上，最终取得了成功。完善人民当家作主制度、有效应对新时代新挑战同样需要按照这样的思路和经验：一方面，在战略布局上，要继续坚持以马克思主义的正确理论为指导，同时高度重视汲取中华优秀传统文化的丰富智慧作支撑，以厚重的文化积淀作滋养。另一方面，在具体策略上，正如以毛泽东为首的老一辈无产阶级革命家，历来都是从中国革命的具体实际出发，有针对性地继承和发掘中华传统文化的智慧和精华，来解决中国革命面临的突出问题。当前发掘和传承中华优秀传统文化，同样需要按照这样的思路来进行，就是要围绕完善人民当家作主制度面临的问题。通过传承“家国一体”的整体价值观加强党的集中统一领

导，通过弘扬“大同社会”公平正义的社会理想规范约束权力、节制资本僭越，通过弘扬“尊贤任能”的人生理想，动员群众参与这三个方面的问题来开展。

（一）应重视传承“家国一体”的整体价值观，不断夯实加强和改善党的领导的文化基础

整体价值观是中华优秀传统文化的核心价值之一，它是五千年中华文明赖以繁衍发展、各民族同胞守望相助的核心价值。新时代推进社会主义现代化建设同样要传承和弘扬这一核心价值。弘扬这一价值，既是坚持党的集中统一领导、维护党中央权威的需要，也是推进人民当家作主制度建设的需要。当前弘扬整体价值观，就是要按照这一价值理念，进一步健全党在国家政权中的领导制度和工作机制，推进党的领导制度化、法治化，通过法治保障党的路线方针政策有效实施，更好地组织带领人民为实现第二个百年奋斗目标、更好地推进科技革命和产业变革不懈奋斗。

讲好中国历史上的家国故事。我们把国叫作“国家”，这是因为我国早期社会，是在家的血缘基础上逐渐延伸演变成氏族部落、氏族部落联盟，以及早期国家的。但从周朝开始，历史发生了转折，出现了一位被孔子尊为“先贤”的圣人周公。周公不仅辅佐太子完成了灭商大业，还在殷商封建的基础上，发展出一套以严密的宗法制为基础的封建制度，又制定了一套严格的礼乐制加以强化。据此，周天子将天下的土地分封给姬姓子侄、姻亲建立诸侯国，诸侯国君再分封给自己的子侄，并赐封卿、大夫爵位，由他们在受封土地上建立自己的“家”。这样，周天子及各诸侯国君的“国”与卿大夫的“家”自然就有了密切的血缘关系。这便是史籍中所称的“诸侯有国，大夫有家”，并通过礼乐制度不断维持和强化这条血缘纽带。几千年来，我们一直尊崇的“礼仪之邦”便是“家国一体”观念的基础。今天“家”的概念是在商鞅变法后才出现的。商鞅为了扩大国家赋税和兵役的来源，以法令的方式强制推行个体小家庭制度。但原本以氏族为基础的“家”的概念并没有完全消失，而演化成今天的家族观念。由此可以更好地理解中国的历史发展趋势始终倾向于大一统的道理。虽然，实现大一统要归功于秦始皇统一六国后所制定的一系列有利于大一统的政策，但我国所独有的“家国一体”思想起到了巨大的推动作用。这也有利于理解近代以来当国家处于四分五裂、一盘散沙、亡国灭种之时，中国共产党喊出“四万万同胞团结起来”的口号会产生无比强大凝聚力的原因。而与我们不同的是，西方的核心家庭是在氏族阶段从氏族内分裂出来的，因此西方对于国与家的关系少了一层血缘的纽带，自然更容易被疏远，这也比较容易理解欧洲的发展方向更倾向于小国寡民。

发掘“家国一体”思想中“公”“忠”“孝”等价值观的当代意义。

“公”的价值理念是从原始氏族文化开始的，尧舜禹的禅让和为民尽心竭力的传说为后世所颂扬，到春秋战国诸子百家争鸣时期，“公”的价值观成为核心内容。孔子说道：“政者，正也。子帅以正，孰敢不正？”韩非说道：“公私不可不明，法禁不可不审。”《吕氏春秋》中记载：“昔先圣王之治天下也，必先公，公则天下平矣，平得于公……天下非一人之天下也，天下之天下也。”儒家将“公”化为道德规范，使之成为个人及社会群体的普遍遵循；法家则通过强力推动，使“公”上升为法律制度，普遍涉及社会管理及民众生活各个领域。在此之后，“公”成为中华民族价值观第一要义，其核心是坚持公众利益、民族利益、国家利益为上，并以此成为“家国一体”的重要纽带。

“忠”的价值观是由先贤为公、为民的行为实践演化提炼而形成的。在先秦，“忠”的行为表现主要有“公家之利，知无不为，忠也”“临患不忘国，忠也”等。汉代以后，中华民族逐渐形成了追求统一、反对分裂的“大一统”意识，形成了家国一体、孝忠合一的国家—家庭—个人价值观体系。在东汉经学家马融所著的《忠经》中，提出了天人一体、古今一致的“至理”即忠道，把“忠”说成是天地间的至理至德，所谓“天之所覆，地之所载，人之所覆，莫大乎忠”。在马融看来，“忠”的核心理念是“至公无私”，价值追求是“一其心之谓矣”。后来的宋明理学诸家，更是将忠孝一体的道德规范和价值判断作用推向极致。同时还应看到，中国传统“忠”“孝”价值观立足于等级制的社会纲常伦理，其制度基础是中国传统封建专制体制和宗法家族制度，以致出现了诸如“君要臣死，臣不得不死”“父要子亡，子不得不亡”等人身等级性、依附性甚至奴性化的特征，这是我们在现时代必须坚决剔除的传统文化糟粕。

“孝”是中国传统社会维系家的核心。“夫孝，天之经也，地之义也，民之行也。”孝是对父母、先祖的爱、养、畏、敬，终极关怀在慎终追远，最高价值追求是对国家、民族的贡献。中国人以家为本的孝文化有其特殊性的方面，由于家国之间存在的血缘关系和礼教制度，天然与“忠”的实践紧密相连。《礼记》中记载：“忠臣以事其君，孝子以事其亲，其本一也。”这充分体现了“孝”的家庭价值观与“忠”的社会价值观的内在合一性。

需要指出的是，“忠”“孝”价值观共同构筑了中国人的责任意识和奉献精神，特别是在民族存亡之际，更是表现为“保天下者，匹夫之贱，与有责焉耳”的爱国主义传统。更为本质的是，这种为国尽忠的责任奉献与在家尽孝的道德实践在价值实现上是一致的，在全社会民众的价值认定、家族的价值认定以及个人的价值认定上是合一的。当全民族将为国尽忠作为自觉追求及内外合一的价值肯定时，中华民族的爱国主义就成为民族精神的必然追求，成为民族永恒的精神信仰。与此同时，在现实生活中，“忠”与“孝”也会出现孰先孰后的问题，解决这一问题的核心要义就在于“公”，即在私利与公利、家庭与国家、个人与群体发生冲突时，能够舍小我而就大我，舍私利而就公义。于是，在社会主义制度下，“公”的核心是以人为本、公平正义以及实现共同富裕。“忠”的核心不再具有任何人身依附及等级属性，而是一种将责任和义务合为一体的伦理、社会、职业的担当感和投入感的要求，其含义包括对国家、民族、人民的忠，这种忠的情感内化及升华就是爱国主义；对职业的忠，表现为尽职尽责完成工作，不懒政渎职，不消极无为，不敷衍塞责，不贪赃枉法；以及对民族精神与个人良知的“忠”。“孝”的核心是一种家风，是一种重要的家庭道德。

（二）要积极弘扬“大同社会”的社会理想，为强化对公权力和资本的依法规范和源头治理提供深厚的社会土壤

在新的历史条件下，围绕完成新工业化、推进社会主义现代化建设，必

须充分发挥有为政府和有效市场两方面的积极作用：一要积极弘扬“天下为公”的价值理念，促进社会主义核心价值观的落地生根，引导每一个社会成员成为社会公平正义的努力实践者和坚定维护者；二要积极弘扬“为政以德”的用权操守，确立正确的权力观，加强对权力运行的监督，加快政府职能的转变，规范权力运行，使权力行使更加精准、有效服务于经济社会发展；三要积极弘扬“重义轻利”的利益观，建立经世济民的资本伦理，高度关注资本干扰和破坏市场机制的现象，防止资本恶意挤压中小市场主体。在住房、教育、医疗等领域无序扩张，造成市场机会不均等、社会权利不公平问题，引导其更好地服务于社会主义市场体制，更好地发挥市场核心要素的作用。

要弘扬“天下为公”的社会观，确立以人民为中心的价值取向。

孔子特别强调建立一个“天下为公”的大同社会，使每个人的生活进入一种心安理得的状态。《礼记·礼运》中记载，大道之行也，天下为公。货，恶其弃于地也，不必藏于己；力，恶其不出于身也，不必为己。故谋闭而不兴，盗窃乱贼而不作，故外户而不闭。是谓大同。大同世界没有对生产消费、交换分配的设想，而是对人的安顿，使各类人都能得其所安。所以，人们不需要相互防范，出门在外也不需要上锁，家里的东西都可以让人使用。大同世界的前提是“大道之行，天下为公”，所谓“大道”就是人们所公认的真理，或者说是人们心目中都存在的真、善、美的统一；天下为公，并非人人都胸怀天下，而是说人们要相互尊重，“不独亲其亲”，同任何人都要与人为善，如此而已。小康则“大道既隐”，共同目标隐于人们浅近的思想，所以，就天下为家，血缘各别，“各亲其亲，各子其子”，不能与任何人都为善了。可见，理想社会的关键是正确的文化思想，中国历史上所谓的盛世，都在一定程度上对人做了比较好的安顿。

“天下为公”的理念主要体现在民本思想中，为历代思想家和政治家所强调和推崇。西周初年，周武王便指出了“天命”的不可信及重视民情的重要性。周公说，“天视自我民视，天听自我民听”“民之所欲，天必从之”。春秋战国时期，老子提出，“圣人无常心，以百姓心为心”。孟子最早提出了

“民为贵，社稷次之，君为轻”的思想，认为国家的兴废存亡，归根到底在于是否能得民心。荀子提出了君民舟水的理论：“君者，舟也；庶人者，水也。水则载舟，水则覆舟。”《管子·牧民》中记载：“政之所兴，在顺民心；政之所废，在逆民心。”传统思想家历来强调要关心民生，爱惜民力。周公提出了“敬德保民”的思想，告诫群臣应关心人民的疾苦，尤其应当关注社会底层群体的生活状况。儒家则从“仁爱”的角度要求统治者勤政爱民。樊迟问仁，孔子明确赋予“仁”以“爱人”的内涵，并把“爱人”这一思想放在首要位置。荀子在《君道》中说道：“有社稷者而不能爱民，不能利民，而求民之亲爱己，不可得也。民不亲不爱，而求其为己用，为己死，不可得也。”统治者只有从内心里爱护人民、惠及人民，才能使人民为自己所用。

民本思想虽然是以维护封建统治为前提，但也表明古人很早就意识到了人民的力量，认识到“民心向背”是维护统治、实现国家长治久安的一个前提，而不再把人民当成是可以任意宰割的对象。今天，我们已经建立了社会主义制度，并全面建成了小康社会，民本思想当然地就成为人民当家作主的逻辑内涵，对我们今天坚持“以人为本”、以人民为中心的发展思想具有宝贵的借鉴价值。

要弘扬“为政以德”的权力观，确保一切权力为了人民。

首先，要弘扬为政以“仁”的思想。孔子提出统治者应当以“仁”的胸怀治理国家、处理君民关系。樊迟问仁，孔子说道：“仁者，爱人”“克己复礼为仁”“能行五者于天下，为仁矣”“恭、宽、信、敏、惠。恭则不晦，宽则得众，信则人任焉，敏则有功，惠则足以使人。”孔子认为，统治者应当慎于言行，积极地去爱民，“己欲立而立人，己欲达而达人”。做到“己所不欲，勿施于人”。同时，他还把治理者的“官德”放在首位。孔子曾说道：“政者，正也，子帅以正，孰敢不正？”“其身正，不令而行；其身不正，虽令不从。”“苟正其身矣，于从政乎何有？不能正其身，如正人何？”“君子有诸己而后求诸人；无诸己而后非诸人。所藏乎身不恕，而能喻诸人者，未之有也。”只有治理者具备一定水平的“官德”，并且身体力行，成为实践道德的榜样，才能够推己及人，感化别人加强道德修养。“君子之德，风也；

小人之德，草也，草尚之风，必偃”，就是对此最好的诠释。

其次，要传承德教为先的理念。主张通过道德的感化作用达到治理国家的目的。儒家思想认为，为政的根本在于得民心，而得民心在于道德教化。因此，善政不如善教，道德教化是为政的根本。“以德服人者，中心悦而诚服也”“道之以政，齐之以礼，民免而无耻；道之以德，齐之以礼，有耻且格”，同时，“不教而杀谓之虐，不戒视成谓之暴，慢令致期谓之贼，犹之与人也，出纳之吝，谓之有司”。这些都是宽待百姓的具体想法。“万乘之国行仁政，民之悦之，犹解倒悬也”。只有通过加强对人们的道德教化，使人们能够从内心认可道德准则从而遵守基本道德规范的要求。

最后，要坚持德主刑辅的原则。儒家传统的为政以德内含着一个基本的前提，那就是德治的主导地位，在以德治国这一方略的框架内，以刑法作为德治的补充。虽然古代德治思想处于主导地位，传统儒家看到了刑法的功效，但是他们并没有完全摒弃刑法；相反他们在德治的同时，把刑法引入了治国方略中，以德为主，以法为辅来治理国家。董仲舒曾说道：“刑者德之辅，阴者阳之助也。”荀子也提出过“治之经，礼与刑，明德慎罚，国家即治四海平”。

为政以德的思想虽然产生于两千年前，但其内含的科学思想使其具有持久的生命力。实践证明，这一思想对我们建设有中国特色的社会主义，对国家治理体系和治理能力现代化，尤其是对当前完善人民当家作主制度提供了独特的理论视角和现实的借鉴价值。

弘扬“重义轻利”的利益观，确立一切资本都要经世济民的商业伦理。

首先，要弘扬“重义轻利”的取舍观。“义利之辩”是中国传统经济思想的重要话题，与中世纪早期的西欧相似，早期中国占据主导地位的思想是肯定道德相对于利益的优越性（义高于利）。如《论语·里仁》中记载：“君子喻于义，小人喻于利。”董仲舒的表达更为明确，即“正其谊（义）不谋其利，明其道不计其功”。在公元前81年召开的盐铁会议上，代表社会良心的贤良文学，其意见是“（治理国家应该）抑末利而开仁义，毋示以利”。北宋时期王安石提倡执政者应为国（政府）取财，宣称：“学者不能推明先王法意，更以为人主不当与民争利，今欲理财，则当修泉府之法，以收利权。”但王安石这一为国求财的行为，在其后的历史中，一直受到广泛的批评。因此，思想界通行的看法是重义轻利，求财（利）思想始终不占主流地位。反对作为执政者的个人“与民争利”。如孔子说道：“因民之所利而利之。”（《论语·尧曰》）又说道：“苟利国家，不求富贵。”（《礼记·儒行》）到了晚明，黄宗羲更是精辟地将儒家对君子或执政者的要求总结为：“不以一己之利为利，而使天下受其利。”而且，对于一般老百姓追求利益多数时候思想上还是持认可态度的，如司马光所言：“为国者，当以义褒君子，利悦小人。”

其次，要弘扬“取之以道”的实践观。儒家学派创始人孔子为了使人们能正确地对待财富，规范求富求财的行为，提出了自己的主张。《论语·里仁》中记载：“富与贵是人之所欲也，不以其道得之，不处也；贫与贱是人之所恶也，不以其道得之，不去也。”既然追求富贵是人之所欲，无可回避，那么，重要的问题在于如何求得财富。因此，他要求人们在求利时，遵循“见利思义”“义然后取”的原则，不能“放于利而行”“毋见小利……见小利则大事不成”，因此他认为：“君子喻于义，小人喻于利。”在孔子看来，只有遵循了礼制的规定去谋财取利，才符合义的要求；反之，如果违礼求利，就是在取不义之财了。儒家学派的后继者孟子则更有针对性，认为应舍利而取义。《孟子·告子上》中记载：“生亦我所欲也，义亦我所欲也；二者不可得兼，舍生而取义者也。”“万钟则不辩礼义而受之，万钟于我何加焉？”《孟子·滕文公下》中记载：“非其道，则一箪食不可受于人；如其道，则舜受尧之天下不以为泰。”继孟子之后的荀子明确指出，好利求富虽是人的本性，但由于好利的欲望是无穷的，而客观上财富是有限的，因此必须对好利的行为加以约束和限制，不使它侵害他人的利益。先秦儒家的有关财富、道义的思想，到荀子算是完成了系统的理论构建。而西汉董仲舒进一步提出，“正其谊不谋其利，明其道不计其功”，并认为只要行为合乎道义，就不用考虑功利。在利益、财富、道义之间的关系问题上，明确提出应重义而轻利。

最后，要弘扬“节用爱人”的俭用观。儒家学派创始人孔子说道：“道千乘之国，敬事而信，节用而爱人，使民以时。”（《论语·学而》）《孔子家语・辩政》中记载:“齐君为国，奢乎台榭，淫乎苑囿，五官伎乐不懈于时，一旦而赐人以千乘之家者三，故曰政在节财。”孔子在强调为政要节用的同时，还主张为人也要注重节俭。“俭”是他提出的“温、良、恭、俭、让”五大德行之一。孟子承继了孔子的节俭思想。他说道:“食之以时，用之以礼，财不可胜用也。”(《孟子・尽心上》)“恭者不侮人，俭者不夺人。”(《孟子・离娄章句上》)意即谦恭者不会侮辱别人，节俭者不会掠夺别人。荀子基于“天行有常”“明于天人之分”(《荀子・天论》)意即要尊重自然规律、顺应自然的认知，在农本思想基础上，提出节用裕民、开源节流的思想主张。他强调:“强本而节用，则天不能贫……本荒而用侈，则天不能使之富。”(《荀子・天论》)他还说道:“足国之道，节用裕民，而善臧(通“藏”)其余。”“裕民则民富……不知节用裕民则民贫。”“故明主必谨养其和，节其流，开其源，而时斟酌焉，潢然使天下必有余而上不忧不足。”(《荀子・富国》)道家创始人老子提倡知足寡欲。他说道:“知足者富。”“多藏必厚亡。故知足不辱，知止不殆，可以长久。”“祸莫大于不知足，咎莫大于欲得，故知足之足，常足矣。”他还自称有“三宝”，即“一曰慈，二曰俭，三曰不敢为天下先”。(《老子》第六十七章)这里将“俭”作为三宝之一。在先秦诸学派中，墨家对节俭问题论述得最多最系统。在《墨子》一书61篇中，有9篇直接论述节俭问题，提倡上层统治者节用，避免或减少劳动力的浪费，使国和家经常保持一定数量的储备，以便遇天灾可“待凶饥”，遭外敌入侵时可“自守”。

(三)大力弘扬“尊贤用能”的个体人生理想，不断提高人民当家作主的主体意识和参与能力

中华传统文化虽然强调国家整体价值观，但同时特别强调个体的实践价值和意义，是一种将个体实践和整体价值紧密相结合起来的哲学文化。在新的时代背景下，强调个人实践性，增强每个人的主人翁责任感，有利于扩大人民群众的有序参与，使人民群众的意愿和呼声更好地进入制度运行和国家机关的工作当中。

首先，要弘扬“以天下为己任”的责任意识。以“天下为己任”是原始儒家的核心精神，孔子给士人规定的大任是“修己以安百姓”。孟子说道：“圣之任者也……其自任以天下之重也。”传统的“天下”有其独特的内涵，它既有别于“国家”，亦不指纯粹的空间地理，而是与一种大公与民本观念相联系：“天下非一人之天下，乃天下之天下也。”（《吕氏春秋·贵公》）明末清初著名思想家顾炎武在《日知录·正始》中提出“保天下者，匹夫之贱，与有责焉耳矣”的观点，梁启超进一步将之概括为“天下兴亡，匹夫有责”。意为天下大事的兴盛、灭亡，每一个人都有“以天下为己任”的责任。在这种天下观的影响下，腐朽的王朝被一次又一次推翻。凡是真正以天下为己任的士人，皆不斤斤计较于个人的鸡虫得失，不汲汲于个人的功名富贵，他们倡导天下为公、以民为本的观念，他们呼唤和恪守社会的公正道义。每当国家和民族遭遇挫折、面临危难之时，自觉地把个人与国家、天下联系起来，涌现了大量报国救亡的英雄人物，从商人弦高阻秦袭郑到平民曹刿主动请缨，从班超投笔从戎到祖逖闻鸡起舞，从林则徐“苟利国家生死以，岂因祸福避趋之”到艾青“为什么我的眼里常含泪水，因为我对这片土地爱得深沉”，从屈原沉江到朱自清宁死不吃美国粮，等等。“以天下为己任”“天下兴亡，匹夫有责”早已成为中华优秀儿女矢志不渝的高贵品格。面对国家和民族的危亡，中国人历来能够挺身而出，丝毫无惧。每当天下大乱之际，每当外族入侵之时，是一代代以天下为己任的仁人志士挺身而出，与人民群众一道浴血奋战，最终使民族转危为安、化险为夷。可以说“其自任以天下之重也”的精神数千年来一直是引导士人向上的精神力量。

其次，要弘扬“舍生取义”的献身精神。孔子认为，生命的意义在于现世，“未知生，焉知死”“未能事人，焉能事鬼”。（《论语·先进》）他在阐述怎样使社会安定、民众乐业时，没有寻求任何神明扶助，而把注意力集中在人力可为的范围内。至于怎样处理生与死的矛盾，孔子主张“杀身成仁”，认为这样的生命才具有积极的意义。孟子发展了孔子的思想，提出“舍生取义”，强调“存义”“取义”是人生的最高欲望。孟子说道：“鱼，我所欲也，熊掌，亦我所欲也；二者不可得兼，舍鱼而取熊掌者也。生，亦我所欲也，义，亦我所欲也；二者不可得兼，舍生而取义者也。”（《孟子·告子上》）他还进一步指出，生命是人所珍贵的，但是不该用卑鄙的手段去苟且偷生；死是人所厌恶的，但是为了正义也不能用卑鄙的手段去躲避祸患。在通常情况下，生与义并不是处于矛盾冲突的状态，欲生者可以欲义，两者可以兼得。但是在特殊环境里，生与义发生冲突而无法兼而有之，人们在两难中择其一时就应当舍生取义。孔子认为，一个人坚持道义，能在必要的时候不惜舍弃自己的生命。“志士仁人，无求生以害仁，有杀身以成仁。”（《论语·卫灵公》）为了追求仁，即使遭杀身之祸亦在所不辞。荀子强调“贵义”，指出：“人之所欲生甚矣，人之所恶死甚矣，然而人有从生成死者，非不欲生而欲死也，不可以生而可以死也。”（《荀子·正名》）他主张“不避义死”，认为“重死持义而不挠，是士君子之勇也”。（《荀子·荣辱》）孟子提出，君子要有大丈夫顶天立地的精神气概，能做到“威武不能屈”。（《孟子·滕文公下》）在险恶的黑暗势力面前，为了伸张正义，牺牲生命也是值得的，“天下无道，以身殉道”。（《孟子·尽心上》）总之，孔子、孟子等先贤从不同侧面、不同历史上的贤达之士都把牺牲生命而“成仁”“取义”看作是维护民族与国家利益的高尚行为，从而使人格得到了升华。换言之，生命的尺度和价值不在于存活的长短，而在于获得社会意义。个体生命存在始终受到时间的制约，但个体生命在整个人类生存的意义上可以打破时间的限制，变得无比崇高与永恒，这种“舍生取义”的精神，体现了中华民族的品格，是实现生命永恒的正确途径。

最后，要弘扬“尊贤使能”的良好风尚。尊贤使能是历代开明统治者治国理政的经验之谈，也是历代王朝兴衰存亡的关键因素。任用贤能之人是实现德政的重要一环。仲弓向孔子问政，孔子答曰：“先有司，赦小过、举贤才。”也就是说，治国，不仅自己要身体力行，体谅下属，还要任人唯贤，善于举荐贤能之人为政。在孔子那里，贤就是指有德有才之士。孟子也特别强调，要治理好国家，必须“尊贤使能，俊杰在位”。同样，墨家也提出了“尚贤事能”的思想，“贤者之治国者也，蚤朝晏退，听狱治政，是以国家治而刑法正；贤者之长官也，夜寝夙兴，收敛关市、山林、泽梁之利，以实官府，是以官府实而财不散。贤者之治邑也，蚤出莫入，耕稼树艺，聚菽粟，是以菽粟多而民足乎食”。可见，贤者是治国安民的栋梁之材，要实现国治民安，国家必须拥有贤能之士，对贤者要“富之、贵之、敬之、誉之”，以激励全社会尊贤、重贤、学贤并力争成为贤者。唐太宗李世民更是用自己的政治实践，深有感触地说道，“夫国之匡辅，必待忠良。任使得人，天下自治”“为政之要，惟在得人”“致安之本，惟在得人”。

六、深刻认识人民当家作主文化发展的现实逻辑是增强制度自觉的重要前提

坚持和完善人民当家作主制度既是一个制度文化演变的过程，更是一个历史发展的过程；既有促进生产力发展的经济基础问题，又有思想文化上层建筑重塑的问题；既需要系统谋划，又要适应大局发展变化的需要；既涉及新的价值理念的确立，又需要相应制度规则的跟进支撑，还需要相关物质基础设施的协同配套。当前应着眼于以下几个方面。

（一）要始终坚持党的领导的正确方向，不断巩固提升人民当家作主制度的实现途径和发展水平

从理论上讲，我国虽然已经建立了社会主义制度，但是很长时间内仍然会处于国内外剥削阶级和剥削现象仍然存在的社会主义初级阶段。在这个阶段，无产阶级只有通过自己的专政才能最终消灭始终对立并随时可能反攻的一切剥削阶级，从而消灭剥削阶级和剥削现象，才能最后解放自己。而无产阶级的解放运动，是由自己的先进分子共产党来领导并有组织地进行的，如果没有一个坚强的领导核心，是很难抵御敌对势力进行的各种破坏和攻击的。

因此从制度建设的层面来看，社会主义初级阶段，党的领导制度的建立和完善应当是人民当家作主制度中最核心最重要的部分，这不仅是坚持和完善人民当家作主制度的主干和依托，还是坚持和完善人民当家作主制度的条

件和保障。因此，要始终清醒地把坚持和完善党的领导制度放到立法工作的首位，不断巩固和加强党的领导，使党的主张不断制度化、法制化、程序化，使党的领导过程不断制度化、法制化、程序化，从而使党的领导通过一系列具体的规则和程序得到系统规范和保障。

需要注意的是，完善人民当家作主制度是一个长期的历史过程，一个历史时期有一个历史时期的条件和基础，完善人民当家作主制度不能犯超越阶段、急于求成的毛病，不能从主观热情出发搞形象工程政绩工程。正如习近平总书记指出：“民生工作直接同老百姓见面、对账，来不得半点虚假，既要积极而为，又要量力而行，承诺了的就要兑现。”

（二）要不断增强人民群众的获得感幸福感安全感，为坚持和完善人民当家作主制度提供坚实的物质基础和强大动力

物质基础的富裕和坚实程度直接决定着人民当家作主制度大厦构建的水平和高度。在深刻认识和准确判断我国仍然处于并将长期处于社会主义初级阶段的基础上，我国建立了社会主义市场经济体制，通过发挥市场在资源配置中的决定性作用来解放生产力和发展生产力，这无疑是非常正确的。但是我们必须看到，市场和资本始终存在贪婪和侵害劳动者利益的一面，在社会主义初级阶段都应该始终关注和协调好二者的关系，既保证经济当期活力，又保证劳动者的尊严和权益。

这是因为，从表面上看，劳动与资本的交换是平等协商的结果，但资本家和劳动者在生产资料占有关系上的不平等决定了二者的交换本质上必然是一种强制关系，劳动者在得到工资时将劳动力的使用权让渡给资本家，资本家通过对剩余劳动的占有实现资本增值。资本家通过内在剩余价值追求和外在自由竞争的双重驱动，不断促进技术变革以提高劳动生产率，从而促进生产力的发展。这就意味着，一方面需要不断完善社会主义市场经济的法律法规，支持市场机制有效发挥配置资源的决定性作用，引导市场在不断转变经济发展方式、提高经济发展质量、优化发展结构的过程中扩大劳动者就业，在提高劳动者收入过程中扩大国内市场内需；另一方面需要始终关注市场机制和资本本身存在的问题，注意健全相关法律法规，有效保障劳动者的合法权利和权益，也才能实现经济的健康可持续发展。

当前，针对实施创新驱动发展战略的紧迫性，应重视落实知识价值导向的分配制度，这同样是关注劳动者、主要是脑力劳动者权益的大事。只有按照社会主义的分配原则解决好科研人员的合理获益问题，才能从根本上改变科技创新活力不足的问题。在这个问题上，应充分借鉴农村土地联产承包责任制改革的经验，按照技术创新的规律和特点，着眼于技术要素的市场化资源配置需要，大力推进科技成果产权制度改革，给予科技人员更大的自主权和处置权，在科技领域发挥科研人员当家作主的制度优势。

（三）要始终坚持社会主义核心价值观的指导地位，不断丰富人民当家作主制度的文化内涵和价值谱系

我国正处在百年未有之大变局中，越是剧烈变动越需要加大思想和文化领域的建设和引导，才能使变动朝着更加积极的方向发展，才能有效统一全社会的思想认识，才能使有限的社会资源运用在最关键的地方。习近平总书记强调："使法治和德治在国家治理中相互补充、相互促进、相得益彰，推进国家治理体系和治理能力现代化。"

社会主义核心价值观分别确立了国家层面、社会层面、公民个人层面的价值要求，回答了我们要建设什么样的国家、建设什么样的社会、培育什么样的公民的重大问题，集中表达了个体与共同体相互协调、共同发展的理想图景，为个人发展融入社会进步、国家复兴进程提供了有效价值指引。认真践行社会主义核心价值观有利于提高人民当家作主的质量和效果，丰富人民当家作主制度的文化内涵和价值谱系。当前应从以下三方面着手：一是要继续坚持红色革命文化的基础和指导地位，这是推进人民当家作主制度文化建设的根和魂，是新时代实现文化建设枝繁叶茂的命运所系、根基所在。二是要大力发掘中华优秀传统文化的丰富资源。中华传统文化有很多优秀遗产值得挖掘、梳理、阐释、利用，当代面临的很多社会问题和社会理想，实际上在古人那里都有过或多或少的思考和探索，踩着前人的脚印能够大大提高我们成功的概率，加强古今的联系，能够有力增强社会主义核心价值观的文化基础和群众基础。三是要以开放的胸怀对待人类社会创造的一切文明成果，继续学习借鉴各个国家推进治理现代化的理论成果和实践成果，可以使我们有效地避免走弯路，更快更好地建设社会主义现代化。

要在党的领导下，大力推动社会主义核心价值观入法入规，将社会主义核心价值观通过法律概念、法律规则以及法律原则等融入法律体系之中，发挥道德对法律的滋养作用，主要包括：以保护产权、维护契约、统一市场、平等交换、公平竞争等为基本导向，完善社会主义市场经济法律制度；坚持和巩固人民主体地位，推进社会主义民主政治法治化；发挥先进文化育人化人作用，建立健全文化法律制度；着眼人民最关心最直接最现实的利益问题，加快完善民生法律制度；促进人与自然和谐发展，建立严格严密的生态文明法律制度；加强道德领域突出问题专项立法，把一些基本道德要求及时上升为法律规范。

（四）要始终坚持民主集中制原则，为推进人民当家作主制度建设确定有效的组织原则和运行方式

民主集中制是中国共产党的根本组织原则和领导制度，是马克思主义政党区别于其他政党的重要标志。我们正在探索和开辟一条前人从未走过的道路，为了顺利地开拓前进，不犯或少犯错误，更要注意正确处理民主与集中的关系。历史经验证明，只有健全的民主集中制才能保证正确的政治路线得到很好的坚持和贯彻执行。健全的民主集中制的核心是要把民主和集中有机统一起来，真正把民主集中制的优势变成党的政治优势、组织优势、制度优势、工作优势。党的十八大以来，党中央鲜明强调“四个意识”“两个维护”，提出一系列明确要求，取得明显成效。正因为全党上下团结一心、步调一致，我们解决了许多长期想解决而没有解决的难题，办成了许多过去想办而没有办成的大事，消除了党和国家内部存在的严重隐患，推动党和国家事业取得历史性成就、发生历史性变革。

下一步，应该加大民主集中制在全社会的分层宣传和普及，特别是加强在基层自治组织中的宣传和贯彻落实。这是因为随着我国经济发展和社会转型，人民群众对基层公共服务的要求不断提升，提高基层治理体系和治理能力的现代化日益提上议事日程。基层治理属于社会治理的末梢，与人民群众日常工作生活需求保障的关系最为直接紧密，如何提高基层的治理效能，关系到全社会的整体治理效果。因此，要在加强党对基层治理领导的前提下，着力从强化基层治理中贯彻民主集中制开始，有序扩大社区居民对基层治理的民主参与。

促进型立法的实践样态与理论省思

刘风景 *

在我国，促进型立法数量急剧增加，引人注目。2021 年 4 月 29 日第十三届全国人大常委会第二十八次会议审议通过了《中华人民共和国乡村振兴促进法》，实际上，全国人大常委会之前通过的以“促进”为标题的法律还有《中华人民共和国促进科技成果转化法》《中华人民共和国民办教育促进法》《中华人民共和国电影产业促进法》《中华人民共和国基本医疗卫生与健康促进法》《中华人民共和国中小企业促进法》《中华人民共和国清洁生产促进法》《中华人民共和国农业机械化促进法》《中华人民共和国循环经济促进法》《中华人民共和国就业促进法》等。在地方层面，促进型立法的数量也不少。例如，上海市人大常委会就通过了《上海市促进家庭农场发展条例》《上海市高等教育促进条例》等多部地方性法规。促进型立法较早地出现于经济领域，近年来促进型立法在文化领域又异军突起。党中央要求着力把社会主义核心价值观融入法律法规的立改废释全过程后，全国各地出台了 200 多部文明行为促进条例，此类立法数量激增。遗憾的是，与活跃的立法实践相比较，理论界的相关研究则显得滞后、薄弱；视野相对狭窄，缺乏对相关问题的一般性把握；研究深度不够，鲜有对其深层法理、作用机制的专门研究。因此，对促进型立法进行深入研究，可以丰富法学研究成果，有助于构建中国特色社会主义法学理论体系；为提高立法质量建言献策，增强法

* 刘风景，华东政法大学立法与政治发展研究中心教授。

学理论服务于法治实践的能力。

一、促进型立法的概念界定

促进型立法是一种崭新的立法类型，相对于传统立法，它不以约束、义务、强制、处罚为主要内容，而将重心放在提倡、权利、鼓励、奖励。促进型立法有着独特的立法目的、功能定位、权利义务、规范结构、法律责任，需要从理论上予以揭示阐明。

第一，立法文本标题有“促进”字样。在理论上，促进型立法有广义、狭义之分。广义的促进型立法，是指法律文本之中虽未直接出现“促进”字样，但只要含有提倡性、促进性内容的法律规定，就认定为促进型立法。就定义而言，只要是这些法律中含有提倡性、促进性的法律条款，就称之为“促进型立法”，这种理解失之于宽。“在每个法律制度中都有一些具有促进性的（facilitative）规范而非强制性的规范。在这类规范中，有赋予个人以权利的规范、授予组织以权力的规范以及对政府机构制定政策的自由裁量权领域进行确定的规范。对于不行使法律所赋予的权利、权力或自由裁量权，是无须附设制裁的。”[①] 有人认为，法律激励并非只有“赏”一个面向，“赏罚一体”意味着“罚”也是法律激励的一种情形。法律激励不限于“激励”“奖励”“鼓励”“促进”“保护”“待遇”等的正向激励，也包括“处罚”“处分”等的反向激励。[②] 进而言之，刑法当中的自首、立功、缓刑、减刑、假释等规定也是一种激励性手段，[③] 也算作促进型立法。如果对促进型立法做如此宽泛的理解，可以说所有的法律都属于“促进型立法”，这样，促进型立法的界限就极其模糊，很难将它与其他类型立法之间作出明显的区分。将消极的制裁等同于积极的奖励，忽视“大棒”与“胡萝卜”之间的区分，无论是

---

① ［美］E. 博登海默：《法理学：法律哲学与法律方法》，邓正来译，中国政法大学出版社 2017 年版。

② 丰霏：《当代中国法律激励的实践样态》，《法制与社会发展》2015 年第 5 期。

③ 尹振国：《刑法激励制度研究》，法律出版社 2019 年版。

认知上还是实践上都是不足取的。当然，有的法律中激励性法律条款比重很大，例如，《中华人民共和国科学技术进步法》第 1 条规定的立法目的是，“为了全面促进科学技术进步，发挥科学技术第一生产力的作用，促进科学技术成果向现实生产力转化，推动科学技术为经济建设和社会发展服务”。该法也具体规定了诸多的加大财政性资金投入，制定产业、税收、金融、政府采购等鼓励科学技术进步的法律条款，具有明显的促进性功能。不将其列入促进型立法，或许有些武断，但为了更清晰地界定概念的外延，不得不做这样的技术处理。这里我们采用狭义的理解，即侧重于外部样式的“型”。促进型立法的标题都有“促进”字样，外观标识明显。另外，促进型立法除了在标题中直接标明“促进”外，往往还在立法目的条款中写明“促进”。立法是国家的重要活动，目的是不可缺少的。促进型立法在立法目的条款中开宗明义地宣示政府的“促进”职能。例如，《中华人民共和国就业促进法》第 1 条规定，“为了促进就业，促进经济发展与扩大就业相协调，促进社会和谐稳定”。所以，我们采用立法标题与立法目的相结合，但以立法标题为主的标准，来识别促进型立法。

第二，倚重“促进”的调整机制。立法工具箱中置放着各式各样的法律工具，立法者在制定具体的法律时，根据对象不同，可以作出不同的选择。一部法律可能同时运用多种立法工具，但它们的重要性是不同的，其中肯定有一种是最重要的工具。促进型立法的主要功能并不是强迫、惩罚、压制，本质上是一种鼓励或者引导行为的调整手段，“促进”是促进型立法最为看重的法律手段。“虽然法律制裁通常被认为包含各种形式的处罚或者通过赔偿给受害者以补偿，但当试图通过法律积极推进社会变迁时，对服从法律予以正面的激励也常常得到使用，在现代立法中，关于授权、补贴、减税以及其他财政减免的规定都是积极奖励的重要例证。”[①]促进型立法是以“促进”为主要调整手段的一部完整的法律文本，并非只有个别的法律条款规定促进性内容。例如，《中华人民共和国清洁生产促进法》第 34 条规

① ［英］罗杰 · 科特威尔：《法律社会学导论》，彭小龙译，中国政法大学出版社 2015 年版。

定："企业用于清洁生产审核和培训的费用，可以列入企业经营成本。"企业用于清洁生产审核和培训的费用是企业对生产的投入，是企业提高资源利用效率、减少和避免污染物产生、保护和改善环境、保证可持续发展的必要花费。企业用于清洁生产审核和培训的费用，列入经营成本，是对企业实施清洁生产的一项鼓励措施，可以调动企业对清洁生产审核和培训的积极性。促进型立法不过多设置处罚，因势利导，注重把握和发挥立法的指引、评价和教育功能，为人们作出立法者期待实现目标的选择，创造各种有利的条件。

促进型立法的"促进"，主要是一种间接的手段。为实现特定目的，法律既可以采用直接的手段，也可以采用间接的手段。法的直接手段是指通过规定法律义务及相应的制裁措施改变人们的行为或态度，以实现一定的目的。法的间接手段则是指提供可以引发变革的制度框架和条件，促使社会朝着人们期待的方向发展。法的直接手段和间接手段的差别是：（1）直接手段是强制或抑制人们行为，而间接手段则是通过激励、奖励等方式诱导人们自愿行为。（2）直接手段是提供好处或者承担不利后果，而间接手段是通过创造条件使人们能够在此条件下为自己提供好处和便利。（3）利益的实际给予方式不同，如国家政府部门既可能给穷人分发救济金（直接手段），也可能豁免他们的赋税（间接手段）。（4）负担的施加方式不同，如对A课征的税收和罚款（直接手段）可能最终由B来承担或转移给了B（间接手段）。[①]通常，人们往往将法律的施行方式等同于军队、警察、法庭、监狱等国家强制力的运作过程。实际上，这种狭隘的理解对法律的认识及其作用方式会形成明显的误导。"在我们的体系中，不能想当然地认为所依赖的直接手段占据压倒性的优势地位。"[②]法律的运行不只有直接手段，有时采用间接手段往往会取得更理想的社会效果。例如，《中华人民共和国乡村振兴

---

① ［美］罗伯特·S. 萨默斯：《美国实用工具主义法学》，柯华庆等译，中国法制出版社2010年版。

② ［美］罗伯特·S. 萨默斯：《美国实用工具主义法学》，柯华庆等译，中国法制出版社2010年版。

促进法》的法律条款并不直接引起社会变化，但这种立法措施却可以加强对农民的权利保障，激发社会各界全面实施乡村振兴战略的积极性，促进农业全面升级、农村全面进步、农民全面发展，进而加快建设农业农村现代化。“在为建设一个丰富而令人满意的文明的努力奋斗过程中，法律制度发挥着重要而不可缺少的作用。当然，法律并不能直接进行或增进文明大厦的建设；它也不能命令人们成为发明家或发现家，去设计城市建设的新方法，或去创作优秀的音乐作品。然而，通过为人类社会组织确立履行更高任务的条件，法律制度就能够为实现社会中的‘美好生活’作出间接贡献。”[①]条款设置合理、措施得力的法律，有助于形成和谐稳定、公平正义、充满活力的社会秩序，为社会发展营造有利的法律环境。法律通过权利义务的规定，激发人们的主动性、创造性，不断提高生产力水平，改善生活质量。2002 年 4 月 26 日在第九届全国人大常委会第二十七次会议上，关于《中华人民共和国清洁生产促进法（草案）》的说明中提道，《中华人民共和国清洁生产促进法》的称名理由是，“考虑到在社会主义市场经济条件下，应当尊重企业等市场主体的自主性，因此，在立法思路上要注重对清洁生产行为的引导、鼓励和支持，而不宜对其生产、服务的过程进行过多的直接行政控制。这就决定了清洁生产立法应当以对清洁生产进行引导、鼓励和支持保障的法律规范为主要内容，而不是以直接行政控制和制裁性法律规范为主。采用《中华人民共和国清洁生产促进法》这一法律名称有助于准确反映本法的特点和主要内容”[②]。由此可见，在《中华人民共和国清洁生产促进法》的制定过程中，全国人大常委会对促进型立法有着清晰的定位，以引导、鼓励和支持保障为主要手段，来设置具有的法律规定，是一个典型的立法例。

第三，追求更优目标的立法工具。立法标题，也称法律名称，尽管凝练概括、表述简约，但它也能在相当程度上反映出法律的制定主体、调整对象、调整手段、适用范围和法律位阶等诸多重要信息。与《中华人民共和

① ［美］E. 博登海默：《法理学：法律哲学与法律方法》，邓正来译，中国政法大学出版社 2017 年版。

② 李飞主编：《中华人民共和国清洁生产促进法释义》（第 2 版），法律出版社 2013 年版。

国担保法》《中华人民共和国海商法》《中华人民共和国票据法》《中华人民共和国证券法》《中华人民共和国公务员法》等中性标题不同，许多法律标题之中包含着“促进”“处罚”“安全”“管理”“反”“保护”“保障”“防治”等具有明显价值取向的关键词，体现出其调整机制的特性。按照法律与现存社会的关系之不同，包含这类关键词的立法大体可分为三类：保护现状的维持型立法、不致变差的抑制型立法、追求更优的促进型立法。（1）保护现状的维持型立法。立法者面对已然存在的社会现象，主要意图是尊重事物本性，创造条件保护其正常的存续发展。主要有“保护”“保障”型立法，例如，《中华人民共和国归侨侨眷权益保护法》《中华人民共和国文物保护法》《中华人民共和国环境保护法》《中华人民共和国海洋环境保护法》《中华人民共和国未成年人保护法》《中华人民共和国老年人权益保障法》《中华人民共和国残疾人权益保障法》《中华人民共和国妇女权益保障法》等。类似的立法还有“安全”型立法，例如，《中华人民共和国道路交通安全法》《中华人民共和国国家安全法》《中华人民共和国矿山安全法》《中华人民共和国网络安全法》《中华人民共和国特种设备安全法》《中华人民共和国食品安全法》等。（2）不致变差的抑制型立法。立法者面对不欲出现的事物时，采取立法手段防止其进一步的滋生、蔓延。这类立法有“处罚”型立法，例如，《中华人民共和国治安管理处罚法》《中华人民共和国行政处罚法》等；有“反”型立法，例如，《中华人民共和国反间谍法》《中华人民共和国反恐怖主义法》《中华人民共和国反不当竞争法》《中华人民共和国反垄断法》等；有“禁”型立法，例如，《中华人民共和国禁毒法》等；有“防治”型立法，例如，《中华人民共和国传染病防治法》《中华人民共和国职业病防治法》《中华人民共和国环境噪声污染防治法》《中华人民共和国固体废物污染环境防治法》《中华人民共和国水污染防治法》《中华人民共和国大气污染防治法》《中华人民共和国土壤污染防治法》等。（3）追求更优的促进型立法。促进型立法与抑制型立法在诸多方面都形成明显的对照：在目标定位上，主要不是避险止损，而是增加效益；在时间指向上，主要不是指向过去或当前的问题，而是指向长时段的将来；在对策设计上，主要不是被动的防范，而是为实现理想目标而采用的立法工具。

第四，政府责任兜底的规范结构。法律规范是一种逻辑周全的规范，它包括假定、处理、制裁三个要件。“按惯例，制裁被分为两大类，奖赏和惩罚即积极和消极制裁。认为受法律管辖的人们会选择一种，躲避一种。立法者认为被称为‘惩罚’的制裁实际上痛苦而‘奖赏’实际上令人愉快，因而希望的举动结果会多少自动地产生。”[①] 作为法律规范构成要件的制裁，既包括消极的惩罚，也包括积极的奖励。即使是奖励性规定，也必须以惩罚性规定为后盾，才能构成完整的法律规范。从法律规范的完整结构上看，积极制裁不是自足的，还需要消极制裁的兜底保障。也就是说，无论是消极的惩罚，还是积极的奖励，如果要得到有效的实施，最终都得归结于惩罚性规定。实际上，奖励性规范是一种授权性规范，它规定某人做出某种行为，便取得了一定物质或精神奖励的权利，如果相应的主管部门不给予这种奖励，或者某人造假企图骗取这种荣誉，就要依据相应的法律规定追究他们的法律责任。所以，奖励性规范也总是同另一种规定法律责任的国家命令结合起来，才能有效地发挥作用。《中华人民共和国电影产业促进法》第55条规定：“县级以上人民政府电影主管部门或者其他有关部门的工作人员有下列行为之一，尚不构成犯罪的，依法给予处分：（一）利用职务上的便利收受他人财物或者其他好处的；（二）违反本法规定进行审批活动的；（三）不履行监督职责的；（四）发现违法行为不予查处的；（五）贪污、挪用、截留、克扣农村电影公益放映补贴资金或者相关专项资金、基金的；（六）其他违反本法规定滥用职权、玩忽职守、徇私舞弊的情形。”该法条规定了政府有关部门及其工作人员通过制定政策，指导科技成果转化工作，在财政、金融、税收等方面给予优惠政策支持。政府通过制定计划、规划，将科技成果转化纳入国民经济和社会发展计划，并组织实施。如果没有依法履行职责，就要承担相应的法律责任。在促进型立法的规范结构中，直观上有许多授予个人权

---

① ［美］弗里德曼：《法律制度：从社会科学角度观察》，李琼英、林欣译，中国政法大学出版社1994年版。

利的规定，但最终都是以政府承担法律责任来保障实施的。

综上，促进型立法是指立法文本标题有“促进”字样，将调整机制重心放在权利、鼓励、奖励，追求更优的价值目标，以政府责任兜底的法律文本。

二、促进型立法的常见缺陷

在立法领域，只有针对特定事项的专门工具，并无能够解决所有问题的万全之策，对任何一种立法工具都应有一分为二的理性评价。“在立法起草中，很难规定一种万能的选择立法解决方案的方法。它们中的每一个都具有优势和风险。”[①]促进型立法既有长处也有短板，对其具有的优点予以肯定，存在的问题进行建设性批判，目的是扬长避短、弃劣取优。

第一，经验尚浅的新立法形式。长期以来，传统法学理论过分看重法律的消极惩罚措施，轻视积极的奖励机制，甚至将后者看作非典型法律手段，往往不予重视或者弃之不用。“在涉及惩罚或权益之剥夺的场合，我们是在人类成就的较低层次上运作，在这里，只有加以留意，一项不良行迹就可以确定地辨识出来，而对之进行裁断的形式标准也可以确立起来。在始于颁发荣誉和激励的场合，如果用适合于一件法律诉讼之审理的程序来约束一项基本上是主观的和依凭直觉的裁断，我们便会觉得这没有太大意义，或者在很大程度上是装腔作势。”[②]立法机关在设定法律义务、法律责任时，往往会用审慎精细的正当程序来约束决策，认真推敲、严格把关；而在授予奖励和荣誉的场合，则满足于非正式的、缺乏监督审查措施的决策方法，相关规定“差不多”“不太坏”即可，随意性较大。促进型立法属于授予奖励和荣誉的法律，也没有为人所重视。促进型立法是一种陌生的立法形式，对其工作机理的了解不太深入。

还有，促进型立法偏好使用间接手段，工作机制更加复杂，这增加了立

---

① ［希腊］［英国］海伦 · 赞塔基:《立法起草：规制规则的艺术与技术》，姜孝贤译，法律出版社 2022 年版。

② ［美］富勒:《法律的道德性》，郑戈译，商务印书馆 2005 年版。

法的难度。法的间接手段意图提供可以引发变革的制度框架和条件，促使社会朝着人们期待的方向发展。促进型立法这一特征，往往会出现针对某个问题制定的解决方案反而会使该问题趋于恶化。印度在英国殖民统治期间发生的一件事情，令人深思。当时英国官员为德里地区眼镜蛇泛滥而担忧。试图用激励手段解决这个问题，于是他宣布一项捕杀眼镜蛇的悬赏公告：市民可以凭眼镜蛇皮领取赏金。但是，德里地区的一部分市民在得知悬赏信息后便开始人工饲养眼镜蛇。突然之间，政府收到了大量的眼镜蛇皮。他们意识到这个计划并不明智，随即取消了悬赏。到这个阶段，眼镜蛇养殖者手中还有一些剩余的眼镜蛇。无法领取悬赏的眼镜蛇，就直接放生。意图消灭眼镜蛇的计划，反而产生了更多的眼镜蛇。①促进型立法各因素之间的影响作用的传导机制非常复杂，如果立法不够审慎，更可能产生立法者意料之外的负面效果。

第二，法律条款雷同重复。与立法经验不丰富有关，立法者对这种新立法形式尚无驾驭能力，直接的后果就是法律条款重复现象突出。促进型立法的重复问题，首先表现为不同主体立法之间的重复。例如，2021 年 1 月 25 日通过的《重庆市文明行为促进条例》第 10 条规定："公民应当自觉践行以文明礼貌、助人为乐、爱护公物、保护环境、遵纪守法为主要内容的社会公德，以爱岗敬业、诚实守信、办事公道、热情服务、奉献社会为主要内容的职业道德，以尊老爱幼、男女平等、夫妻和睦、勤俭持家、邻里互助为主要内容的家庭美德，以爱国奉献、明礼遵规、勤劳善良、宽厚正直、自强自律为主要内容的个人品德。"2021 年 12 月 9 日经西藏自治区人大常委会批准的《拉萨市文明行为促进条例》第 9 条规定："公民应当积极践行以文明礼貌、助人为乐、爱护公物、保护环境、遵纪守法为主要内容的社会公德；以爱岗敬业、诚实守信、办事公道、热情服务、奉献社会为主要内容的职业道德；以尊老爱幼、男女平等、夫妻和睦、勤俭持家、邻里互助为主要内容的

① ［美］丹·希思：《上游思维：变被动为主动的高手思考法》，尚书译，中信出版社 2021 年版。

家庭美德；以爱国奉献、明礼遵规、勤劳善良、宽厚正直、自强自律为主要内容的个人品德。”两者比较，后者正文规定的内容重复率达100%。促进型立法的重复问题，其次表现为同一主体立法之间的重复。例如，《北京市文明行为促进条例》采取综合性立法模式，详细列举了交通违规、公共场所吸烟、法定区域燃放烟花爆竹等应予惩戒的不文明行为的清单。第三章关于不文明行为治理的规定，在《北京市市容环境卫生条例》《北京市控制吸烟条例》《北京市生活垃圾管理条例》《北京市物业管理条例》《北京市环境噪声污染防治办法》《北京市实施〈中华人民共和国道路交通安全法〉办法》《北京市非机动车管理条例》《北京市机动车停车条例》《北京市旅游条例》《北京市绿化条例》《北京市公园条例》等地方性法规中早已出现。该条例的这些规定，多属重复雷同，就好像是围绕特定主体的法律条款摘编，其立法的必要性值得怀疑。

第三，混同于管理型法。对中国立法者来说，高度集权的计划经济模式深深嵌入记忆之中，管理型法是他们更为熟悉的立法手段，有些促进型立法徒有其名，其条款多是对普通民众科以义务、责任追究的内容。在立法实践中，为了培育和践行社会主义核心价值观，把社会主义核心价值观转化为具有刚性约束力的法律规定。自2012年《深圳经济特区文明行为促进条例》制定以来，各地文明行为促进条例密集出台。至今，北大法宝显示，已有广东省等省级人大常委会、武汉市等设区的市的人大常委会通过了200多部文明行为促进条例。由于文明行为促进立法自身构成复杂、属性模糊，系新生事物、具有探索试验性，在实际的立法过程中，存在着“管理”色彩过浓，调整范围过宽，重复规定过多，道德要求过高以及软法比例过大等盲目乱用问题。[①]例如，《南通市文明行为促进条例》第39条规定，携犬出户不系犬绳的，由公安机关责令改正，可以处50—500元的罚款；携犬出户不即时清除犬只粪便的，由城市管理部门责令改正，可以处20—200元的罚款；养

① 刘风景：《文明行为促进立法的目标与路径》，《北京联合大学学报（人文社会科学版）》2020年第4期。

犬人未采取有效措施制止犬吠干扰他人正常生活的，由公安机关处警告，警告后不改正的，可以处 200—500 元的罚款；携犬进入学校、医院、文化艺术场馆、体育场馆、商场、饭店、农贸市场等人员密集场所或者乘坐公共汽车等公共交通工具的，由公安机关责令改正，可以处警告或者 50—200 元的罚款；携犬乘坐电梯不采取怀抱犬只、为犬戴嘴套或者将犬装入犬笼、犬袋等措施避让他人的，由公安机关责令改正，可以处警告或者 50—200 元罚款；在禁养区内饲养禁养犬只的，由公安机关责令限期改正，逾期不改正的，没收犬只，可以并处 500—5000 元的罚款。一部法律如要有效发挥作用，必须综合运用多种手段，促进机制可能是其中的一种手段。只有那些立法目的、核心条款都具有促进性功能的法律，才属于促进型立法。促进机制广泛存在于各种法律文件之中，如果一部法律只有个别、少数的条款具有促进性功能，仍称“促进型立法”显然名不副实，不宜归入促进型立法。

第四，软法比重过大。在一国法律体系之中，应当允许有一部分法律的制定目的是注入象征性符号、传达特定理念。促进型立法之中常常会出现此类软法条款，这虽然无可厚非，但也应当有一定的限度，不宜过多。“如果法律没人执行，并且人们知道这一点，不论字面上的口号喊得有多响，法律都没有影响。零乘以任何其他数都是零。如果严厉性是零（不存在实际的惩罚），没人被抓这件事就几乎不严重了。”[①] 如果其中的软性规定占比过大，使其“不像法律”，则难以具体贯彻实施。例如，《中华人民共和国电影产业促进法》第 45 条规定：“国家鼓励社会力量以捐赠、资助等方式支持电影产业发展，应依法给予优惠。”这类规定可执行性差，难以变为实际的社会关系。促进型立法中这类软法占比过大，法律规定抽象模糊，权利义务内容难以把握，无法期待能有理想的法律效果，不利于树立法律权威。

第五，过分倚重激励机制。对人性的正确认识，是形成良法的前提，是法律能够有效调整社会关系的关键。有的促进型立法对人性的认识未必正

---

① ［美］劳伦斯 · 弗里德曼：《碰撞：法律如何影响人的行为》，邱遥堃译，中国民主法制出版社 2021 年版。

确，过分降低人性标准。受"经济人"假说的影响，有的立法者认为，人性都是自私自利的，人的行为是追求自我利益的。"强调物质刺激的力量而忽视良知的力量，不仅束缚了我们处理某些社会问题的能力，更能使那些问题恶化。"①当立法者不断地用许诺奖励来促使人们作出选择、对行为负责，都是在假设人们不会自愿这样做，只是在外在条件刺激下才予以选择的。"如果对行为负责、热爱知识、做好工作本来就是我们天性的一部分，那么这种相反的假设就可以说是非人道的。"②过度仰赖奖励，不是意图影响、说服和完全解决问题，而是操纵他人，只能得到暂时的好处，不能长时间持续。立法过分看重激励机制，忽视人的德行的提升，会使立法目的与法律手段之间本末倒置、关系错位。"'做这个就能得到那个'使人们聚焦在'那个'而不是'这个'上。如果我们在乎创造性，那么提醒员工想想工资袋里有多少钱，或者使学生们担心成绩册上的分数，是在万不得已的情况下才能用的最后一招。我们可以把这场讨论概括如下：奖励能激励人们吗？绝对能，奖励能激励人们获得奖励。"③如此一来，手段转变为目的本身，异化为事物的主宰者；目的就被虚置，立法时的"为了 ××"被置于一旁。

三、促进型立法的功能定位

促进型立法是一种新的立法形式，其正当性、合法性证明，需要说明其自身具有突出的优良品质，也需要证明是实现诸多崇高价值目标的有效手段。"一部法律实现其目标时就是'有效的'。有时候了解并衡量其目标很容易，但当它的目标不明时，要说一部法律有效就困难多了。"④立法目的决定法律手段，法律手段服从立法目标的需要。作为一种工具，促进型立法应着

① [美]琳恩·斯托特：《培育良知：良法如何造就好人》，李心白译，商务印书馆2015年版。
② [美]艾尔菲·科恩：《奖励的恶果》，冯杨译，山西人民出版社2016年版。
③ [美]艾尔菲·科恩：《奖励的恶果》，冯杨译，山西人民出版社2016年版。
④ [美]劳伦斯·弗里德曼：《碰撞：法律如何影响人的行为》，邱遥堃译，中国民主法制出版社2021年版。

眼于坚持以人为本，保障公民权利，建设有为政府，调控发展节奏和丰富立法手段。

第一，坚持以人为本。明显不同于管理型、惩罚型立法，促进型立法通常不规定或很少规定制裁，而是以鼓励、奖励、支持、促进为主要的调整机制。最明显的奖赏形式是做后给钱、成则有赏。“人们不是机器或机器人。他们对法律的行为回应大多数时候是（虽然并非总是）或多或少的自由选择。”[①] 从社会治理方式上看，促进型立法体现了立法从“管制”到“引导”的转变，实质上是真正地“把人当人看”，适度地采用促进型立法，可以发挥着激励鼓励、正面评价、引导奖赏等功能，将人从法律客体归位于法律主体。[②] 我国法律中，也越来越多地使用这类柔性方法。《中华人民共和国电影产业促进法》以规定对电影产业的扶持、保障政策措施为重点。这部法律的很多规定都能起到支持和保障电影产业发展的作用。比如，取消、下放行政审批权限，是放松电影市场管制和激发电影产业活力的重要举措。又如，维护电影市场秩序和打击破坏电影市场秩序行为的规定，同样是对电影产业健康发展的保护和促进。《中华人民共和国电影产业促进法》规定的“促进”措施，主要是第四章的规定，直接以法律规范体现国家对电影产业的支持和保障政策，以及财政、金融、土地利用、城市规划等多方面的具体促进措施。[③] 促进型立法运用各类鼓励性的优惠制度，较为常用的有财政优惠、税收优惠（如税收减免）、金融优惠、竞争优惠、产业优惠等。当然，法律规定的各种激励措施，不限于金钱方面的，还包括精神方面的。“大多数政府仍旧在以某种形式颁发‘荣誉’——一种有着罕见而明显用途的非经济激励手段。这种荣誉可以是战斗英雄奖章，或者给做了社会捐助过其他贡献的人以公民奖。如果不是人们行为本身的原因，那么这种荣誉性奖励背后则是一个强大

① ［美］劳伦斯·弗里德曼：《碰撞：法律如何影响人的行为》，邱遥堃译，中国民主法制出版社 2021 年版。

② 江国华、童丽：《反思、拨正与建构：促进型立法之法理阐释》，《华侨大学学报（哲学社会科学版）》2021 年第 5 期。

③ 许安标：《中华人民共和国电影产业促进法释义》，法律出版社 2017 年版。

的额外驱动力。士兵们不是为了金钱而战，他们的战斗动机包括对冒险的渴望、荣誉（为同伴、社会、家庭和国家奋斗）等。”[①]一部立法如果将物质刺激作为法律实施的支点，会使其偏离原初的立法目标。实际上，除了物质性奖励外，促进型立法还应充分考虑到个人尊重、理想信仰、社会评价等内在因素，采用发放称号、荣誉、奖章，以及给予表扬，安排权力职位等手段。

第二，保障公民权利。权利保障与促进型立法有着深度的契合关系，或者说权利性立法更偏好采用促进型立法的方式。法律的主要内容是权利和义务，其中权利是第一性的，其地位更加突出。权利是规定或隐含在法律规范中、实现于法律关系中的、主体以相对自由的作为或不作为的方式获得利益的一种手段。权利性立法对人们行为的调整，主要体现为“可为”“有权”“能够”等规范形式，更多地体现为社会成员的自主选择。“政府采取分散的、以激励为基础的策略——它们集中关注污染减少这一目标而不是集中关注实现该目标的方法，并同时依赖市场激励——能够更加有效地实现反污染目标。例如，政府可以要求排污者花钱购买排污权，然后再允许他们就这些权利进行交易。这样的策略能够鼓励反污染技术的发展，同时也能够确保那些能够以最廉价的方式减少污染的人承担这项工作。”[②]法律是惩恶扬善的工具，通过剥夺权利以惩恶，通过赋予权利以扬善。在社会生活中，法律权利往往与特定的价值取向相联系，指向人们意欲取得的美好事物。社会成员可以自主确定他们自身的利益，他们可以自由地行使或者放弃自己享有的权利。法律权利为人们的选择提供保障，绝对的禁止或命令仅限于维护社会秩序的必要限度，而大量的柔性法律占据着越来越重要的位置。“如果人们不得不着重依赖政府强力作为实施法律命令的手段，那么这只是表明该法律制度机能的失效而不是对其有效性和实效的肯定。既然我们不能根据一个

---

① ［英］戴维 · 哈尔彭：《助推：小行动如何推动大变革》，梁本彬等译，中信出版社2018年版。

② ［美］卡斯 · R. 桑斯坦：《权利革命之后：重塑规制国》，钟瑞华译，中国人民大学出版社2008年版。

社会制度的病态表现来给该制度下定义，那么我们也就不应当把强制的运用视为法律的实质。”[①] 从某种角度看，促进型立法的出现也是建立在对管理法进行反思批判基础上所进行的立法机制创新。

促进型立法是以社会成员自主选择为理论前设，充分体现出对人自由意志的尊重。“为了实现人所具有的建设性的和创造性的能力，就必须采取一切可能的合理手段激励其在发展和奋斗方面的欲求。”[②] 在社会生活中，法律对其他现象发生影响，并非原因与结果之间的严格传导过程，而是包含着诸多可能性的相关关系。我们没有办法强迫一个人去过理性的生活，但可为其成为体面且有尊严的社会成员创造有利的条件，努力排除人正常发展的各种障碍。“我们只能做到将较为严重和明显的投机和非理性表现排除出他的生活。我们可以创造出一种理性的人类生存状态所必需的条件。这些只是达致那一目标的必要条件，而不是充分条件。”[③] 良法不把人当作任意操控的棋子，不包办替代，它依赖个人对自己利益的关心，承认尊重人的自主选择。促进型立法调整对象的惰性相对较小，稍加刺激，即可激活内在动因，自主地实施立法者期望的行为。促进措施是外在的，它尊重事物自身的发展规律。“鉴于人是所有动物中最高贵的生灵，唯一合适的办法是应当通过报偿诱使他守法，而不是依仗威胁和惩罚来强迫他守法。”[④] 基于对人的主体地位的尊重，促进型立法主要的工作机制是激活人的惰性因素，强化其行为的内在动机，让社会成员自主选择、积极活动。

第三，建设有为政府。历史的发展过程并非线性的运动过程，往往呈现出有趣的钟摆效应。我国长期实行计划经济，在管理体制上表现为事无巨细都要国家干预，因而任何行业、任何领域、任何部门无处没有国家的影子；

---

① ［美］E. 博登海默:《法理学：法律哲学与法律方法》，邓正来译，中国政法大学出版社 2017 年版。

② ［美］E. 博登海默:《法理学：法律哲学与法律方法》，邓正来译，中国政法大学出版社 2017 年版。

③ ［美］富勒:《法律的道德性》，郑戈译，商务印书馆 2005 年版。

④ ［荷兰］伊拉斯谟:《论基督教君主的教育》，李康译，商务印书馆 2017 年版。

在管理手段上，大量使用行政手段，经济手段和法律手段几近空白。这种高度集权的计划经济体制被改弦更张后，完全自由的市场经济体制随即被推崇备至。改革开放以来，我国市场经济不断发育并逐步完善。然而，市场经济的通病或者“市场失灵”的弊端也日益明显，为此就需要国家通过投资、信贷、价格、税收等进行宏观调控。“作为一类组织形式，政府本身就是一个国家发展过程中最重要的制度条件。政府发挥其职能作用的主导性、引领性、全局性，天然地会塑造其他经济主体的激励结构，并影响它们的收益和成本。”[①] 为了解决市场失灵问题，国家通过立法对战略性、长周期性、高风险低回报性的基础、薄弱产业或事业予以保障；通过立法对环境、资源、能源等市场经济的外部性问题予以纠正，为人们提供良好的生存环境，为国家的可持续发展提供充分的资源与能源保障；通过立法对中小企业进行扶持，保障市场正常和充分的竞争；通过立法解决收入分配不公问题，缩小贫富差距等。所以，从 20 世纪 90 年代开始，促进型立法就以市场失灵的补正机制而出现。[②] 相较于污染防治和生态保护对可持续发展中限制性因素的强调，绿色低碳发展立法更注重“发展”。为了绿色发展，增进正向效益，有学者建议环境法典的编纂，必须倚重倡导性、鼓励性、柔性的手段的运用。[③] 可以说，促进型立法是国家与市场关系的协调折中机制，它既是“市场失灵”的补救手段，也是管理型立法的必要校正，是政府公共政策的法律化。

近年来，许多国家立法运用助推手段对社会生活进行调整，试图协调国家干预与个人自由之间的关系，这与促进型立法有着相通之处。助推是监管的一种重要手段，其方法很多，无强制性质，人们有自主选择的可能。“助推本质上是一种鼓励或者引导行为的方式，但是没有指令和规定，在理想状态下，也不需要丰厚的金钱刺激或者奖惩措施。我们知道它在日常生活中意

---

① 卢福财、王守坤：《历史脉络与实践视野下的有为政府：中国特色社会主义政治经济学的核心命题》，《管理世界》2021 年第 9 期。

② 李艳芳：《“促进型立法”研究》，《法学评论》2005 年第 3 期。

③ 张忠民：《环境法典绿色低碳发展编对可持续发展理念的体系回应与制度落实》，《法律科学》2022 年第 1 期。

味着什么：它是一个彬彬有礼的暗示；它是一个建议；当我们希望我们的孩子伴侣把一堆衣服收拾得整齐利落时，它就是一个明显的眼色。”① 在助推机制之下，不需要高额的金钱刺激或者严厉的奖惩措施，即可达到目的。人们的身心更健康，还能创造出更多财富，让自己的生活更幸福。“在许多领域，包括环保、家庭法律和择校等，我们将会说服人们相信，好的政府管理形式不需要太多的强制和限制措施，但需要给人们更多的自由选择的权利。如果命令和禁止能够被鼓励和助推所取代，那么我们的政府部门将会更精简，也会干练得多。因此，一言以蔽之，我们需要的不是一个强制型的政府，而只是一个具有更高执政能力的政府。”② 助推体现了自由市场规律，体现了对个人自由的尊重。吸烟不仅给人类的健康带来巨大威胁，而且吸烟是一种成瘾行为。吸烟给个人和社会造成了严重的负担，可是政府无权禁烟。对于这类具有巨大危害的产品，甚至会危及人们性命的产品，政府使用一些助推手段，要求商家添加一些带有感情色彩的图标，引导人们作出合理的选择。

第四，调控发展节奏。为了进一步揭示促进型立法的特征，还可以将“促进法”与“推进法”进行比较对照。日本有多种法律是以“推进法”来命名的，比如，《生态旅游推进法》《儿童阅读推进法》《校园欺凌防治对策推进法》等。有的立法，混淆“促进”与“推进”，不加区分地使用。例如，《南京市社会治理促进条例》第 1 条规定：“为了加强和创新社会治理工作，完善社会治理体系，加快推进市域社会治理现代化，实现社会平安和谐。”“促进”与“推进”是一组近义词，两者都有针对特定对象使之向前移动的共因项“进”字。对于它们间的差别，须通过区分“促”与“推”这两个语素来辨析。“推”的语义是，抵住物体，持续用力使物体向一定方向移动。“推进”的语义是在向上爬坡的过程中，需要发力者持续用劲，不能松

① ［英］戴维 · 哈尔彭：《助推：小行动如何推动大变革》，梁本彬等译，中信出版社 2018 年版。

② ［美］理查德 · H. 泰勒、卡斯 · R. 桑斯坦：《助推：事关健康、财富与快乐的最佳选择》，刘宁译，中信出版社 2009 年版。

手。质言之，推进型立法与促进型立法的欲达目标、用力方向是相同的，但作用方式、工作手段是不同的。“促”，是一种根据被作用者的运动状况，相机而动的用力过程。“在适当的时机做某事，极易成功，实际上它几乎可以自行完事。而在时机尚未成熟之时办这些事，不但容易失败，甚至等到时机真正来临，也很难成功。因此，不要贸然行事，也不要激化事态，而是等待事态成熟，等待正确的时机。”[①]在现代社会，国家通过立法手段的调控，可使社会能以“该快则快、该慢则慢”的节奏发展。社会发展过快，“欲速则不达”；发展迟缓，则贻误时机。节奏“具有力的流动与切断的节拍共存，且流动通过节拍扭曲力量，反而增强了其推动力的性质”。[②]比较而言，被“推进”者实施行动的意愿不强烈，需要更大的外力作用；被“促进”者的惰性相对较小，稍加外力即可激活，可以依靠自身的动力、能力继续向前运动。“促进”意味着在法律施行过程中可以择机采取合理手段，通过激活惰性因素，强化内在动因，使其依靠本身力量自主行动。

第五，丰富立法手段。社会的需求分为高低不等、渐次提高的若干层级。一般情况下，低一级的需求得到满足后，就会追求高一级的需求，高一级的需求就会转变成行为的主要动因。低一级的需求虽未消失，但已退为行为的次要动因。人类社会的文明程度越高，实现目的之手段也就越复杂；追求目的之手段越丰富多彩，越有助于实现社会的繁荣发展。“立法者之制定法律，正与科学技师之发明‘物的技术’颇相类似，而且立法技术所须考虑之因素远较‘物的技术’复杂得多，举凡社会的及个人的利益，无论其为精神的及物质的，均须慎重权衡，并须顾及时代思想、主义潮流，期能得其调和，合理地达成社会目的。”[③]立法不只是权力意志的表演舞台，也是法律智慧、立法技术的展现。立法活动政治性强，但立法者掌握的丰富的理论知识和有效的立法技术，则是确保立法质量的重要支撑。立法技术就是形成“良

---

① [意]弗朗西斯科·圭恰尔迪尼:《政治与经世备忘录》，王忆停译，浙江大学出版社2021年版。

② [日]山崎正和:《节奏之哲学笔记》，方明生、方祖鸿译，复旦大学出版社2020年版。

③ 韩忠谟:《法学绪论》，中国政法大学出版社2002年版。

法”的技艺，立法机关善用立法技术，无疑会提高立法的科学化程度，改善法律规范的调整质量。“针对问题立法”，要求立法机关根据拟解决问题的不同性质，选择相应的立法工具。“立法解决问题”，要求立法时应准确把握客观规律，做好制度设计，使法律规定的内容管用，具有针对性和可执行性，有效协调利益关系，真正解决问题。改革开放以来，我国稳定解决了十几亿人的温饱问题，新时代的立法必须着眼于社会主要矛盾转化的新形势，满足人民日益增长的美好生活需要，准确地把握立法需求，不断创新立法机制，利用新的立法技术。随着社会的发展，人的需求越来越多元化，立法技术也须不断地创新发展。可以说，促进型立法就是立法机关适应社会发展需要而采用的崭新立法手段。

四、促进型立法的技术规则

促进型立法侧重于柔性的引导、倡导，法律规定的强制性、规范性不突出，执法过程中容易扭曲走形。因此，在立法时应当遵守相应的技术规则，确保立法质量。

第一，尊重人的主体地位。民主法治国家一条基本理念是，人系目的而非手段，立法必须充分尊重人的主体地位。“经济人”假设在经济学领域是否具有解释力，姑且不论。即使该假设的适用范围不能无界限地泛化，如果将其广泛适用于所有社会关系领域，将是荒唐的。在行为的驱动力上，外因必须依赖内因才能发挥作用，外部因素只是一个诱因，起决定性作用的是人的内在动机。“信任、诚实和合作不仅与个人幸福相关，也与经济的繁荣密不可分。一个健康有益的社会不能够只依赖于胡萝卜加大棒，它还必须培育良知，开发人们无私助人的潜力，而且大概更重要的是，灌输远离伤害他人的伦理观。”[①] 法律制度作为一套影响人的行为的外部因素，必须尊重和保障人权，依赖行为人自身的价值观、理想信念、欲望、需求、偏好等内在

---

① ［美］琳恩·斯托特：《培育良知：良法如何造就好人》，李心白译，商务印书馆2015年版。

因素，科学地设置权利义务。“无论是法律制度还是法律生活，其地位都低于人的尊严和有理智的精神。”[①] 立法者不能将人看作是可以操控的棋子，任意摆布安排。促进型立法可以适度运用一些奖励机制，但不能将其作为立法的基础，而应以尊重人的主动性、积极性、创造性为立法的出发点和落脚点。

第二，找准立法的价值目标。立法目的是一部法律的价值定位，为立法活动指明方向和提供理论依据，对于确定法律的原则、设计法律条文、处理解决具体问题具有重要的指导意义。立法目的是法律的灵魂和指导思想，其外在表现形式是立法目的条款。立法目的条款是居于法律文本首部，以“为了”做标识语，用规范化的语句，专门用来表述整个立法文本目的之特定法条形式。“所有法律干预都有某种目的或目标，而这一目标可能塑造了用以执行该规则的手段或法律干预的具体形式。”[②] 只有准确地表达立法目的的法律规定，方为良法，才能达成善治的效果。促进型立法往往预先设定值得追求的美好目标，为此需要选择合适的法律手段。例如，《中华人民共和国促进科技成果转化法》第 1 条规定的立法目的是“为了促进科技成果转化为现实生产力，规范科技成果转化活动，加速科学技术进步，推动经济建设和社会发展”。在逻辑顺序上，促进型立法应预先设定价值目标，再设置相应的具体法律手段。促进型立法不是包治百病的万能药，但对于某些对象却是有效的法律手段。在文化领域，中华民族优秀传统文化是维系中华民族共同体和确保中华民族屹立于世界民族之林绵延发展的精神支柱，应当予以传承发展。建立健全相关法律制度，是中华优秀传统文化传承发展最稳定、最畅通的路径。“传统文化自然传承的时代一去不复返，通过立法推动文化传承已成为国家的基本法律义务和道义责任，也是传统文化得以有效传承、发展和创新的基本路径。”[③] 国家是文化传承发展法律制度的第一义

① ［俄］伊 · 亚 · 伊林：《法律意识的实质》，徐晓晴译，清华大学出版社 2005 年版。
② ［美］劳伦斯 · 弗里德曼：《碰撞：法律如何影响人的行为》，邱遥堃译，中国民主法制出版社 2021 年版。
③ 杨建军：《通过立法的文化传承》，《中国法学》2020 年第 5 期。

务人，强化国际的相应责任；对私人应以权利、奖励等促进性措施为主，激发他们积极投身到传统文化传承发展的伟大事业中。这个领域的立法，可以适当选择促进型立法。

第三，偏重政府责任的制度设计。一个社会的权利总量和义务总量是相等的，但在某些具体的法律领域，权利与义务未必是完全相等的，常常会出现或者偏重义务或者偏重权利的法律规定。促进型立法的权利义务配置特点是，它对国家机关权力的规定很少，更多的是对政府职责的规定；对社会成员主要是鼓励性、提倡性、选择性的规定，而且在从事立法促进的行为之后，还可享受相应的优惠待遇或获得奖励，权利的比重较大。总的来说，在促进型立法中，社会成员享有更多的权利，公权机关比社会成员承担更多的义务。[①]例如，《中华人民共和国民办教育促进法》第1条规定："为实施科教兴国战略，促进民办教育事业的健康发展，维护民办学校和受教育者的合法权益，根据宪法和教育法制定本法。"促进型立法的基本目标是促进一些基础性、薄弱性或具有特别价值的事业的发展，在这些领域，私人的自发机制往往是失灵的，政府的积极推动与引导是保障持续发展的关键，无论是宏观的发展规划制定、政策指导，中观的技术研发推广、激励措施建立，还是微观的具体金融信贷支持、财税政策优惠，政府始终在其中扮演着重要的角色。其中，职责性规范即政府必须实施的促进措施，立法中多采用"必须""应当"的表述方式。同时，由于促进型立法较多地强调政府的服务功能，而不是管理职责，因而除了义务性责任之外，还为政府设置了更多的超越义务的倡导性责任要求。这些责任主要表现在政府所采纳的各种鼓励、扶持或推动措施上。这些责任要么规定得比较抽象而无法形成义务，要么允许政府有条件地、有选择地实施。针对公民的行为，促进型立法应尽可能地降低管理类、禁止类规范的比重，更多地规定奖励、鼓励类内容。

第四，注重法律的可执行性。法律的制定是为了调整人的行为，因而，法律规定的人的行为模式，应该是预期可以实现的。促进型立法以各种鼓

---

① 焦海涛：《论"促进型"经济法的功能与结构》，《政治与法律》2009年第8期。

励、激励、奖励的手段为主，有其独特的作用。“通过向群体传达核心价值，标志性立法能够实现诸多表达性功能；但这并不是意味着，这种立法仅在于传达立法价值，其亦重在对现实的影响，然而，其影响公民言行的方式完全不同于机械性立法。在机械性立法中，统治者不谋求合作以及统治的信息反馈；相反，在对话性立法中，专制的色彩少一点，对话的色彩多一点。”[①]法律的生命力在于实施。法律具有可执行性、可操作性，才能转化为具体的权利义务关系。如果法律没有实质内容，不包括明确具体的权力、权利、义务、责任内容，应尽量减少规定。促进型立法应当适度减少软法规定的数量，增加权利义务内容明确、具有可执行性的条款。

第五，利用立法评估机制。促进型立法环节多、链条长，为了提高立法质量，需要引入表决前评估和立法后评估。促进型立法经验不足、追求正向目标、软法比例高、偏重政府责任，这些特征决定了它的制定、评估难度都很大。促进型立法的表决前评估，要求草案的设置必须细致周到、审慎选择，要预见到立法可能产生的连锁反应。提请表决前，对草案中主要制度规范的可行性、必要性、合法性，以及出台的时机、实施的社会效果和可能出现的问题进行预测。促进型立法的立法后评估，要求该法实施一段时间后，对其规范质量、实施效果等进行跟踪调查和综合研判，并提出立改废释或者强化实施的意见。与立法后评估相配套的是，需要完善立法反馈机制。人们不可能准确预测出每一件事，需要依赖由反馈机制支撑的立法试验，不断发现问题，提出整改意见；大胆进行立法创新试验，总结经验，为将来立法发展提供智慧。

结语

促进型立法是指立法文本标题有“促进”字样，将调整机制重心放在权利、鼓励、奖励，追求更优的价值目标，以政府责任兜底的法律文本。它是

① 罗豪才、毕洪海编：《软法的挑战》，商务印书馆 2011 年版。

一种新的立法形式，诞生时间尚短，相应立法实践正在逐步展开，相关的学术研究尚待深入。我们应当从法释义学的角度，认真研究促进型立法独特的规范样式、作用机制、立法技术规则，为将来促进型立法的立改废提供建设性意见。同时，还需要从法社会学的角度，对促进型立法的运行效果进行客观的评估，精准地辨识出它的优劣之处，以扬长避短，为立法机关有效利用促进型立法建言献策。进而言之，除“促进”外，法学家还应当对“处罚”“安全”“管理”“保护”“保障”“防治”等不同类型立法进行专门研究，找出它们各自的调整对象，相互之间的分工与合作关系，揭示出它们各自的规范特征、作用机制，设计出不同的立法技术规则，不断丰富立法“工具包”。

“小快灵”立法问题探析

朱应平　宋奕辰*

一、“小快灵”立法的缘起和依据

2020年11月16日，习近平总书记在中央全面依法治国工作会议上指出：“要研究丰富立法形式，可以搞一些‘大块头’，也要搞一些‘小快灵’，增强立法的针对性、适用性、可操作性。”[①] 这一要求对于中央和地方立法都适用，对地方立法尤为必要和重要。至于“针对性、适用性、可操作性”，对“大块头”“小快灵”都是适用的。

习近平总书记关于“小快灵”的论述，集中体现在《中华人民共和国立法法》（以下简称《立法法》）对科学性的要求上。《立法法》第7条规定：“立法应当从实际出发，适应经济社会发展和全面深化改革的要求，科学合理地规定公民、法人和其他组织的权利与义务、国家机关的权力与责任。法律规范应当明确、具体，具有针对性和可执行性。”其中的“从实际出发”“科学合理”等都内含着这样的要求。至于“明确、具体”“针对性和可执行性”更是与“小快灵”密切相关。也就是说，《立法法》关于科学性的要求集中体现了“小快灵”立法的精神。其中第82条第4款规定：“制定地方性法规，对上位法已经明确规定的内容，一般不作重复性规定。”其中关于不重复的规

---

* 朱应平，华东政法大学法律学院教授；宋奕辰，华东政法大学宪法学和行政法学博士生。

① 田成有：《“小切口”立法让地方立法条款“少而精”》，《检察日报》2021年10月25日。

定为地方制定“小快灵”提供了规范基础。因为对照很多地方的地方性法规，多数条文属于重复规定的内容。

从地方实践来看，在此方面也有成效。一些地方出台的某些地方性法规具有鲜明的“小快灵”特色。

二、“小快灵”立法相关要素和特点

“小快灵”立法是一种形象的称法。从规范角度来说，其具有下列特点。

1.“小快灵”立法的形式性特点

第一，选题小切口。一般在国家法律、行政法规或者省级地方性法规已经立法的事项范围内对某个或某些更小事项作进一步具体化，也有可能其调整的对象在现有的立法中还无法实现有效规范，或者上位法无法覆盖相关事项。

比如，2022年山西省人大常委会制定的《山西省小杂粮保护促进条例》（以下简称《条例》）就是属于选题很小的立法。该《条例》调整的是对“小杂粮”的保护促进，符合“小”的要求，调整对象涉及的社会关系相对较小，其结构框架符合小的特点。《条例》共34条，没有分章。最初，省政府制定《山西省杂粮产业促进条例（草案）》是分章的。省人大常委会《山西省小杂粮保护促进条例（草案）》（征求意见稿）也是分章的，但最后没有采用章的形式，符合“小”的特点。

第二，符合“快”的要求。这是因为此类立法针对问题、基于问题导向来进行立法，所以只要设计出针对问题的措施，立法任务就可以完成。2022年，山西省司法厅对《山西省杂粮产业促进条例（草案）》（征求意见稿）公开征求意见，请有关单位和各界人士于2022年4月25日前将意见和建议以信函形式寄送至相关地址和联系人，或者通过电子邮件方式发送至邮箱。2022年5月31日，山西省人大常委会发布公告，对《山西省小杂粮保护促进条例（草案）》向社会公开征求意见建议，意见征集截止日期是2022年6月22日。2022年7月22日，山西省人大常委会表决通过《条例》，可见其进展很快。

第三，符合“灵”的要求。这里的“灵”不仅指形式灵活，比如，未采用章的形式、条数较少；更主要的“灵”是指反映社会发展的客观规律，很好地反映地方特色和实际需要，符合“明确、具体”“具有针对性和可执行性”的要求。其一，山西地处黄土高原，南北横跨六个纬度，中南部温和湿润，北部寒冷干燥，境内山涧、河川、盆地交错，形成了适宜各种小杂粮不同生长需求的独特气候，是优质小杂粮的黄金产区。“《条例》是专门针对山西这一特色而制定的法规，对于打好山西小杂粮优势牌、推动全省小杂粮产业提质增效具有重要意义。”山西省人大常委会农村工作委员会副主任郭艳成介绍，围绕小杂粮保护促进立法，山西用法治方式保障和推动全省农业“特”“优”战略，擦亮“小杂粮王国”金字招牌，走好“有机旱作”之路。[①]其二，现有保护制度存在短板。该省小杂粮龙头企业偏少，市场影响力小，不利于小杂粮产业发展。为此，《条例》就培育新型农业经营主体作出规定，即县级以上人民政府及其有关部门应当培育家庭农场、农民合作社、农业龙头企业等新型农业经营主体，从事小杂粮种植；同时鼓励农业龙头企业、农民合作社牵头建设小杂粮基地，开展标准化管理。品牌建设以及规范化管理是该省小杂粮发展的短板，限制了小杂粮的推广和销售。《条例》要求县级以上人民政府建立健全小杂粮区域公用品牌运营管理制度，支持市场主体、行业协会参与区域公用品牌建设；支持小杂粮生产经营主体开展企业品牌和产品品牌建设，申请中华老字号、绿色食品、有机农产品、地理标志农产品等认证。[②]其三，《条例》内容具有很强的针对性。该条例明确了小杂粮全产业链发展重点。种业方面，一是开展小杂粮种质资源普查、收集、整理等保护促进工作，建立小杂粮种质资源保护制度，建设种质资源库，定期公布可供利用的种质资源目录；二是建设小杂粮育种创新平台；三是加强小杂粮

---

① 《山西立法保护小杂粮》，中国法院网，https://www.chinacourt.org/article/detail/2022/07/id/6807130.shtml，访问日期：2023 年 7 月 13 日。

② 《〈山西小杂粮保护促进条例〉十月一日起施行》，https://www.sxgbxx.gov.cn/front/toArticle/049be9dccf507691，访问日期：2023 年 7 月 13 日。

良种繁育基地建设，保障小杂粮良种供应。种植加工方面，一是鼓励小杂粮有机旱作生产和规模化种植；二是制定小杂粮种子繁育、种植、加工技术规范等方面的地方标准，鼓励制定相应的团体标准和企业标准；三是加强粮食仓储设施建设，提高小杂粮收储能力；四是建立小杂粮产品质量安全追溯体系。品牌建设方面，一是建立小杂粮区域公用品牌管理制度；二是支持和鼓励小杂粮生产经营主体开展企业品牌和产品品牌建设；三是加强小杂粮出口平台建设，打造全国小杂粮出口交易中心、产品集散中心。①

近年来，设区的市有的立法也很出彩。比如，2022 年《厦门经济特区医疗卫生人员职业暴露防护若干规定》的选题很小，篇幅很小，只有 19 条。又如，2016 年厦门市人大常委会通过的《厦门经济特区多规合一管理若干规定》调整事项很小，共 5 章 38 条。再如，《长沙市居家养老服务条例》《株洲市工业遗产保护条例》《张家界市全域旅游促进条例》《湘西土家族苗族自治州生物多样性保护条例》等，这些选题虽小，但反映本地特色和发展要求的立法具有“小快灵”特点，为当地经济社会发展提供了有力的立法保障和支撑。

2. “小快灵”立法的实质性要求

“小快灵”是相对于“大块头”立法来说的。对所有立法来说，都必须符合《立法法》第 7 条的规定：“立法应当从实际出发，适应经济社会发展和全面深化改革的要求，科学合理地规定公民、法人和其他组织的权利与义务、国家机关的权力与责任。法律规范应当明确、具体，具有针对性和可执行性。”据此，“小快灵”立法具备如下要素。

（1）立法应当适应经济社会发展和全面深化改革的要求。“实践是法律的基础，法律是实践经验的总结和升华。脱离国情和实际的立法，只能是空中楼阁、纸上谈兵，不仅没有意义，而且往往会偏离立法的正确方向。”②这就要求立法必须从实际出发。特别是在地方立法中，更要准确地把握地方的

---

① 《2022 年 10 月 1 日起〈山西省小杂粮保护促进条例〉施行》，https：//finance.sina.com.cn/jjxw/2022-07-25/doc-imizirav5337816.shtml，访问日期：2023 年 7 月 13 日。

② 全国人大常委会法工委国家法室编著：《中华人民共和国立法法释义》，法律出版社 2015 年版。

实际情况。新时代背景下，对于立法适应经济社会发展和全面深化改革的要求，比以前要求更高了。这是因为，过去多年的立法过于强调立法是对实践经验的总结，缺乏引领性的立法。为了解决这一问题，中央通过法律和政策的形式授权一些地方开展立法先行先试、探索新的改革举措，为出台新的法律法规探索经验。2021年，全国人大常委会授权作出的《关于授权上海市人民代表大会及其常务委员会制定浦东新区法规的决定》指出，为建立完善与支持浦东大胆试、大胆闯、自主改相适应的法治保障体系，推动浦东新区高水平改革开放，打造社会主义现代化建设引领区，第十三届全国人民代表大会常务委员会第二十九次会议决定：一、授权上海市人民代表大会及其常务委员会根据浦东改革创新实践需要，遵循宪法规定以及法律和行政法规基本原则，制定浦东新区法规，在浦东新区实施。……到目前为止，上海市人大常委会制定了18部浦东新区法规，这些法规多属于“小快灵”立法，目的是为了引领改革开放。浦东新区法规不仅要体现浦东的特点，更要考虑为国家探索新的法律规范积累经验，这就是制定浦东新区法规时必须把握的实际情况，因而不能盲目简单片面地强调浦东地方特点。如果立法能够真正建立在“从实际出发”的基础上，就会更能适应经济社会发展和全面深化改革的要求，就更能实现“小快灵”。

（2）科学合理地规定公民、法人和其他组织的权利与义务。根据这一规定，“立法在设定公民的权利和义务时，一定要把握公民权利与义务相统一的原则。在起草、制定法律、法规、规章的过程中，要注重全面地考虑公民、法人和其他组织的权利与义务，防止偏重于从设定公民、法人和其他组织的义务考虑，对公民、法人和其他组织的保护重视不够的倾向”①。如果能做到合理地配置权利义务，立法就更容易做到“小快灵”。这是因为，立法条文和内容的安排必须着眼于权利义务的实际情况，不要在法律规范中设定过多的不符合实际情况的规定。

---

① 全国人大常委会法工委国家法室编著：《中华人民共和国立法法释义》，法律出版社2015年版。

（3）科学合理地规定国家机关的权力与责任。据此规定，“国家机关必须在法律规定的范围内活动，依法履行职责，行使权力，并承担相应的责任。立法在设定国家机关的权力时，要同时考虑国家机关应当承担的责任，坚持国家机关权力与责任相统一的原则。要正确处理好权、责、利的关系，既不能由部门左右甚至主导立法，通过立法来扩权、确权、固权，谋取部门利益；又不能无视政府管理需要，只是一味着眼于削权、限权、控权”[①]。在立法中如果能做到这一点，就应当明确国家机关的职权职责，避免写一些不能解决任何有争议的国家机关条文，更容易做到“小快灵”。

（4）法律规范具有针对性。“关于增强针对性，就是要紧紧围绕经济社会发展中迫切需要解决的现实问题开展立法工作，尤其是要抓住改革的重点领域和关键环节，深入调查研究，做到‘针对问题立法、立法解决问题’，把握客观规律，做好制度设计，突出‘关键的那么几条’，使法律规定的内容科学合理，协调利益关系，真正解决现实问题。”[②]如前举例所说，针对性强、操作性强和适用性强应该是其不可缺少的要素。这必然要求其对相关事项的规定明确具体。与法律和行政法规相比，甚至与一般“大块头”地方性法规相比，“小快灵”立法必须直面问题和短板。在不少“大块头”地方性法规中，往往因为不同部门对某一个事项存在争议，为了保证其快速通过，往往简单地采用删除的方法，即删除有关方面有争议的条文，由此导致地方性法规缺乏明确的问题性，没有针对性，不解决实际问题。

曾经担任第六届全国人大常委会委员长的彭真说过，立法就是在矛盾的焦点上“砍一刀”。他说：“法是在矛盾的焦点上划杠杠，什么许做，什么不许做，令行禁止，要很明确。”[③]2013 年，习近平总书记在十八届中共中央政治局第四次集体学习时，谈到立法工作时引用了这句话。这就要求立法应

① 全国人大常委会法工委国家法室编著：《中华人民共和国立法法释义》，法律出版社 2015 年版。

② 全国人大常委会法工委国家法室编著：《中华人民共和国立法法释义》，法律出版社 2015 年版。

③ 彭真：《论新中国的政法工作》，中央文献出版社 1992 年版。

当直面问题和矛盾焦点，这是立法的切入点。立法者要在矛盾的焦点上“砍一刀”，要求立法不能避重就轻、回避矛盾。这是衡量立法是否“灵”的重要标准。

（5）法律规范具有可执行性。这要求“在立法中，要研究清楚法律所调整的社会关系，科学严密地设计法律规范，对于能够在法律中规定清楚的，要尽可能详尽规定，就不一定另搞一套法规，以确保法律规范严谨周密、可靠管用，情况发生变化时再及时补充、修改和解释”[①]。这一点是确保法律规范能够得到有效实施的保证。但是需要说明的是，对这一点的理解，不能绝对化。因为随着形势的发展变化，社会关系对法律规范的要求有了很大的变化，目前出现了不少推进、促进、引领、弘扬、传承等方面的法律规范，这些方面的规范有很强的柔性和引领性，不像传统的法律规范那样权利义务有很强的确定性。比如，2022年绍兴市人大常委会制定的《绍兴市“枫桥经验”传承发展条例》第6条规定：“鼓励、支持、引导公民、法人以及其他组织依法有序参与‘枫桥经验’传承发展工作。”第25条规定：“任何单位和个人都有依法保护‘枫桥经验’的义务，对破坏、损毁‘枫桥经验’文化物质资源和歪曲、丑化、亵渎、否定‘枫桥经验’的行为进行劝阻、举报。受理举报的有关部门应当及时依法查处。”这些条文有很大的伸缩性，柔性很大，执行的硬性较弱。但即使如此，对于此类立法，也要注意其可执行性。如果写入过多且无法实现的条文，则不符合法律的规定，也不符合“小快灵”的要求。

3. 其他可能的特点

第一，名称不确定。既可能是“若干规定”，也可能是“条例”等规定，但尽量不要使用作出决定的形式作出决定。《立法法》第68条规定：“全国人民代表大会及其常务委员会作出有关法律问题的决定，适用本法的有关规定。”地方人大及其常委会也有采用“决定”的形式来规定立法要解决的问

① 全国人大常委会法工委国家法室编著：《中华人民共和国立法法释义》，法律出版社2015年版。

题。这种形式并不规范，尽可能少采用。第二，既可能分章也可能不分章。不刻意追求结构完整。第三，条数既可能多也可能少。不渴求其数量多少，关键在于直面问题和解决问题。“在立法模式和体例上，不求大而全，需要几条就制定几条，重在管用，重在实施。”[①]第四，特色鲜明。对于地方立法来说，必须具备地方特色鲜明的特点。

三、加强“小快灵”立法工作需做好的几项工作

长期以来，我们在立法上习惯了“大块头”，强调立法体系完整、内容全面、综合性强的立法，一些专项性、调整范围较小的立法事项很难进入立法规划和计划，特别是一些地方立法。在“大块头”立法思维指导下，往往导致有特色、最管用的立法被忽视，有特色、操作性强的内容被淹没在大量的重复上位法的规范之中，或者大量没有针对性、适用性和可执行性的内容无法获得重视，不仅影响了立法的质量，而且影响法律规范的有效执行。为此，必须针对过去立法认知上的不足和立法实践中的问题，采取有效对策措施。

1. 坚持党的领导

《立法法》第3条规定：“立法应当坚持中国共产党的领导，坚持以马克思列宁主义、毛泽东思想、邓小平理论、‘三个代表’重要思想、科学发展观、习近平新时代中国特色社会主义思想为指导，推进中国特色社会主义法治体系建设，保障在法治轨道上全面建设社会主义现代化国家。”开展“小快灵”立法更要坚持党的领导。这是因为，此类立法有很强的问题导向，往往要解决一般立法难以解决的深层次矛盾，所以制定过程中会面临很大的难度。面对矛盾还是回避矛盾，这是必须解决的问题，只有坚持党的领导，才能迎难而上。

---

① 全国人大常委会法工委国家法室编著:《中华人民共和国立法法释义》，法律出版社2015年版。

2. 发挥人大主导立法的作用

《立法法》第 54 条规定："全国人民代表大会及其常务委员会加强对立法工作的组织协调，发挥在立法工作中的主导作用。"这一规定也适用于地方立法。大多数立法特别是地方性法规是由地方行政机关起草或者确定主要内容，其中不少规定存在明显的部门倾向和地方保护主义问题，只有坚持人大及其常委会发挥主导作用，才能解决这些问题。对于"小快灵"立法也是如此，只有人大及其常委会发挥主导作用，才能防止行政机关搞选择性立法、部门保护主义的不足，确保立法直接针对问题，保证其可行性和可操作性。

3. 建立健全双负责人制度

双负责人制度是实行人大、政府双组长领导工作机制。为了加快立法进程、提高立法的质量，不少地方建立了双组长领导工作机制。实践证明，这一体制对于快速解决疑难问题是非常有效的，也可以更好地推动"小快灵"立法顺利开展。

4. 全过程全流程贯彻"小快灵"立法的思想

从申报立法计划、规划开始，在筛选、审查和确定立项方面，都要将"小快灵"作为重要标准；可以将"大块头"立法项目调整为"小快灵"，增加"小快灵"立法的数量，提高此类立法质量；优先把一些急需的"小快灵"立法纳入计划和规范；在立法中增加"小快灵"的章节和内容，部分内容能实现，"小快灵"可以部分先做起来；起草、征求意见、修改、审议和通过等环节将其作为严格的标准加以审查。

5. 完成立法民主程序，践行全过程人民民主

强调"小快灵"立法，并不是越简单越好，此类立法仍然要坚持广开门路立法，充分发扬民主。因为，越是广泛地听取各方面意见建议，问题就越明确，可选择的方案就能优中选优，更有可能做到"小快灵"。黄山市立法就是如此。2022 年，该市严格遵循地方立法权限，紧密结合自身实际，出台了 10 多部"小快灵"法规，以"小快灵"解决"大问题"，得到第十三届全国人大常委会委员长栗战书的充分肯定，被评为安徽省 2022 年度"十大法治事件"。2022 年 4 月以来，新华社、《人民日报》、《光明日报》、《法治

日报》、《经济日报》等20余家主流媒体纷纷在头版或显著位置刊发黄山立法经验。在制定《歙县徽州古城保护条例》过程中，共召开征求意见会等40余次、修改条例文本50余次。在制定《黄山市徽州文书档案保护条例》过程中，起草小组深入全市28个重点乡镇，征集意见建议127条。除此之外，还注重发挥专业领域力量，组建了由60位法学专家组成的立法专家库和11家基层单位构建的基层立法联系点，充分保障法规制定能够更接地气、更有活力。[①]

6. 做好相关配套工作

由于“小快灵”立法不强调结构完整、体系齐全，相关内容相对来说不太完整，这对于法条内容的完整理解和体系化解释比较困难。为此，按照“小快灵”标准制定的法律法规规章，在出台后要及时做好相关的宣传、讲解，回应关切。比如，做好草案说明并及时公开、做好配套性立法或者实施规范性文件、做好与其他法律法规规章的衔接实施；做好释义解释工作，以便于社会公众的正确理解，从而确保其得到正确和有效的执行。

7. 借鉴国内其他地方立法经验

比如，《江西省社会保障卡一卡通条例》《江西省林长制条例》《江西省矿山生态修复与利用条例》《江西省山茶油发展条例》，这些条例的特点是，立法切口小、条文少、内容精、措施实。既突出江西特色，又精准契合新时代新形势对地方立法工作提出的新要求；既解决人民群众关心的热点难点问题，又填补全国性立法落实到地方的一些操作性规范空白。又如，《重庆市人民代表大会常务委员会关于加强嘉陵江流域水生态环境协同保护的决定》《重庆市地方性法规配套规范性文件制定工作监督办法（试行）》《四川省嘉陵江流域生态环境保护条例》都具有这些特点。

2022年出台的《黄山市徽州文书档案保护条例》共30条，其特点是：直奔主题，形式简明。比如，已经出台的《黄山市制止餐饮浪费行为条例》《黄山市松材线虫病防治条例》《歙县徽州古城保护条例》《黄山市徽州古建筑保护条例》《齐云山风景名胜区保护管理条例》《黄山市太平湖风景名胜

① 《全国深化改革典型案例！黄山市“小快灵”立法入选》，《黄山日报》2023年1月4日。

区条例》等都是如此。2023 年出台的《厦门经济特区斑马线交通安全管理规定》共 8 条。2023 年出台的《深圳经济特区互联网租赁自行车管理若干规定》共 8 条。2020 年出台的《湘西土家族苗族自治州生物多样性保护条例》共 27 条。2019 年出台的《湘西土家族苗族自治州传统村落保护条例》共 44 条。2019 年出台的《湘西土家族苗族自治州高望界国家级自然保护区条例》共20条。2013 年出台的《湘西土家族苗族自治州老司城遗址保护条例》共 29 条。2010 年出台的《湘西土家族苗族自治州小溪国家级自然保护区条例》共 22 条。2009 年出台的《湘西土家族苗族自治州土家医药苗医药保护条例》共 23 条。

澳门特别行政区立法过程中法律体系协调技术的应用及其特色

——以《长者权益保障法律制度》为例

宋奕辰*

引言

"法律的每个条款，必须在准确而富有远见地洞察到它对所有其他条款的效果的情况下制定，凡制定的法律必须能和以前存在的法律构成首尾一贯的整体。"①《澳门特别行政区立法会议事规则》第119条规定："委员会的审议则是指对每个法案的具体内容进行审议，主要针对：a）法案的具体内容是否与获一般性通过的法案的立法精神及原则相符；b）寻求最恰当的立法途径，以利于法案的执行；c）法案对法律原则和法律秩序的影响；d）法律规定在技术上是否妥善。"根据这一规定，澳门特别行政区（以下简称"澳门特区"）立法会下设的常设委员会在对法案进行审查的过程中必须考虑该法案的各个条文"对法律原则和法律秩序的影响"。此处所称的"法律原则"，既包括某部法案自身的原则，更涵盖了《中华人民共和国澳门特别行政区基本法》（以下简称《基本法》）中的诸如平等原则以及等同原则等各项原则；而这里所说的"法律秩序"，则是指包括由《基本法》以及澳门特区普通法律、

* 宋奕辰，华东政法大学法律学院博士研究生。

① ［英］J.S. 密尔：《代议制政府》，汪瑄译，商务印书馆1984年版。

法令、行政法规及其他规范性文件等所构成的协调一致、不相抵触或矛盾的有机整体。通过对法律原则与法律秩序的强调，澳门特区立法会表现出了对法律体系协调性的高度重视。因此，为了使法律体系由于具备协调性而更加科学，运用具有较强专业性的立法技术至关重要。[①] 相较于立法过程中存在的政治因素，立法技术作为一个典型的法律问题事项具有其自身独特的逻辑规律。[②]

《长者权益保障法律制度》（以下简称“法案”）是为了适应澳门社会老龄化的趋势，在保障长者各项权益的同时传递维护长者的权益是全社会的共同责任的理念而制定的一部法律。[③] 由于长者保护的议题涉及社会的各个方面，因而法案的立法过程相当漫长。澳门特区政府最早于 2009 年开展了对法案的公众咨询，此后于 2011 年和 2012 年先后公布了法案的立法框架与草案咨询文本以收集及听取社会各方面的意见。在 2013 年公众咨询总结报告公布后，由于法案涉及的诸多事项均存在“跨司”[④] 的问题，主要负责法案起草工作的社会工作局（以下简称“社工局”）又不得不与政府其他部门重新进行协商研究，这使得法案直至 2017 年 10 月 17 日才最终被提交立法会进入正式审议程序。

2017 年正值澳门特区第六届立法会履新之时，法案经立法会主席第 12/VI/2017 号批示接纳后受到了立法会主席及议员的高度重视并被迅速列入议事日程。在 2017 年 10 月 27 日第六届立法会第一次为审议法案而举行的全体会议上即安排政府代表对法案进行了引介，法案经立法会讨论后顺利获

① 刘松山：《科学立法的八个标准》，《中共杭州市委党校学报》2015 年第 5 期。

② 杨鹏：《立法技术的现状与愿景》，《行政法学研究》2021 年第 3 期。

③ 澳门特区政府行政长官办公室：《〈长者权益保障法律制度（法案）〉理由陈述》，澳门特区立法会官网，https：//www.al.gov.mo/zh/law/2018/318。

④《基本法》第 62 条规定：“澳门特别行政区政府的首长是澳门特别行政区行政长官。澳门特别行政区政府设司、局、厅、处。”澳门特区政府现设有行政法务司、经济财政司、保安司、社会文化司及运输工务司等司级部门。“跨司”则指某一事项涉及不同司级部门的职责范围，因而需要在各司级部门之间进行协调。

得一般性通过。[①] 此后，立法会主席通过第 53/VI/2017 号批示将法案移交于第一常设委员会（以下简称“委员会”）进行细则性审议，并要求于 2017 年 12 月 29 日之前完成相关工作并提交意见书。由于法案涉及许多法律问题很难处理，“考虑到本法案的创新性、其规范内容（若干部分仅有）的框架性、多个建议规定的意义和内容难以掌握、其与许多不同的规范性文件（本地的、国际的、规范性的、一般或宪制的规范性文件）的结合，以及其他种种原因，难以在短时间内对本法案作出充分及深入的分析”[②]，因此委员会共三次申请延长期限，均获得了立法会主席的批准。委员会在对法案进行细则性审议的过程中总计举行了十次会议，政府代表列席了其中的五次。此外，立法会顾问团也与政府代表举行了多次工作会议。2018 年 6 月 25 日，政府向立法会提交了经过双方充分讨论修改后的法案最后文本。相较于最初文本，最后文本条文总数由 28 条增加至 31 条、至少 7 个条文进行了大幅修改，且存有诸多文字层面的修正。委员会于 2018 年 7 月 27 日签署了作为对法案进行细则性审议结果的意见书，对法案最后文本给予了高度评价，“法案正式文本的质素之高可谓有目共睹，这不仅是澳门居民的福祉，而且加强了澳门法律秩序的技术水平”[③]，并认为法案具备了提交全体会议进行审议及表决的条件。法案在 2018 年 8 月 7 日的立法会全体会议上获得最终通过，经行政长官签署后正式成为澳门特区第 12/2018 号法律。

可以发现，法案不仅历经 9 年的准备及起草阶段，对其正式审议程序也贯穿了整个第六届立法会第一会期[④]，这恰恰反映出了法案所具有的高度复杂性。而正如前述，法案所涉及的广泛社会关系也使其必然与其他分别调整

---

① 《立法会议事规则》第 113 条规定：“一般性讨论的内容包括每个法案的立法精神和原则，以及其在政治、社会和经济角度上的适时性。”

② 《第一常设委员会关于〈长者权益保障法律制度〉法案的第 5/VI/2018 号意见书》，《澳门特别行政区立法会会刊》第二组第 VI-10 期。

③ 《第一常设委员会关于〈长者权益保障法律制度〉法案的第 5/VI/2018 号意见书》，《澳门特别行政区立法会会刊》第二组第 VI-10 期。

④ 《立法会议事规则》第 37 条第 1 款规定：“一、立法会正常运作期由十月十六日始，至翌年八月十五日止。”

各领域的法律规范间有着千丝万缕的联系，这就使得法案如何与原有法律体系相协调的问题必须得到足够的重视及妥善的解决。委员会指出，法案最初文本在遵守宪制性及国际性规定方面存在问题，且其中存在一系列与法律体系协调性有关的重大疑问。因此，深入研究这一较具代表性的法案的立法过程，可以观察并提炼出澳门立法机关在运用作为立法技术之一种的法律体系协调技术的规律及特色，以便为日后处理类似问题提供一定的借鉴与参照。

一、援引宪制性及国际性规范完善法案总则

根据“低位阶规范不得与高位阶规范相抵触”的基本法理，在立法过程中首先即应处理拟立法案与高位阶规范间的关系，这在内地主要表现为在立法过程中的合宪性控制。[①] 而在澳门特区，除《中华人民共和国宪法》（以下简称《宪法》）具有最高的法律效力之外，[②]《基本法》第 11 条规定：“根据中华人民共和国宪法第三十一条，澳门特别行政区的制度和政策，包括社会、经济制度，有关保障居民的基本权利和自由的制度，行政管理、立法和司法方面的制度，以及有关政策，均以本法的规定为依据。澳门特别行政区的任何法律、法令、行政法规和其他规范性文件均不得同本法相抵触。”《基本法》第 40 条规定：“《公民权利和政治权利国际公约》、《经济、社会与文化权利的国际公约》和国际劳工公约适用于澳门的有关规定继续有效，通过澳门特别行政区的法律予以实施。澳门居民享有的权利和自由，除依法规定外不得限制，此种限制不得与本条第一款规定抵触。”因此，《宪法》与《基本法》共同构成澳门特区的宪制基础，[③] 同时《公民权利和政治权利国际公约》和《经济、社会与文化权利的国际公约》等适用于澳门特区的国际法文件也具有高于澳门特区普通法律、法令、行政法规及其他规范性文件的效力。

① 邢斌文：《论法律草案审议过程中的合宪性控制》，《清华法学》2017 年第 1 期。

②《宪法》序言最后一个自然段及第 5 条的规定。

③ 韩大元：《论宪法在澳门基本法制定与实施中的作用》，《港澳研究》2020 年第 1 期。

委员会在审查法案的整个过程中均非常重视其与宪制性及国际性规范的协调性。在对法案的立法依据及目标的讨论中，委员会首先肯定了政府明确援引《基本法》第38条第3款[①]从而设计出的法案引言"立法会根据《澳门特别行政区基本法》第七十一条（一）项，为实施《澳门特别行政区基本法》第三十八条第三款所订定的基本制度，制定本法律"，正确地指明了立法的职权依据，因此完全符合第3/1999号法律《核准法规的公布与格式》第12条第2款关于法律格式的规定。在此基础上，委员会强调保障长者权益的立法还应考虑到《公民权利和政治权利国际公约》和《经济、社会与文化权利的国际公约》，以及联合国大会于1991年12月16日通过的第46/91号决议《联合国老年人原则》（以下简称《原则》）等国际法文件的相关规定，这样会使立法理由具有更高的全面性及更强的说服力。

此外，法案第1条第2款规定："本法律的目标是促进构建一个老有所养、老有所属和老有所为的共融社会。"以及第3条第1款规定："维护长者的权益是全社会的共同责任。"反映出了法案所具有的社会团结与社会连带的理念，而这一理念正蕴含于《基本法》第25条与第39条等条文之中，[②]因此，委员会也就法案所指明的立法方向表示了完全的赞同。这反映出委员会对宪制性及国际性规范所持有的是一种具有整体性的理解，并强调法案在立法精神上即应确保与高位阶规范的要求相协调。而以下基于高位阶规范对法案具体条文进行修改的例子则将更清晰地展现出委员会运用法律体系协调技术的思考过程。

（一）依据《基本法》拓宽受法案保护的"长者"范围

法案最初文本第2条规定："为适用本法律的规定，长者是指年龄为六十五岁或以上的澳门特别行政区居民，但不影响其他法例就长者年龄而作

① 《基本法》第38条第3款规定："未成年人、老年人和残疾人受澳门特别行政区的关怀和保护。"

② 朱应平：《合基本法性审查方法在澳门立法过程中的运用——以澳门〈社会保障制度〉为例》，《港澳研究》2020年第4期。

的特别规定。”可以发现，对长者概念的此种界定包含两个核心要件：其一为年龄要件“年龄在六十五岁或以上”；其二为居民身份要件“澳门特别行政区居民”。

就年龄要件而言，由于法案本身即以保障长者这一特定群体的权益为目的，因而通过设置年龄要件将长者与处于其他年龄阶段的人区分开来是绝对必要的。议员们并未对设置这一要件提出反对意见，而仅就该要件中的年龄标准设置为 65 岁是否合理提出了一定的疑问，并指出存在以 60 岁或 70 岁为标准的不同观点。在立法会全体会议上，代表政府出席的社会文化司谭俊荣司长就以 65 岁为标准的原因进行了解释，主要可以归纳为两点：一方面该标准是联合国及多数发达国家的惯例；另一方面该标准也与澳门本地的传统观念及现行社会保障制度相符。① 我们可以发现，长者年龄标准的设定充分考虑了国际与本地因素，并努力通过与退休等社会保障制度的妥善协调达致对长者保护的“无缝衔接”。

与年龄要件不同，居民身份要件的存在引起了委员会的高度关注，因为最初文本的此项规定将会把“非澳门居民长者”（如拥有外地雇员身份、难民地位、因家庭团聚等原因而在澳门逗留的特别许可，以及正在澳门旅游的长者）绝对地排除于法案的保护范围之外，而这种区别对待是否可被容许值得认真思考。

《基本法》第 25 条规定：“澳门居民在法律面前一律平等，不因国籍、血统、种族、性别、语言、宗教、政治或思想信仰、文化程度、经济状况或社会条件而受到歧视。”明确规定了立法、行政，以及司法各机关均应在作出行为时尽可能避免对“澳门居民”进行区别对待。委员会还指出，该条文所规定的应受禁止的区别因素并非一种穷尽式的列举，而仅是一些较具典型性的对于“不歧视”的最低要求，故其完全可以基于社会认识的发展而不断扩充内容。因此，《基本法》第 25 条是一项针对平等与不歧视的总体性规

---

① 澳门特区立法会 2018 年 8 月 7 日全体会议的会议记录，《澳门特别行政区立法会会刊》第一组第 VI-37 期。

定，任何区别对待只要没有正当的目的及合理的理由，都将构成与该条款的违背。

进一步讲，为了确定法案设置居民身份要件的做法是否符合《基本法》，还有必要明确《基本法》平等原则是否仅可在“澳门居民”内部适用的问题。《基本法》第 43 条规定：“在澳门特别行政区境内的澳门居民以外的其他人，依法享有本章规定的澳门居民的权利和自由。”这一规定使平等原则的保护范围突破了居民身份的限制，从而扩展到应当对在澳门特区的所有人均加以平等对待。澳门特区政府在就《消除对妇女一切形式歧视公约》所作的履约报告中也持有类似的观点：“18. 按照《基本法》第四十三条的规定，在澳门特别行政区境内的澳门居民以外的其他人，依法享有《基本法》第三章规定的澳门居民的权利和自由；换言之，若干权利和自由，具体而言是纯属政治性的权利和自由，仅保留予澳门居民，更确切地说是保留予澳门特别行政区的永久性居民。”[①]之所以澳门特区的宪制性规范进行此种规定，澳门特区的社会现实状况在其中扮演了重要的角色。众所周知，澳门特区社会的国际化程度较高，在澳门居住的非澳门居民与澳门居民同样地通过工作及纳税为社会做出了自己的贡献，故而他们构成了澳门社会中不可或缺的一部分成员，因此也理应享有除政治权利外的澳门居民所享有的各项权利。委员会指出：“在基本权利方面，将居民与非居民作等同。这就是出发点，即所有（甚至是那些位阶低于法律的）规范性文件的草拟工作，以及对涉及基本权利这一重要及应予以保障的事宜相关规范的适用及解释，应以《基本法》第四十三条及其原则性规定作为准则及决定性要件。”[②]

除澳门本地的法律规定外，诸如，《公民权利和政治权利国际公约》

① 《中国（澳门）根据〈消除对妇女一切形式歧视公约〉第 18 条合并提交的第五和第六次定期报告》（文件编号：CEDAW/C/CHN/5-6/Add.2），联合国条约机构数据库，https ://tbinternet.ohchr.org/_layouts/15/treatybodyexternal/Download.aspx ?symbolno=CEDAW%2fC%2fCHN%2f5-6%2fAdd.2&Lang=zh。

② 《第一常设委员会关于〈长者权益保障法律制度〉法案的第 5/VI/2018 号意见书》，《澳门特别行政区立法会会刊》第二组第 VI-10 期。

第26条等国际法规范中也存在着对于平等原则的规定。①而为了进一步证明平等原则的重要性，以及委员会前述理解的正确性，委员会还引述了一些政府为履行国际法义务而编制的官方报告中关于平等原则的内容。例如，“37. 在法律之下、法律面前和透过法律实现的平等权利，优先于《基本法》第三章所规定的其他权利。同时，如同在其他大陆法系国家一样，平等和不受歧视甚至超越了个人权利；它们被认为是法律秩序整体的一般法律原则。作为基本法律原则的一致平等的规范，概括了一致性原则和平等原则。38. 根据一致性原则，任何和所有的个人，作为自然人均因此拥有权利和义务，或换言之作为法律主体本身、其相对人，或在法律上均拥有同样尊严。”②“799.《基本法》确保了澳门居民以外的其他人依法享有《基本法》第三章规定的澳门居民的权利和自由（《基本法》第四十三条）。801. 不论所涉权利是否属个人的基本权利，除了合法性原则和公开性原则之外，法律面前人人平等亦是构成澳门特别行政区法律体系的一项根本原则。803. 政府与私人产生关系时，不得因其血统、性别、种族、语言、原居地、宗教、政治信仰、意识形态信仰、教育、经济状况或社会地位，而使之享有特权、受惠、受损害，又或剥夺其任何权利或免除其任何义务。”③

由上可见，为了正确地理解与运用《基本法》第25条及第43条等条文，委员会在立法过程中对它们的内涵进行了详细的说明，这充分证明了立

---

① 《公民权利和政治权利国际公约》第26条规定：“人人在法律上一律平等，且应受法律平等保护，无所歧视。在此方面，法律应禁止任何歧视，并保证人人享受平等而有效之保护，以防因种族、肤色、性别、语言、宗教、政治或其他主张、民族本源或社会阶级、财产、出生或其他身份而生之歧视。”

② 《中国澳门根据〈公民权利和政治权利国际公约〉第四十条提交的初次报告》（文件编号：CCPR/C/CHN-MAC/1），联合国条约机构数据库，https：//tbinternet.ohchr.org/_layouts/15/treatybodyexternal/Download.aspx？ symbolno=CCPR%2fC%2fCHN-MAC%2f1&Lang=zh。

③ 《中华人民共和国根据〈经济、社会、文化权利国际公约〉第十六条和第十七条提交的初次报告》（文件编号：E/1990/5/Add.59），联合国条约机构数据库，https：//tbinternet.ohchr.org/_layouts/15/treatybodyexternal/Download.aspx？ symbolno=E%2f1990%2f5%2fAdd.59&Lang=zh。

法过程完全有可能成为对宪制性规范进行适度阐释的平台。[①]而在明确了平等原则的内涵，以及非澳门居民也受到平等原则的保护这两个要点之后，委员会即转入对法案最初文本基于居民身份要件进行区别对待的合理性展开分析。

一方面，就法案自身而言。首先，这种区别对待将导致法案目标落空。如果将非澳门居民长者排除在法案的保护范围之外，那么缺少了非澳门居民长者的社会注定难以基于法案第 4 条第 1 款规定的“全社会的共同责任”从而实现法案第 1 条第 2 款“共融社会”的目标。其次，法案内规定的一系列措施明显缺乏进行此种区别对待的必要。例如，难道侵犯非澳门居民长者的权益便可以不依据法案第 6 条承担相应的责任？为什么非澳门居民长者不能在公共场所获得法案最初文本第 12 条规定的“优先接待”？最后，委员会专门指出，在父母一方是澳门居民而另一方为非澳门居民的情况下，基于居民身份的区别对待将导致子女对父母中非澳门居民的一方仅承担较之另一方更轻的扶养责任，这显然与父母对子女的共同付出相矛盾。

另一方面，澳门特区现有法律体系中已存有诸多对居民与非居民长者加以一致对待的先例。例如，八月一日第 6/94/M 号法律《家庭政策纲要法》第 11 条第 1 款规定：“一、行政当局和与家庭利益有关的团体及社会互助机构合作，推行一项目的为老年及有缺陷人士完全融入社会和家庭，以及保证其经济保障的政策。”二月二十五日第 2/78/M 号法律《职业税规章》第 7 条第 2 款规定：“对于六十五岁以上的雇员和散工……适用上款所指税率的规定，豁免的限额为澳门币 135,000.00 元（十三万五千元）。”三月十五日第 24/86/M 号法令《卫生护理的求取》第 3 条第 2 款也规定：“免费者如下：c）对处于危险之人士提供的护理，包括孕妇、临产妇女、产妇、十岁和以下的小童、中小学学生以及年龄在六十五岁和以上的人士。”在以上的规定中均只提及了年龄要件，并未排除对非居民长者的适用。因此，法案最初文本设置居民身份要件的做法很难获得合理性。从以上论证可以看出，委员会确系

① 林彦：《宪法解释应嵌入立法程序》，《中国社会科学院研究生院学报》2020 年第 2 期。

依据《立法会议事规则》第119条的相关要求，就法案对法律原则和法律秩序产生的影响进行了细致的考察与分析。

基于上述论证，委员会最终得出结论："该种区别对待是不正当的、不适度的、不必要的及不恰当的，因此与《基本法》第二十五条和上位阶的国际法的规定相抵触。"[①] 故而法案最后文本第2条删除了居民身份要件，修改为："为适用本法律的规定，长者是指年龄为六十五岁或以上的人，但不影响其他法例就长者年龄所作的特别规定。"可以注意到，以上的论证过程在整体上基本涵盖了"基本权利的保护范围—基本权利的限制—基本权利限制的合宪性论证"这一分析框架的各部分内容。[②] 因此，委员会的此种审查思路也与其他国家和地区开展合宪性审查的常规方法相一致，即主要对法律条文是否符合宪制性规范中基本权利的精神进行审查。

当然，委员会对《基本法》平等原则的理解并不是一味追求形式上的平等从而不承认任何合理的差别对待。事实上，差别对待是平等原则必不可少的内容。"平等不是绝对平等，而是相对平等，也就是说，法律平等承认合理的差别，针对不同的主体和不同的情况区别对待，以求得实质上的平等，而不是形式上的平等。因此，相同情况相同对待，不同情况不同对待，这才是平等的要义。"[③] 在第2条一般性地将非居民长者纳入法案的保护范围之后，委员会发现在例如社会福利等特定事项中，澳门特区无法为非居民提供与居民完全一致的待遇，因而一些基于居民身份的区别在所难免，所以不得不承认一部分合理的差别对待。但是，对于此种限制非居民长者权利的事项范围还应当以符合必要、适当及适度原则为标准加以严格限制。[④] 因此，经过反复的沟通，法案最后文本在第6条中新增了第2款规定："二、如涉及社会福利、社会保障及其他由公共财政资源全部或部分承担的权利，上款所指的

---

① 《第一常设委员会关于〈长者权益保障法律制度〉法案的第5/VI/2018号意见书》，《澳门特别行政区立法会会刊》第二组第VI-10期。

② 张翔：《基本权利的体系思维》，《清华法学》2012年第4期。

③ 骆伟建、江华、赵英杰：《澳门特别行政区基本法解析》，社会科学文献出版社2020年版。

④ 赵宏：《限制的限制：德国基本权利限制模式的内在机理》，《法学家》2011年第2期。

法例可就权利人的身份要件作特别规定。”这一限制性规定使得对非居民长者加以平等保护的范围最终调整到一个可负担的水平之上。

（二）利用《联合国老年人原则》充实政府政策目标内容

在法案的最初文本中，有大量的条文均是通过宏观抽象的语言表达政府的各项意向并缺乏对相关法律主体行为模式的具体规定，因而需要在其中填充具体规范内容。法案最初文本第 5 条第 1 款规定：“一、澳门特别行政区政府为制订长者政策和推行相关工作时，应以促进长者的‘独立’、‘积极参与’、‘享有家庭、社区的照顾和保护’、‘自我充实’及‘尊严’为原则。”显然，条文中列举的五项原则的含义非常模糊，它们无法为政府进行相关工作提供清晰及具体的指引。委员会认为：“（本条）是一个空泛、缺乏内容及没有叙述的条文，故需要充实其内容，否则便不像是真正刊登在特区《公报》的条文规定，而更像是政策演说。”[①]

那么，如何对这一条文进行充实完善呢？委员会发现，该条中列举的“独立”“积极参与”“享有家庭、社区的照顾和保护”“自我充实”及“尊严”五项原则源自联合国大会通过的《原则》，该文件在上述五大原则项下还设有 18 个小项作为其具体内容。[②]因此，《原则》中的各小项完全可以作为解释五项大原则具体含义的素材。此外，既然该条文的内容主要源自《原则》，那么，即应当通过明确引述联合国的相关规则以使法案能够及时适应国际社会政策的变化，增强法案与国际法规范的协调性。

在委员会的坚持下，法案第 5 条第 1 款被修改为：“一、澳门特别行政区政府制订长者政策和推行相关工作时，应参考联合国有关老年人的政策宣言及行动计划，以促进长者‘独立’、‘积极参与’、‘享有家庭、社区的照顾和保护’、‘自我充实’及‘尊严’的原则。”同时加入了第 2 款以详细解释各

---

① 《第一常设委员会关于〈长者权益保障法律制度〉法案的第 5/VI/2018 号意见书》，《澳门特别行政区立法会会刊》第二组第 VI-10 期。

② 《联合国老年人原则》，联合国公约与宣言检索系统，https：//www.un.org/zh/documents/treaty/files/A-RES-46-91.shtml。

项原则的内涵，“二、上款所指的五项原则内容如下：（一）‘独立’：长者应能通过收入保障、家庭和社会支持以及自助，享有足够的食物、水、住房、衣着和保健；应有工作机会或其他创造收入的机会；应能参加适当的教育和培训方案；应能生活在安全且适合个人选择和能力变化的环境；应尽可能长期在家中居住；（二）‘积极参与’：长者应能融入社会，积极参与制定和执行涉及其福祉的政策，并达致薪火相传；应能寻求和发展为社会服务的机会；应能组织长者运动或社团；（三）‘享有家庭、社区的照顾和保护’：长者应能享有家庭和社区的照顾和保护；应能享有保健服务和各种社会及法律服务；长者居住在任何住所、安养院或治疗所时，均应能享有人权和基本自由，包括充分尊重他们的尊严、信仰、需要和隐私，并尊重他们对自己的照顾和生活质量做抉择的权利；（四）‘自我充实’：长者应能追寻充分发挥自己潜力的机会；应能享用社会的教育、文化、精神和文娱资源；（五）‘尊严’：长者的生活应有尊严、有保障，且不受剥削和身心虐待；不论其年龄、性别、种族或族裔背景、残疾或其他状况，均应受到公平对待，且不论其经济贡献大小均应受到尊重”。可以发现，充实后的条文内容明确解释了各项原则的具体含义，这将对政府政策的制定起到更清晰的指引作用。

在此后立法会全体会议的审议过程中，苏嘉豪议员关注到本条的修改，并发现《原则》总计 18 个小项中仅“独立”项下的第 3 小项“老年人应能参与决定退出劳动力队伍的时间和节奏”未被纳入法案文本，因而询问未将其纳入法案的原因。社会文化司叶俊荣司长指出，上述内容已经被法案第 11 条有关职业与工作的条文所涵盖（详见后述），因而无须在此进行重复规定①。这表明，法案立法过程中对国际性规范的援引并非机械地照抄照搬，而是做到了在充分考虑法案自身整体结构的前提下使其“为我所用”。不过，苏嘉豪议员的这一追问同时也具有很高的价值，其对于法案内部不同条文之间的相互协调具有重要的提示作用，也为法案的正确实施创造了条件，这一做法也

① 澳门特区立法会 2018 年 8 月 7 日全体会议的会议记录，《澳门特别行政区立法会会刊》第一组第 VI-37 期。

完全符合《立法会议事规则》的规定。[①]

二、运用已有实体法调适法案的具体规范内容

除了努力与宪制性及国际性规范相协调以避免因与之抵触而被宣告无效的情形外，处于同一位阶的法律规范之间也需要做到相互协调从而使各部法律的效果均能得到充分发挥，这也正是需要运用法律体系协调技术处理的另一问题。[②]在法案的立法过程中，多处涉及与已有实体法进行协调的事项均得到了委员会的妥善处置。

（一）基于澳门《民法典》优化扶养照顾制度

法案第 7 条规定了对长者进行扶养[③]与照顾的相关制度，其最初文本规定："一、对长者的扶养是指为满足长者生活需要的一切必要供给，尤指在衣、食、住、行、健康及娱乐上的一切必要供给。二、对长者负扶养义务的人，又或其他对长者负照顾责任的人或实体，均应切实履行其义务。三、澳门特别行政区政府根据适用的法例向经济能力不足的长者提供适当的援助。"委员会就该条指出："法案规范的扶养内容过于空泛，缺乏可操作性……要指出法案很多的规定须与《民法典》（本澳法律制度的主梁）缜密协调，尤其是扶养方面。众所周知，扶养在本法案中非常重要。"[④]经过委员会的努力，该条由最初的三款充实至八款，是法案中经历较大幅度修改的重点条文之

① 《立法会议事规则》第 58 条 h 项规定："议员的发言旨在……h）作出解释或说明，或要求获得解释或说明……"

② 周旺生：《普通高等教育"十五"国家级规划教材：立法学教程》，北京大学出版社 2006 年版。

③ 澳门《民法典》第 1844 条第 1 款规定："一、扶养系指为满足受扶养人生活需要之一切必要供给，尤指在衣、食、住、行、健康及娱乐上之一切必要供给。"可见，澳门的"扶养"概念较为宽泛，足以涵盖内地的"抚养""扶养""赡养"等概念。为保持澳门特区法律体系原貌，以下在涉及澳门特区相关概念的表述时仍统一使用"扶养"一词。

④ 《第一常设委员会关于〈长者权益保障法律制度〉法案的第 5/VI/2018 号意见书》，《澳门特别行政区立法会会刊》第二组第 VI-10 期。

一。在该条文的修改过程中涉及诸多因与澳门《民法典》协调而加以调整的部分，充分展现出了委员会运用法律体系协调技术的特色。

首先，关于该条的必要性与可行性。“孝子之事亲也，居则致其敬，养则致其乐，病则致其忧，丧则致其哀，祭则致其严”[①]，可见子女应赡养父母的观念在中华传统文化中早已根深蒂固。此外，世界多地均已存有就子女赡养父母的问题而制定的专门规定，例如，《中华人民共和国老年人权益保障法》第 14 条第 1 款特别规定：“赡养人应当履行对老年人经济上供养、生活上照料和精神上慰藉的义务，照顾老年人的特殊需要。”新加坡还存有专门的《赡养父母法》（Maintenance of Parents Act）。因此，尽管澳门《民法典》已经就扶养制度规定了一般性及基础性的制度，但这并不构成法案就长者的扶养问题再进行强调并加以规范的阻碍。

其次，关于扶养义务人的范围。法案最初文本第 26 条第 2 款规定：“二、为适用本法律的规定，家庭成员是指与长者具亲属法律关系或事实婚关系的人，或对长者负扶养义务的人。”将与长者有事实婚关系的人引入了法案。那么如果将该规定与第 7 条结合起来考虑的话即会产生一个疑问，法案是否要求这部分人也承担对长者的扶养义务呢？而澳门《民法典》第 1850 条第 1 款就扶养义务人范围的规定为：“一、下列之人依顺序负有扶养义务：a）配偶或前配偶；b）直系血亲卑亲属；c）直系血亲尊亲属；未处于事实分居状况之继父或继母，对由其配偶负责生活之未成年继子女，或对在其配偶死亡时由该配偶负责生活之未成年继子女；在受扶养人未成年期间，其兄弟姊妹。”因此，前述疑问也可被理解为，法案最初文本第 26 条第 2 款是否扩大了澳门《民法典》中规定的扶养义务人的范围，从而将具事实婚关系的人也纳入其中？经过与政府的沟通，政府认为法案最初文本第 26 条第 2 款仅是为了对最初文本第 26 条第 1 款所规定的社工局介入“家庭成员”间争议的范围加以厘清，并不希望扩展扶养义务人的范围。尽管如此，委员会认为，法案有必要明确规定对长者负扶养义务之人的范围以充实法

① 《孝经 · 纪孝行》。

案内容并澄清可能存在的疑问，因此，法案最后文本第 7 条第 2 款规定："二、扶养义务由《民法典》第一千八百五十条指定的人按顺序承担。"可以发现，委员会并未将澳门《民法典》中的相关规定照搬过来，而是通过一个准用性规范[①]简洁地达到了明确扶养义务人的目的。此外，由于法案最后文本第 27 条将社工局可以介入调解的争议范围由"家庭成员间争议"缩小至"扶养争议"，且扶养争议的双方当事人（"长者"及"扶养义务人"）均已在法案中被明确界定，故最初文本第 26 条第 2 款就"家庭成员"概念的规定也因缺乏必要性而被删除，这使得关于扶养义务人范围的问题得到了完全地解决。

再次，关于扶养程度与扶养方式。法案最初文本第 10 条第 1 款规定："一、对长者负扶养义务的人，应为长者提供居所。"此项规定存在两方面的问题。在扶养程度方面，委员会指出："目前私人楼宇的价格不是一般市民可以应付，公共房屋的供给与需求严重脱节，居住问题已成为居民的老大难。负有扶养义务的人应为长者提供居所原意当然好，但考虑到本澳的实际情况，倘若负有扶养义务的人自己本身都有住房问题，试问他们如何履行这一法定义务？"[②]而如前所述，法案的最初文本第 7 条第 2 款仅强调扶养义务人"均应切实履行其义务"，也并未对扶养义务人是否有能力提供扶养加以考虑，因而存在一定缺陷。而在扶养方式上，澳门《民法典》第 1846 条规定："一、所提供之扶养应以按月作出金钱给付之方式定之，但另有协议或法律另有规定，又或有理由采取例外措施者除外。二、然而，如负扶养义务之人证明不能以定期金方式提供扶养，而仅能以提供其住所及陪伴受扶养人之方式为之，则可命令依此方式提供扶养。"因此，前述条文中要求必须为长者提供居所的规定似乎也并不合理，因为完全可以通过给付定期金等其

① 准用性规范是指规定行为规则的某一部分须参照其他法律规范才能实施的法律规范，且所要参照的法律规范是业已明文规定的确定性规范。孙国华主编：《中华法学大辞典：法理学卷》，中国检察出版社 1997 年版。

②《第一常设委员会关于〈长者权益保障法律制度〉法案的第 5/VI/2018 号意见书》，《澳门特别行政区立法会会刊》第二组第 VI-10 期。

他方式满足长者的居住需要。为了消除以上问题并使法案能够与澳门《民法典》相协调，法案最终文本并未采取直接修改第10条的方法，而是首先就第7条规定的长者扶养制度进行集中完善：一是引入澳门《民法典》第1845条关于扶养程度的规定，① 增加第3款：“三、提供的扶养应与扶养人的经济能力以及与受扶养人的需要相称。”二是将最初文本第2款调整到第4款并修改为：“四、对长者负扶养义务的人，以及其他对长者负照顾责任的人或实体，均应切实根据现行法例的规定履行其义务。”其中新增的“根据现行法例的规定”正与第3款相呼应。三是设置第7款的兜底性准用规范：“七、本法律对扶养未规定的事宜，补充适用《民法典》第四卷（亲属法）第五篇（扶养）的相关规定。”而在第7条集中处理好长者扶养制度的各项问题之后，第10条第1款亦被修改为一个准用性规范：“一、长者的居住需要，由对长者负扶养义务的人按第七条的规定予以回应。”即简便地使其原本包含的各种问题全部得到化解。

最后，关于法律责任。在对法案进行一般性审议的全体会议上，陈亦立议员指出，当前的法案文本对此前咨询文本中规定的所有行政处罚措施均进行了删除。陈亦立议员认为，即使场外有警察，为了使裁判能够维护比赛秩序，他手中还是应当有一些红牌和黄牌的。因此，即使其他法律中存在侵害长者权益的法律责任规则，法案还是应当给予社工局一定的处罚权。② 然而，委员会认为法案不应设置处罚规定，并指出：“在扶养方面还须强调，法案应对扶养义务的履行订定更多鼓励，而对有关义务的不履行订定较少处罚。即应集中在宣扬和培养履行这些义务的意识上，而非集中于打击及处罚方面。”③ 此外，委员会还注意到了澳门《刑法典》第242条第1款的规定：“一、依法有义务、且有条件扶养他人之人，不履行该义务，而使有权被扶

① 澳门《民法典》第1845条规定：“一、所提供之扶养应与扶养人之经济能力及与受扶养人之需要相称。二、定出扶养程度时，亦应考虑受扶养人能否自我维持生活。”

② 澳门特区立法会2017年10月27日全体会议的会议记录，《澳门特别行政区立法会会刊》第一组第VI-3期。

③《第一常设委员会关于〈长者权益保障法律制度〉法案的第5/VI/2018号意见书》，《澳门特别行政区立法会会刊》第二组第VI-10期。

养之人如无第三人帮助，其基本需要将难以获满足者，处最高二年徒刑，或科最高二百四十日罚金。”很明显的是，法案第 7 条第 1 款要求对长者提供的扶养所应达到的标准与上述刑法条文中规定的定罪标准并不相同。因此，委员会提示，不应将法案中的标准认定为刑法所要求达到的标准从而使刑法的打击面扩大，这也反映出委员会不希望在法案中设置惩戒性规则的态度。为了贯彻委员会的此项精神，法案最终文本除在前述第 7 条第 4 款强调义务人应切实履行义务外，仅在第 6 条第 3 款明确规定：“三、对侵犯长者权益的人，可依法追究民事或刑事责任。”通过一个概括性准用规范处理了法案与其他法律中法律责任的衔接问题。

（二）使用《劳动关系法》强调就业工作制度

在法案的审议过程中，长者的就业与工作问题得到了许多议员的关注。[①] 澳门特区第 7/2008 号法律《劳动关系法》第 6 条第 1 款规定：“一、所有澳门特别行政区居民均不受歧视地享有同等就业机会。”第 6 条第 2 款规定：“二、任何雇员或求职者均不得在没有合理理由的情况下，尤其因国籍、社会出身、血统、种族、肤色、性别、性取向、年龄、婚姻状况、语言、宗教、政治或思想信仰、所属组织、文化程度或经济状况而得到优惠、受到损害、被剥夺任何权利或获得豁免任何义务。”可以发现，该条文列举的内容比《基本法》第 25 条更加全面，明确将“年龄”因素纳入了平等保护的范围。与此同时，该条文也避免了最初意义上只可约束政府与公民间公法关系的《基本法》中的平等原则能否直接介入私人间关系的争议，[②] 从而使长者不应因年龄而在工作中受到歧视。事实上，该条文通过对《基本法》第 25 条的转录与扩充从侧面印证了《基本法》平等原则能够在私人主体之间予以适用。

---

① 澳门特区立法会2017年10月27日全体会议的会议记录，《澳门特别行政区立法会会刊》第一组第 VI-3 期。

② 姜峰：《宪法私人效力中的事实与规范：一个分析框架》，《法商研究》2020 年第 1 期；黄宇骁：《论宪法基本权利对第三人无效力》，《清华法学》2018 年第 3 期。

据此，法案最终文本新增了第 11 条，其第 1 款明确宣示：“一、长者有选择职业和工作的自由。”第 2 款则设置准用性规范：“二、长者有权根据经第 2/2015 号法律及第 10/2015 号法律修改的第 7/2008 号法律《劳动关系法》的规定，享受公正和合适的工作条件，并禁止任何影响平等就业机会的歧视性限制。”此外，为了避免过度限制其他人的相关权利，法案还参照《劳动关系法》第 6 条第 3 款[①]在第 11 条加入了第 3 款：“三、凡因工作性质或执行工作的有关因素对提供的工作构成合理及决定性的要件，则基于该等因素作出的行为不构成歧视。”使法案在保护长者的同时也充分考虑到了其他各方的利益。这一规定也属于合理的差别对待的范畴，符合《基本法》平等原则的精神。

三、通过与程序法互动以优化法案的救济机制

如果希望一部法律得到充分地落实，设计具有良好可操作性的救济机制至关重要。在法案的立法过程中，委员会高度重视当前程序法为长者接受扶养所提供的救济机制是否完善，并努力使法案能够与相关程序规范相衔接，这也正体现了《基本法》第 36 条对诉讼权的保障。[②]

（一）调整《司法组织纲要法》对于长者扶养案件管辖权的配置

《基本法》第 85 条第 1 款规定：“澳门特别行政区初级法院可根据需要设立若干专门法庭。”[③]其中，与扶养案件相关的是《司法组织纲要法》第 29 条——D 设置的家庭及未成年人法庭。原《司法组织纲要法》第 29 条——

① 《劳动关系法》第 6 条第 3 款规定：“三、凡因工作性质，或有关因素对提供的工作构成合理及决定性的要件，则基于上款因素而作出的行为不构成歧视。”

② 《基本法》第 36 条第 1 款规定：“澳门居民有权诉诸法律，向法院提起诉讼，得到律师的帮助以保护自己的合法权益，以及获得司法补救。”

③ 《司法组织纲要法》第 27 条第 2 款规定：“二、初级法院由民事法庭、刑事起诉法庭、轻微民事案件法庭、刑事法庭、劳动法庭、家庭及未成年人法庭组成。”

D 第 1 款第 6 项就其所享有的关于扶养案件的管辖权的规定为："一、家庭及未成年人法庭负责准备及审判下列程序及诉讼，但不影响获法律赋予的其他管辖权……（六）向配偶、前配偶、未成年子女、成年或已解除亲权的子女提供扶养的诉讼及执行程序……"可以发现，向多为长者的父母等尊亲属提供扶养的案件并未被纳入该法庭的管辖范围，因此该类案件只能混入其他多种类型的案件之中由享有兜底管辖权的初级法院民事法庭管辖。[①] 而相较于家庭及未成年人法庭，民事法庭一方面缺乏处理家事案件的专业技术优势；另一方面由于其管辖的案件量较大从而使得混入其中的向尊亲属提供扶养的案件也需要等待较长时间才能得到审理。委员会认为，现有扶养案件管辖权的配置并不合理，不利于促使向长者提供扶养的案件得到迅速及妥适的解决，因而希望能够将包括向尊亲属提供扶养在内的所有扶养案件的管辖权统一到家庭及未成年人法庭。

如前所述，由于《司法组织纲要法》第 29 条——D 允许"获法律赋予的其他管辖权"的存在，那么便具有两种方式以实现委员会的上述目标：其一是直接在法案中规定对尊亲属提供扶养的案件由家庭及未成年人法庭管辖；其二则是修改《司法组织纲要法》第 29 条——D 第 1 款第 6 项的规定以使该部分案件被纳入其中。

根据澳门特区相关法律的规定，立法会在制定及修改涉及司法组织的事项时必须征询澳门律师公会、法官委员会以及检察官委员会的意见。[②] 就以上问题，澳门律师公会认为，在各个司法机关中，家庭及未成年人法庭是最具条件和最有能力处理包括涉及长者扶养事宜在内的涉及长者权益的所有类

① 《司法组织纲要法》第 28 条规定："民事法庭有管辖权审判不属于其他法庭管辖的民事性质的案件，以及有管辖权审判不属于其他法庭或法院管辖的其他性质的案件，包括审判该等案件的所有附随事项及问题。"

② 五月六日第 31/91/M 号法令《律师通则》第 30 条第 3 款规定："三、关于规范司法组织、从事律师业、民事诉讼及刑事诉讼法规之建议或草案，必须听取公共团体之意见。"第 10/1999 号法律《司法官通则》第 95 条第 16 项规定："法官委员会有权限……（十六）研究并建议采取立法或行政措施，以提高司法体系的效率及改善该体系……"以及第 107 条第 10 项也就检察官委员会的权限进行了类似规定。

型案件的司法机关。同时，为了避免针对相同标的的规定分散在多个法律法规内，并考虑到《司法组织纲要法》正在修订过程之中，因而建议将相关规定加入《司法组织纲要法》从而实现在最适当的法律中就管辖问题加以集中处理的效果。法官委员会也表示对统一扶养案件管辖权的提议不持异议，但是指出对此类案件只能适用通常宣告案的诉讼程序进行审理，而这种程序似乎并不能使扶养案件得到最好的解决方法。因此，法官委员会建议在有关法律中设立由相应机构对扶养案件进行诉前强制调解的制度，这样，一方面，可以尽可能地使家事纠纷直接在家庭成员之间得到化解；另一方面，也可以在一定程度上将法院无法提供最有效救济的问题回避。检察官委员会亦对上述提议不表异议，并指出应妥善考虑该项修改与《司法组织纲要法》第29条——D的配合问题。需要指出的是，法官委员会关于增设诉前强制调解制度的建议得到了委员会的同意，但政府方面始终坚持“调解应基于当事人自愿而不能强制”的认识，这使得该制度未能在最终文本中得到体现。

可以发现，上述三方均同意委员会的此项提议，而由于在法案的审议过程中，政府正在组织进行《司法组织纲要法》的修订工作且委员会提议的此项修改能够在该法律的修订中得以实现，因此，法案最终文本中并未加入授予家庭及未成年人法庭长者扶养案件管辖权的有关内容。而在澳门特区立法会2019年2月25日通过的第4/2019号法律《修改第9/1999号法律〈司法组织纲要法〉》中则将第29条——D第1款第6项修改为，“（六）提供扶养的诉讼及执行程序”，最终完全实现了扶养案件管辖权的统一。这一调整说明，委员会不仅立足于法案自身制度的优化，还同时努力推动其他法律的修改完善，以提高整个法律体系对长者权益的保护程度。

（二）增设《司法援助的一般制度》例外规定以实现紧急司法援助

在优化扶养案件管辖权的同时，委员会还注意到处于弱势地位的长者很可能由于经济能力不足而无法通过正式法律途径获得救济，因此有必要为其提供一定的帮助。根据第13/2012号法律《司法援助的一般制度》的相关规定，司法援助委员会通常情况下应在就申请人的可支配财产数额计算完毕后方可批给相应的司法援助。[①]然而，委员会认为扶养对于长者而言至关重要，即使长者在一个较短的期间内缺乏扶养也可能导致相当严重的后果，故不应使长者在就扶养案件向司法援助委员会提出申请后还需等待一定的期间。

因此，委员会参照第 2/2016 号法律《预防及打击家庭暴力法》中给予受害人紧急司法援助的规定，在法案第 7 条中新增了第 5 款与第 6 款，同时规定："五、如负扶养义务的人不自愿履行义务，有权接受扶养的长者可依法向具管辖权的法院提起诉讼，并可为此目的而依法请求给予紧急司法援助。六、上款所指的司法援助可在计算可支配财产的金额前，根据第 13/2012 号法律《司法援助的一般制度》的规定作出批给，但该金额超出法定限额时，长者应退回已承担的款项。"该条文通过增设《司法援助的一般制度》例外规定的方式，可以使长者在扶养案件中更快地获得司法援助，以便对其的扶养能够尽早恢复，充分考虑到了长者扶养案件的特殊性。

结语

综上所述，在法案的立法审查过程中，委员会对其与宪制性和国际性规范、其他已有实体法制度，以及相关程序法规则的协调性进行了充分的考虑，并采取相应措施对其中存在的问题进行了妥善的处理，从而使法案的质量得到了大幅度的提高。通过总结可以发现，澳门特区立法会在运用法律体系协调技术时具有包括但不限于以下四个特色：其一是努力对高位阶规范的内涵进行清晰的阐释与说明。在就长者概念中是否应设置居民身份要件的分析过程内，委员会并非简单引述较为抽象的《基本法》第 25 条及第 43 条等条文，而是对条文中所包含的平等原则及等同原则的内涵进行了详细说明。

---

① 《司法援助的一般制度》第 4 条第 1 款规定："一、司法援助委员会（下称'委员会'）具职权按照本法律的规定对司法援助的批给和其他相关事宜作出决定。"第 7 条第 1 款规定："一、澳门特别行政区居民和住所设于澳门特别行政区的非具营利目的之法人，如属经济能力不足，有权获得司法援助。"第 8 条第 1 款规定："一、为适用本法律的规定，申请人及其家团成员的可支配财产的金额，如不超出法定限额，视为经济能力不足。"

此种阐释不仅可以使抽象的条文内涵明确化，它的逐步积累也可以为《基本法》的研究和发展提供宝贵的素材与经验。其二是灵活运用已有规范充实法案内容。在法案对于政府政策目标的填充，以及就业工作制度与紧急司法援助制度的设置等诸多事项内，在法律体系中的已有规范发挥着极为重要的作用。在对已有规范的处理上，委员会的态度绝非盲目地照抄照搬，而是选择在绝对有必要的事项上结合法案所具有的特点对它们加以调整，从而使其更适应法案自身。其三是大量使用准用性规范。在前文提及的多处修改中，由于法案自身并不存在细致规定该方面内容的需求，委员会采用了大量的准用性规范达到了所希望实现的目的。准用性规范既可以避免法律体系内部条文间的互相重复，又能够明确指出应当适用的规范内容，在加强法律体系协调性方面有着很好的效果。其四是系统考虑放置条文的最优位置。在完善扶养程度与扶养方式的规定时，委员会通过在第 7 条集中处理法案与澳门《民法典》的协调性问题使第 10 条的缺陷顺势得以弥补。在处理扶养案件管辖权配置的问题上，委员会并非仅将目光局限在法案上，而是具有在整个法律体系层面解决问题的宏观视角，通过调整其他法律以实现本法案保护长者权益的目的。可以说，经过委员会的努力，法案与整个法律体系的协调性得到了切实的优化，而澳门立法会运用法律体系协调技术的以上特色更值得我们加以借鉴。

中国法治智库成果影响力分析

何家华　林俊芳*

知识生产主要有两个市场：一个是学科的知识生产；另一个是智库的知识生产。这两者之间既有交叉和融合的地方，也有相互补充的地方。由于学术规范和其他因素的限制，导致并不是所有的知识都能或都适合以学术成果的形式生产出来。因此，智库知识生产就具有了特殊的价值和社会效果。从这个层面来讲，智库是思想产业，是从事知识生产和积累、知识传播、推动社会进步的组织。智库成果代表着智库的核心竞争力和发展方位，智库成果影响力的高低决定着智库能力和价值的高低。目前，学界对智库成果影响力的实证研究并不多见①。这是由于智库成果影响力的实证研究必须先解决以下三个问题：一是资源限制问题，大量一手的智库成果获取难；二是思想方法问题，科学学②思维形成难；三是智库研究的定位与意义，知识体系和知识脉络生成难。因此，智库成果影响力的实证研究必将

---

* 何家华，法学博士，华侨大学法学院讲师。研究方向：法治与公共政策、法治智库、立法学。林俊芳，中国社会科学院大学法学院博士研究生。研究方向：宪法学、立法学。

① 何家华：《智库专家如何推动依法治国的理论与实践——以中南海法制讲座为例》，《智库理论与实践》2021 年第 6 期。该文从中南海法制讲座的历史、性质和功能等方面详述其地位和影响力。

② 科学学，一般是研究科学和科学活动的发展规律及其社会功能（影响）的综合性新兴学科。具体到智库层面，是指对智库研究的研究，主要包括对智库研究的性质、特征、功能、体系结构和发展规律等方面的研究。

使智库研究深入到历史、理论和经验中去，拓宽智库研究的属性、范围和层次等。从历史角度来看，1978—1982 年，是我国法制的恢复与发展时期和智库的恢复与建立时期，这一时期，我国主要以智库的知识生产方式推动法学知识生产。于是，追本溯源，分析与评价当时智库成果与法制恢复与发展之间的关系不仅是智库研究的一项重要内容，也是学界重新反思法学知识生产特征和意义的一项重要内容。本文将以 1978—1982 年法治智库成果为基础，以科学学思维为方法，以智库研究的理论为指导，主要回答为什么要关注智库成果影响力、什么是智库成果影响力、如何形成智库成果影响力三个问题，为法治智库成果的认知、评价、转化和应用提供理论参考和经验启示。

一、法治智库成果影响力研究在智库研究中的定位与意义

1978—1982 年，随着中国进入改革开放新时期，健全社会主义法制成为党和国家的一项基本方针。在此背景下，一批法治智库①、法学院②、法学社会团体③恢复与建立，对社会主义法制的恢复与发展发挥了智库功能。这一时期，我国是以智库知识生产的方式推动着中国法制和法学学科的恢复与发展。这些智库成果目前散见于报纸、期刊、法学辞书、学术回顾丛书、学术史、论文集、学者文集、回忆录、年谱等丰富的载体形式之中。一般而言，

① 1958 年 10 月，法学研究所成立，隶属于中国科学院哲学社会科学部；1977 年 5 月，在中国科学院哲学社会科学部基础上成立中国社会科学院，法学研究所改隶中国社会科学院；1978 年 10 月，上海社会科学院恢复重建；1979 年 3 月，上海社会科学院法学研究所也得以恢复重建；1980 年 10 月，在邓小平、邓力群等中央领导的支持下，中国农村发展问题研究组成立。

② 比如，1978 年 8 月，西北政法学院、北京政法学院经国务院批准复办；1979 年 3 月，华东政法学院经国务院批准复办；等等。

③ 1979 年 9 月，中国法律史学会成立；1980 年 2 月，中国国际法学会成立；1980 年 10 月，全国已有河南、陕西、山东 3 省成立了律师协会；1981 年 11 月，中国海洋学会国际问题研究会成立，为中国海洋法学会的前身；1982 年 4 月，中国外国法制史研究会成立；1982 年 7 月，中国法学会成立；1982 年 6 月，中国青少年犯罪研究会成立。

智库成果是指在特定的政治体制内，智库型研究者以满足特定目的和特定需要，以实现公共政策影响力为研究目标，运用一定的研究方法，经过一定程序，通过特定的渠道，以特定形式呈现的一种知识产品。智库成果研究是智库研究一直在深挖的富矿，但也要打破目前研究不平衡的格局。一方面，学界关于智库成果的研究非常丰富，呈现出多面向、多层次、表层化、分散化的特点，如智库成果生产模式研究①、智库成果质量控制与提升研究②、智库成果形式研究③等。另一方面，学界关于智库成果的研究面临着体系上和深度上不足的制约，无法在智库体制空间里对智库成果研究予以正确、清晰的定位，以点概面地理解智库研究体系，无法在思想智识上把握智库成果的独特价值，拨云见日地理解智库的根基。在此背景下，学界要更进一步地推进智库成果研究，必须首先对为什么要开展法治智库成果研究予以回答，阐释智库成果研究在智库研究中的定位与独特价值。

（一）法治智库成果影响力研究在智库研究中的定位

理论上看，法治智库成果影响力在智库研究中的定位为智库成果的评价分析，旨在评价分析法治智库成果在推动中国法治发展的重大理论与实践问题，以及政策问题中的独特价值，揭示知识和社会之间的互动关系。

法治智库成果影响力研究在智库研究中的定位与意义，涉及智库研究的方法论问题。所谓“智库研究”有两种研究取向：一种是智库本身的研究；另一种是有关智库的研究。前者主要是提供关于智库的一般知识，如智库的定义、分类、结构、功能、特征、运行机制、发展历程、研究方法和影响力等，回答了智库为什么存在、智库是什么、怎么办智库的问题。后者主要是

---

① ［英］迈克尔·吉本斯等：《知识生产的新模式：当代社会科学与研究的动力学》，陈洪捷、沈文钦等译，北京大学出版社 2011 年版。

② 相关研究成果可参见郭宝、卓翔芝：《智库产品认知质量一体化学习提升策略研究》，《情报杂志》2021 年第 12 期；任福兵、李玉环：《供应链视角下媒体智库知识服务能力评价体系研究》，《情报理论与实践》2020 年第 9 期；吕旭宁、肖尤丹：《基于全过程管理的科技智库产品质量提升研究》，《科技与管理》2018 年第 2 期。

③ 宋忠惠、王璐：《兰德公司产品概览及产出策略启示》，《情报杂志》2018 年第 6 期。

提供关于智库知识生产的一般知识，主要包括：一是智库成果内容的规范分析；二是智库成果生产过程的政策分析；三是智库成果的评价分析，回答智库成果的属性、动力和作用的问题。两者的研究也不是完全分立和割裂的。智库本身的研究是智库知识生产的前提和基础，会对智库成果的形式、质量、过程和结果产生影响。因此，没有智库本身的研究，有关智库的研究必然是无的放矢、盲人摸象，效果甚微。同时，智库本身的研究也会和有关智库的研究存在重合，比如，智库影响力评价中也会涉及智库成果影响力评价。有关智库的研究是智库本身研究的社会价值所在，决定了智库作用发挥的可能与限度。因此，如果没有智库的研究，智库本身定位、特征和影响力，也就无法凸显。

智库研究包含上述两个密不可分的体系，有关智库的研究要靠智库本身的研究来保障，智库本身的研究要靠有关智库的研究来深化。智库成果影响力分析属于有关智库的研究的重要组成部分。有关智库的研究分类主要目的在于，引导研究者发现研究对象的特殊性，确认需要解决的具体矛盾与核心问题，从而使研究对象具体化，使认识深刻化。智库成果内容的规范分析侧重于揭示智库成果的独特的知识属性，回答智库知识生产者和传统学术知识生产者的共同和差异之处及其之间的相互关系。智库成果生产过程的政策分析致力于揭示智库成果生产的隐蔽后台，一方面描述和解释政策制定过程对于智库成果的影响；另一方面也为智库研究者提供一些理论上、经验上和方法论指导，回答智库知识生产和政治体制之间的关系。智库成果的评价分析致力于揭示智库成果具有的影响力，阐释其具有的理论意义、实践价值和一般规律，回答智库知识生产和社会之间的互动关系。

（二）法治智库成果影响力研究在智库研究中的意义

问题意义是指该事物或问题与其他相关事物或问题的联系及潜在的影响。从知识和社会互动关系来看，1978—1982 年，党和国家对社会主义法制旺盛的决策咨询需求催生了一大批法治智库成果，这种智库成果的生产代表着一种新的知识生产模式。与此同时，新的知识生产模式也推动着法治智库的结构转型。

1978—1982年的法治智库成果是在一个跨学科和社会主义现代化建设的应用情境中被创造出来的，这与以一种学科的主要是认知语境中的传统知识生产具有明显的不同。这些知识具有四方面的特征。第一，法治智库成果是在应用的情境中的知识生产，致力于解决社会主义法制发展的重大理论和实践问题及政策问题。其中有些问题马克思主义经典著作有论述但还没有充分展开，有些问题马克思主义经典著作中根本没有论述，需要我们结合实际，予以继承和发展。比如，民主与法制的关系、国家权力如何分配、法制在现代化建设中的地位和作用、中国式的法律体系和法学体系等。在这一知识生产过程中，知识的发现和应用紧密结合，知识创造和行动之间的距离被缩减至最小，知识致力于实践问题的解决并由实践检验。这种知识生产并不仅仅或主要从既有知识的应用中产生，既有的知识也参与其中，但却是真正的创新或理论共识。知识和社会相互渗透，打破了知识的学科界限、学术和社会界限、理论和实践界限，以及基础研究和应用研究的界限，这与以学科为范围、以研究者的兴趣为动力、以独创性为目的的传统知识生产模式具有显著的不同。第二，法治智库成果具有跨学科性。跨学科性具有以下明显特点：一是社会主义法制和法学学科的恢复与发展是一个综合性、全局性和整体性的问题。当时，法学界和其他学科理论工作一起冲破法学研究的诸多禁区，一起参与制定宪法和法律，共同推进思想解放和现代化建设。二是社会主义法制和法学学科的恢复与发展同时包含理论和实践两个要素，这些研究成果有着独特的理论结构、研究方法和实践模式。例如，“社会主义民主”“社会主义法制”“法律面前人人平等”等方面的争鸣，既是理论命题，也是行动指南。又如，法律史学科、法学基础理论等学科的发展对法学学科的理论更新和实践发展起着奠基性的作用。这些成果对后来“依法治国”方略的提出、“法学课程体系”的设置起着理论准备和实践探索的作用。三是智库成果在所有参与知识生产的人中传播，党政部门、法学界、其他学科的哲学社会科学工作者、社会大众都可以获知这些成果。当时，这些成果具有高度的流动性并超出法学圈影响之外，大量的成果首先并不是在学术期刊上发表，而是通过报纸、通俗易懂的法律宣传小册子等在社会上传播。四是智库成果具有开放性。智库成果不是奠基于一种学科发现之上的另一发现，而是要形成学科，引领学科发展方向，新的知识来源于新时期的立法、执法和司法过程之中，来源于现实情况的调查研究之中，来源于对过去经验的总结之中，同时，也借鉴我国历史上的和外国的经验。智库成果的开放性还表现在智库成果随着现代化建设的实践发展而发展，根据已有的积累，重新对知识进行配置以研究新情况，解决新问题，引领新发展。第三，法治智库成果质量控制标准多元。法治智库成果是一种集体性的成果，一般是由智库、高等院校、社团组织等多个生产主体共同合作完成。传统学科成果是一种个人成果，一般由个人独立完成。传统学科成果一般以“创新性”为评价标准，由同行评价完成。智库成果除了以“创新性”为评价标准外，还要接受外部效用标准的检验，由众多生产主体以集体认可方式完成，这一评价标准带有明显的沟通性、应用性、适应性、灵活性等特征，不以内部一致性为唯一标准。从成果质量控制标准来看，同行评价具有明显的等级性，学科的学术带头人决定着知识生产的优先顺序、资源分配和成果质量，智库成果评价具有明显的平等性，共同保障知识生产的程序、质量和资源配置。这是因为智库成果生产从问题识别到知识生产再到结果反馈都是由众多生产主体沟通、合作完成的。这种知识生产过程是一个知识重新配置和创新的过程。首先，智库研究者根据一定的问题来进行信息采集；其次，对信息的分析，发现信息和信息之间联结；最后，现有信息和已有理论知识进行比对、检验，根据理论和实践的配置组合知识，形成新的知识，完成从“观念世界”到“经验世界”的转变[①]。第四，法治智库成果具有更强的社会问责性和反思性。法治智库的社会问责性和反思性主要涉及这样几个问题。一是如何保证智库成果生产主体的客观性和独立性。当时，国家是智库成果生产的主导者，我们采取充分发扬民主、尊重学术规律、坚持理论联系实际的方式来保证知识生产的客观性和独立性，生产出符合马克思主义精神和原则、顺应时代潮流、代

① 房宁：《向实求学：政治学方法五讲》，中国社会科学出版社 2022 年版。

表人民利益和意志的智库成果。二是如何保证智库成果生产的科学性。传统学科知识生产以“知识确定性”为目标，随着人类认识手段和认识能力的提高，“知识确定性”被“复杂性”“不确定性”“多样性”所替代。理论上，智库成果表现为跨科学性、应用性，意味着不可变更性的知识定义的消亡以及专家权威的消失。实践中，政法政策、立法、执法和司法许多时候是在复杂的和不确定的情势下决定的。因此，在科学内在不确定性情形下，如何作出负责任的公共决策是智库研究者必须认真对待的一个问题。当时，智库研究者主要采取下列三种方法保证成果的科学性：一是立足具体实践，做好调查研究、总结历史经验、借鉴域外经验，比如，“家庭联产承包责任制”的提出和“经济合同法”的制定。二是凝聚共识，通过反复的理论争鸣方式，汇聚政策制定者、理论工作者和广大人民群众的普遍共识。例如，人民逐步地扩大对“法制”和“法的本质”的共通性理解。三是着眼长远，例如，“八二宪法”政体形式的新设计，从宪法层面保障了国家的长治久安、改革开放和现代化建设。当时，以下三项措施保证了法治智库实现推动法制的目标：其一，各科研院所、高等院校把发扬民主、实事求是、解放思想的作风渗透到法律研究中去，从思想上保证了研究的人民性。其二，各科研院所、高等院校时任的负责人大部分为红色法学家，从组织上保证了研究的正统性，比如，北京大学的陈守一、中国社会科学院法学研究所的张友渔、上海社会科学院法学研究所的潘念之、华东政法学院的徐盼秋、西南政法学院的杨景凡等。其三，各科研院所、高等院校都是公立性质，资金来源于国家拨付，从经费上保证了研究不受利益集团的干扰。

新的知识模式也推动着智库组织发展。当时，法学思想解放，立法、普法等各方面建设具有明显的国家主导性。那么，国家如何引导和组织科研院所、高等院校、法学社会团体进行有效的知识生产，各科研院所、高等院校、法学社会团体如何把自己的知识生产融入国家法制进程中，成为由智库成果知识生产引出来的两个重要问题。当时，国家引导和组织智库成果生产主要有以下形式：一是国家成立法学社会团体，联系和团结广大法学工作者和法律工作者。二是司法部、教育部联合成立了法学教材编辑部，聘期著名法学专家和学者参与编写新中国第一套“全国高等学校法学试用教材”[①]。三是科研院所和高等院校组织举办学术会议、创办学术期刊。四是成立《中国大百科全书·法学卷》编委会，组织全国优秀的法学专家进行法律词条的编写。五是出版机构出版法学学者的智库成果[②]。六是建立国务院经济法规研究中心、民法起草小组[③]、法学研究所等专业性智库组织。通过上述形式，国家主导着法制议题设置，法学知识联盟，法学人才队伍的组织、配置和培养，法学知识的质量控制，引导着法学知识信息库建设和法学学术交流。在服务社会主义法制建设过程中，各科研院所和高等院校也各自形成了自身比较优势，学术、学科发展方向逐步明晰，组织结构不断调整、完善。这些比较优势对各科研院所和高等院校后来的发展战略规划、精神气质和研究特色产生了深远的影响。比如，华东政法大学形成了法律史和刑法学研究的比较优势，西南政法大学形成了法律史、诉讼法学和经济法学研究的比较优势，中国人民大学形成了宪法学、刑法学和民法学研究的比较优势，北京大学形成了法律史、法理学和民法学研究的比较优势，中国社会科学院法学研究所和上海社会科学院法学研究所成为综合性法学研究机构。

二、法治智库成果影响力的基本构成

当时，法治智库成果支撑了社会主义法制决策的科学性，方便了广大

① 1980 年 6 月，司法部法学教材编辑部正式成立。此后，司法部法学教材编辑部开始组织全国 20 余所高等院校和有关部门 200 余位富有教学经验的法学专家、教授、讲师编写全国法学统编教材。这套教材共约 30 种，填补了我国法学教材的空白，为培养我国现代化建设所需要的法律人才作出了重大贡献。

② 当时出版的著作类型偏智库性质，这些著作多为普法读物、国外法学知识译丛、法学资料汇编和学术争鸣文集等。

③ 1979 年 11 月，全国人大常委会法制委员会邀请 16 个单位的 29 位专家成立了民法起草小组，开始第三次起草民法工作。民法起草小组的主要成员有：孙亚明、金平、江平、魏振瀛、余能斌、王家福等。赵晓耕主编：《新中国民法典起草历程回顾》，法律出版社 2011 年版。

人民参与国家治理，繁荣了哲学社会科学事业，承载了国家政治文化软实力。因此，从知识和社会互动关系来看，法治智库成果体现出了政策影响力、社会影响力、知识影响力和国际影响力，回答了什么是法治智库成果影响力。

（一）政策影响力

法制的内涵和脉络需要在智库成果中去观察和体悟。当时，法治智库成果在以下四个方面对党和国家决策产生了积极影响。一是推动法学界思想解放，为党和国家法制决策提供理论支撑。“民主与法制”的讨论使人们重新认识了民主与法制关系，为发展社会主义民主和健全社会主义法制基本方针的提出提供了理论支撑，为社会主义法制发展指明了方向。“人治和法治”的讨论使法治的治国方式成为共识，从这个讨论中延伸出“社会主义法治”“以法治国”等重要概念，为后来的法制变革、依法治国方略的提出做了理论准备。“法律面前人人平等”的讨论为后来的社会主义法制原则、司法机关独立行使审判、人权等主张的提出提供了理论准备。“法的阶级性和社会性”的讨论使人们重新认识法的性质、功能与作用，为树立法律权威提供了理论支撑。二是参与党的重要文件起草工作，直接推动政策形成。1979年，刘海年、李步云和王家福等人一起参与起草《关于坚决保证刑法、刑事诉讼法切实实施的指示》（中发〔1979〕64号文件），文件最先提出实行社会主义法治，并最终发展成为我国的宪法原则；文件确立了党的领导原则、司法机关独立行使职权原则、法律面前人人平等原则的社会主义法治原则；文件明确宣布取消“党委审批案件”，它们能否严格执行，是衡量中国是否实行社会主义法制的重要标志。三是参加“林彪、江青反革命集团案”的审判工作和冤假错案平反工作，直接参与、推动党和国家政策落实落地。1979年11月，上级指派吴建墦、刘海年、欧阳涛、张绳祖参加审判“林彪、江青等”准备工作。在工作过程中，他们先后就起诉书的制作、区分罪行与路线错误和适用法律等问题向中央提出过一系列建议和意见，得到了中央的采纳，为案件审理工作的顺利开展起到了积极作用[①]。1980 年，马克昌、苏惠渔等接受司法部安排，参加“林彪、江青反革命集团案”的审理工作，分别担任吴法宪、李作鹏的辩护律师。在冤假错案平反方面，1980 年，华东政法学院徐盼秋为盛振为案和凌宪扬案平反[②]。四是参与立法[③]。1978—1982年，全国人大及其常委会把立法作为其工作的重要议程，各科研院所和高等院校深度参与了全国立法进程。例如，1978—1979 年，中国社会科学院法学研究所刑法研究室的高西江、欧阳涛[④]、崔庆森、张仲林、肖贤富等同志，以及中国人民大学高铭暄参与刑法起草工作。1980 年 9 月 15 日，张友渔、胡绳等担任中央宪法修改委员会秘书处副秘书长，9 月 17 日，秘书处举行第一次会议，吸收王叔文、肖蔚云、孙立、许崇德为秘书处成员，11 月中旬，中央宪法修改委员会秘书处收到上海社会科学院法学研究所宪法研究室关于修改宪法的十二条建议。1981 年 1 月，邀请宁夏大学吴家麟、武汉大学何华辉、上海社会科学院法学研究所潘念之、湖北财经学院蒋碧昆等专家学者来京座谈宪法修改[⑤]，以上专家学者为“八二宪法”修改作出了重要贡献。

---

① 刘海年：《刘海年文集》，上海辞书出版社 2005 年版。

② 何勤华：《华政的故事：共和国法治建设的一个侧影》，商务印书馆 2022 年版。

③ 据有关部门统计，在 1979 年至 1982 年间，全国人大及其常委会共通过法律 37 件，其中全面修改宪法 1 件，宪法修正案 2 件，法律 34 件，34 件法律中现行有效的法律 21 件，包括宪法性法律 7 件，民商法 3 件，行政法 5 件，经济法 2 件，社会法 2 件，刑法 1 件，诉讼与非诉讼程序法 1 件。

④ 中国社会科学院法学研究所欧阳涛研究员回忆时说，他于 1978 年被重新吸收入刑法草案的修订班子，在《中华人民共和国刑法》最后定稿时，发现草案在总则中删去了原有的有关外国人在中华人民共和国领域外对中华人民共和国国家或公民犯罪的处罚规定，在分则“侵犯公民人身权利、民主权利罪”一章中使用了“诬告反坐”的措辞，他立即向起草班子提出异议，但没有得到采纳。鉴于这两个问题的重要性和时间的紧迫性（当时草案已即将提交全国人大讨论通过），他与法学所的崔庆森等其他几位同志商量，决定通过当时任中共中央政治局委员的社科院院长胡乔木向中央反映这一意见，指出不能删去有关外国人在中华人民共和国领域外对中华人民共和国国家或公民犯罪的处罚规定和不宜使用“诬告反坐”这一封建法律术语的理由。他们的这一意见最后被中央采纳，使得通过后的刑法在这两个问题上更加完善。欧阳涛：《犯罪、刑法学领域热点问题剖析及对策》，中国人民公安大学出版社 1998 年版。

⑤ 许崇德：《中华人民共和国宪法史》，福建人民出版社 2003 年版。

（二）社会影响力

法制精义和立法精义通过智库成果这一载体深入社会生活，深入人民群众心里，从而获得最深厚最持久的力量。法治智库成果通过以下两种方式向社会宣传普及。一方面，智库是政界和学界的桥梁，两者之间通过智库成果形式进行互动沟通。法学学术论文中有一部分是对党和国家意识形态和大政方针的学术阐释，这类论文称为政治阐释性论文。政治阐释性论文，实质是政治话语和法学话语之间的翻译与阐发，对于推动中国法制发展，对于沟通政界、学界和社会，对于中国法制社会化等，都具有重大意义。政治阐释性论文具有两个功能：一是把政治话语转化为学术话语，变成法学界，特别是政治界能够听懂的语言，发挥政治社会化的功能；二是揭示政治话语所蕴含的内在理论价值和实践价值，实现对政治话语进一步完善和升华。政治话语是概括、简约甚至是零散式的表述，是未经深入细致论证的表达，其中的道理需要做进一步的阐释才能为社会更好地接受，为人们所理解。在有些情况下，政治话语表达的是方向性的、观念的，其基本内涵、基本原理、结构体系、运行机制和实践模式有待进一步深入认识和阐述。学术界的阐释，在许多情况下可以深化甚至巩固政界的认知，形成政界和学界的互动，推动意识形态和学术的相向而行。[①] 另一方面，智库是政界和社会的桥梁，智库通过智库成果提升公众的法制观念，提高公众参与国家治理和公共讨论能力与水平。当时，智库研究者在《人民日报》《光明日报》《河北日报》《浙江日报》《红旗》《民主与法制》[②] 等报纸和期刊上发表了大量有关民主与法制、公民权利、法律与政策、审判独立、树立法制权威等方面的文章，旗帜鲜明地反

---

① 房宁:《向实求学：政治学方法五讲》，中国社会科学出版社 2022 年版。

② 1979 年 6 月 14 日，华东政法学院创办了《民主与法制》。1980 年 11 月 3 日，中共上海市委决定《民主与法制》由上海市社会科学界联合会主办。1987 年,《民主与法制》由中国法学会主管主办。当时,《民主与法制》把向全体国民宣传、普及民主精神和法治意识作为自己的重要任务。在开设的栏目中，包括了“大家议论”“法律顾问”和“刑法基本知识讲话”等带有全民学法、普法的内容。何勤华:《华政的故事：共和国法治建设的一个侧影》，商务印书馆 2022 年版。

对法律虚无主义，反对特权，引起人民热烈欢迎和广泛关注。例如，1979年10月31日，李步云和徐炳在《人民日报》发表的《论我国罪犯的法律地位》一文，在全国引起了很大震动，当时，公安部劳改局、全国人大常委会法制工作委员会、《人民日报》和李步云本人，都曾收到过大量来信。[①]法律出台后，学者们纷纷著书，阐述立法精神，注释法律，通俗地向人民群众宣传现行法律，满足人民群众的法律需求[②]。在宪法方面，有宪法讲话、宪法问题、学习宪法知识；在刑法方面，有刑法问答、刑法讲话；在婚姻法方面，有婚姻法基本知识、婚姻法宣传手册、婚姻法知识问题；等等。

（三）知识影响力

从知识生产的组织和知识特征来看，当时的知识生产总体上应划为智库成果[③]。但吊诡的是这些智库成果生产不仅开启了法学学科知识生产的序幕，为我国法学学术体系、学科体系和话语体系奠定了基础，还使各知识生产主体的学术优势、精神气质和人才培养模式得以形成，影响着一代又一代

---

① 李步云：《法治新理念：李步云访谈录》，人民出版社2015年版。

② 当时智库机构把普法宣传作为一项重要任务，例如，1979年五届全国人大二次会议审议通过了七部法律，上海社会科学院法学研究所及时编写了一本《七个法律通俗讲话》的普及性著作，1979年11月由上海人民出版社出版，篇幅78页，印数32万册，基本上满足了社会的需求。还有学者指出，20世纪80年代初期，由于中国刚刚走出“法律虚无主义”的阴影，公民的法律意识非常薄弱，法律知识也非常贫乏。为了普及并增强公民的法律意识，学者们的主要研究工作和研究成果就体现为承担向社会介绍、宣传、普及法律的基本知识，提高公民的法律素质等政策性的“普法”任务。李林主编：《中国法学30年：回顾与展望》，中国社会科学出版社2008年版。

③ 当时，学术期刊发表的大多是关于政治阐释性论文、法政策论文、域外法学动态信息等，可参见当时《法学研究》《外国法译丛》《法学》《社会科学》等刊物的论文。出版社出版的著作主要分为三类：一类是法律注释、法律知识普及的著作，服务于向社会普法目的；二类是司法部、教育部的统编教材及各高等院校的自编教材，这些教材都是集体性成果，并都带有法律人才培训和培养、历史反思等公益性目的；三类是法学资料汇编，服务于党和国家决策咨询。学者们更是自觉地把自己的学术研究融入国家法制进程中去，国家发展与个人发展密不可分。从学术组织上看，一般是由国家主管部门有组织地发起学术争鸣、学术对外交流。

的法律人。这说明智库知识生产和学科知识生产是相互补充的关系，而不是非此即彼的关系。此后，我国的法学知识生产，进入了智库知识生产和学术知识生产双轨推进的时代。在学术体系建设方面，我们摆脱了苏联法学、阶级斗争思维对我国法学研究的阻碍，正确处理了法学学科同政治学、马克思主义哲学等相邻学科的分工和交叉关系，法学研究获得了独立空间。我们坚持从中国具体情况出发，参考、借鉴域外有益经验，以法、法律和法制为研究对象，努力构建中国特色的法律体系和马克思主义法学体系[①]。在研究内容上，以宪法学为例，我们进一步丰富和发展我国宪法的指导思想、人民代表大会制度、立法制度、公民的基本权利等，以宪法学原理、国家性质和国家形成、国家基本制度、公民基本权利与义务和国家机构为框架的宪法学知识体系雏形基本形成。在研究方法上，以宪法学为例，在坚持以马克思主义为根本方法的指导下，比较分析法[②]、历史分析法[③]、规范分析法[④]开始出现。在研究风格上，以宪法为例，中国社会科学院法学研究所注重宪法比较研究、政治阐释性研究、宪法运行的实证研究，中国人民大学法律系注重宪法史研究，武汉大学法律系注重宪法比较研究、规范分析研究，等等。以法律史为例，中国政法学院注重近代法律史研究，西南政法学院注重法律思想研究，华东政法学院注重外国法律史和法律文明研究，中国社会科学院法学研究所

① 1980 年 5 月，北京市法学会法学理论专业组就法学研究对象问题举办理论研讨会，《法学杂志》《法学研究》《西南政法学院学报》等法学刊物相继发表了这方面的文章。这是新中国成立以来，理论界就法学研究对象问题展开的第二次讨论。此前，中国政法学会研究部、中国科学院法学研究所和《政法研究》编辑部于 1964 年 5 月曾组织过同样主题的研讨。1982 年末，上海《法学》编辑部发出《关于加强法学基础理论研究的倡议》，倡议书将深入探讨法学体系和法学的基本范畴。1983 年 4 月，中国社会科学院法学研究所与华东政法学院在上海联合召开关于社会主义法律体系和马克思主义法学体系的理论讨论会，这被称为新中国成立以来法理学界的首次重大盛会。

② 北京大学法律系、中国人民大学法律系、中国社会科学院法学研究所收集了大量的中外宪法文献，在参与制定“八二宪法”中，注重比较分析。

③ 张晋藩等:《中国宪法史略》，北京出版社 1979 年版。

④ 何华辉、许崇德对“八二宪法”中民主规范结构进行体系化阐释。何华辉、许崇德:《宪法与民主制度》，湖北人民出版社 1982 年版。

注重中国共产党的革命法律史、新中国法律史、古代法律史研究。在法学学科体系建设方面，法学界通过思想解放、参与立法和统编教材的编写，我们摆脱了苏联法学模式对法学学科建设的不利影响，推动了法学学科恢复与设立和学科体系形成与发展。1977年法学专业恢复招生①，在法学专业下，设置了法学基础理论、法律史、宪法学、婚姻法学、诉讼法学、刑法学、经济法学、行政法学等学科，法学知识生产开始走上规范性、长期性、累积性和分工性的发展轨道，逐步实现从智库知识生产向学科知识生产转换。但是各高等院校和科研院所受参与法制政策和立法数量、程度以及原有人才队伍知识结构的限制，各机构形成了各自的学科优势，同时，从此也始终伴随着法学学科内部发展不平衡的困扰②。除此以外，学术争鸣和交流对法学学科的发展产生重要影响，例如，学界通过法学研究对象和法学理论的争鸣把“国家与法的理论”更名为“法学基础理论”③，同时这些争鸣更催动了对马克思主义法学、法社会学、法哲学以及对法学基本范畴等方面的研究，对法理学学科发展影响深远④。立法同样对法学学科的发展产生重要影响。在立法过程中，中外立法经验、立法技术、立法制度、法律注释和法律实施等问题为学者们的进一步研究指明了方向，催动立法学、比较法学和部门法学的发展。在法学话语体系建设方面，随着法学研究新局面的打开，我们也形成了自己的法学话语体系，例如，尽管人们对“社会主义法制”⑤内涵有着不同的认知，但是其却在全国获得一致的认可与普及。尤为值得注意的是，在学界反

① 改革开放伊始，邓小平作出了关于法学、政治学、经济学、社会学等学科要恢复发展的指示。

② 例如，司法部借助西南政法学院法律史的学科优势，1981年，西南政法学院受司法部委托举办第一届高校法制史师资培训班，为全国高校培养了一批法律史学教师。俞荣根：《风骨法苑几多人》，商务印书馆2014年版。

③ “法学基础理论”从1981年开始作为教材名称使用。陈守一、张宏生主编的北京大学试用教材《法学基础理论》（北京大学出版社1981年版）和孙国华、沈宗灵主编的司法部和教育部统编法学教材《法学基础理论》（法律出版社1982年版）是较早使用这一名称的两本教材。

④ 陈守一：《法学研究与法学教育论》，北京大学出版社1996年版。

⑤ 夏勇：《文明的治理：法治与中国政治文化变迁》，社会科学文献出版社2011年版。

复阐释和全国实行法制中，催动“全民普法”“中国特色法律体系”“依法治国”等话语的提出。此外，宪法学、诉讼法学、经济法学、婚姻法学等学科也正在形成自己的话语体系。

（四）国际影响力

法治智库成果不仅具有服务决策、沟通社会和积累知识的功能，还具有对外法制交流合作功能。法治智库成果是对当时我国法制理论与实践、模式与经验、思想与价值、文化与生活的记录与表达。随着改革开放的发展，法制交流与合作成为国际交流合作的重要组成部分，中国也要用学术语言向世界介绍中国法制的探索、经验与文明，向世界展示我国的法制软实力。一方面，中国对一些国家法制进行考察，与一些国外学者进行法制方面的交流[①]。另一方面，中国积极参加国家法学会交流，一些学者受邀到其他国家进行法学交流，向外国介绍我国法制的现状和发展，产生了一些国际影响力，收到了良好效果。例如，1980 年 9 月 8 日至 12 日，中国代表团参加在荷兰首都阿姆斯特丹举行的第二届国际法学大会。中国代表团由团长、武汉大学法律系韩德培，北京大学法律系龚祥瑞、罗豪才三人组成。韩德培、龚祥瑞分别在大会上宣读了题为《中国正在加强社会主义法制》《新中国的新立法》的论文[②]。1980 年，龚祥瑞在斯德哥尔摩法学院作了一次中国恢复法制的学术报告，在瑞典作了一次《中外合资企业法》的报告，在英国多所高校作了关于我国政治体制（宪法）问题的理论与实际的讲座[③]。

三、法治智库成果影响力形成的基本经验

从知识和社会互动关系看，法治智库成果影响力形成不仅与知识生产组

① 当时中国对南斯拉夫、德意志联邦共和国、日本、法国比较法研究进行了考察，与日本法学家、日本中国法制史学者代表进行学术交流。相关介绍可参见《法学研究》1980 年第 2 期、第 5 期，1981 年第 3 期、第 4 期、第 6 期。

② 龚祥瑞：《盲人奥利翁：龚祥瑞自传》，北京大学出版社 2011 年版。

③ 龚祥瑞：《盲人奥利翁：龚祥瑞自传》，北京大学出版社 2011 年版。

织类型、问题的发现与解决密切相关，更从根本上受制于国家意识形态和具体国情。当时，在国家主导下的法治智库成果生产一开始就把社会主义法制建设作为一项系统工程，一方面，批判性地进行理论继承与发展；另一方面，坚持从实际出发，从法治与政策相结合的经验事实出发，取得了良好的效果。

（一）坚持守正创新

法治智库的知识生产必须坚持守正创新，以马克思主义基本原理为指导，正确处理意识形态性和法学学科属性的关系。这主要反映在对以下四个重要问题的认识上：第一，在社会主义法制认识上。一是我们坚持反对法律虚无主义，批判资产阶级法制，把健全社会主义法制确立为党的基本方针、治理国家的方式和目标，明确法制原则、法制建设的施工图，强调树立法制权威。二是坚持法制建设和精神文明建设相结合，坚持法制建设和社会主义现代化建设相结合，更新法制观念，发展法制理论。三是正确处理党的领导和社会主义法制的关系，一方面加强完善党内法规，加强党的制度建设；另一方面党必须在宪法和法律范围内活动。第二，辩证地看待法的性质和功能。我们提出法既具有阶级性法，也具有民主性、科学性、文明性、社会性和继承性等；法既有统治的职能，也有社会管理职能，继承和发展了马克思主义法学理论。第三，关于法学理论体系和法学学科体系。我们提出要立足本国实践，提炼中国特色的法学基本概念和基本范畴，构建中国自主的法学理论体系和学科体系。第四，在立法上，我们提出要继承以往法制有益经验和遗产。一是立法注重实际、注重调查研究、注重历史经验的指导思想，坚持民主立法和法制统一性的立法原则；二是继承先前《中华人民共和国刑法》《中华人民共和国刑事诉讼法》草案中的一些内容。我们坚持立法与改革和现代化实践相适应，提出新的立法理念、立法原则和立法体制等。

（二）坚持扎根大地

法治智库的知识生产必须坚持扎根祖国大地，从实际出发，正确认识社会主义法制建设与其他领域建设的关系。这里要着重处理好以下两组关系：一是法制建设与现代化建设的关系。一方面，法制建设要回应现代化建设的需求，以经验理性为指导，务求适用、实效；另一方面，其他领域建设既要充分发挥法制固根本、稳预期、利长远的保障作用，又要把法制作为现代化建设的工具，引领并推动现代化建设。例如，人民代表大会制度、经济特区设立等对人民投身现代化建设起到了生产性激励的作用。二是政治建设与法制建设的关系。法制建设是加强政治建设的重要方式，又被一定的政治体制所决定，实践中政治建设和法制建设既要紧密联系，又要合理区分；既要防止政治教条主义阻碍法制建设，又要防止用法制教条主义、虚无主义僵化、阻碍和破坏社会主义制度。我们提出要合理地区分政治性问题和法律性问题，法制建设既要坚持我国社会主义制度为法制建设所划定的界限，又要适时地解决社会主义制度的制度化、程序化难题。例如，关于“社会主义法制建设”，我们既要坚持以社会主义制度为基础和前提，又要考虑用法制方式坚持和完善社会主义制度。因此，实行社会主义法制是涉及思想、理论、制度、行为和文化等多方面的系统性变革，需要坚持从实际出发，加强顶层设计，整体谋划，一体推进。

结论

笔者对 1978—1982 年法治智库成果影响力的描述和分析，更大的意义是对趋势的探讨和对未来的预见，在一定程度上认识智库发展和智库知识生产的价值与规律。从智库建设上看，法治智库成果影响力研究拓宽了智库研究范围，丰富并深化了对智库成果的研究，同时，还把智库研究引向历史维度。从知识生产上看，我们可以从法治智库成果影响力研究中得到以下三方面的启迪：一是智库成果一般属于知识发现和创造，更多地需要用到归纳逻辑和辩证逻辑；二是智库成果的影响力与研究者的知识结构、智库组织、国家意识形态和社会结构密切相关，做好智库研究应拓宽并更新自己的知识领域，因时因事地推动智库组织创新，学思践悟中国的实际和文化；三是智库知识生产与学科知识生产关系密切，目前在建构中国自主法学知识体系的时代主题背景下，我们既要坚持智库知识生产和学科知识生产双轨推进，也要充分发挥智库组织各自的比较优势和头雁效应，还要加强对智库成果的研究，为构建中国自主的法学知识体系提供思想、人才和组织保障。

犯人通信权控制的规范理论与路径选择

邵佳琦*

引言

文章以犯人为研究对象，以通信权为研究标的，运用宪法解释学方法将监狱纳入有权控制犯人通信权的适格主体之中，扩展了控制犯人通信权合法主体的范围，增强了监狱的法律执行力。同时，通过规范解释方法无法将现行《中华人民共和国监狱法》（以下简称《监狱法》）控制犯人通信权的目的纳入宪法之中，必要性规则将控制犯人通信权的目的框定在国家安全与刑事侦查犯罪的需要下。此外，程序性规则也体现在控制犯人通信权的规范之中，即应当设计控制犯人通信权的程序，并且这种程序应当由法律规定。总体而言，《监狱法》对犯人通信权的控制并不完全与宪法三规则要求一致，通信权作为犯人未被剥夺的重要基本权利，其核心应当不受侵犯。

一、问题的提出

通信权作为犯人未被剥夺的基本权利，其被保护程度，不仅是特殊个体权利是否受到重视的标志，而且也被反映于基本权利理论体系及法律规范之中。通信权作为一种重要基本权利，被不同机关保护并控制所呈现的状态也有所差异。因此，在通信权研究中，发现并分类国家机关对通信权保障程度

* 邵佳琦，华东政法大学法律学院硕士研究生。

尤为必要。本文所详述的通信权主要指犯人这一特殊群体的通信权，致力于探究犯人通信权控制的问题。这一问题涉及对犯人通信权保障与控制的认知，关乎特殊群体权利保障是否完全，是通信权权利体系的重要组成部分。在以往的通信权研究中，关于犯人通信权的保障控制是否完全的专门研究文献未曾出现，只是学者在宪法专著之基本权利章节中简单提及。

有学者认可检举信件不受检查的模式的民主性与科学性，认为为了国家安全与公共利益的需要，可对通信自由进行适当的控制，但不得侵犯通信自由的本质内容，为了从法律上进一步明确保障与控制通信自由的界限，有必要制定专门的《通信自由保护法》。[①] 也有学者虽未直接论述通信自由权的保护与控制，但认为宪法将通信自由权委托法律保护，应当有一部甚至几部相关的法律，规定如何保护公民的通信自由和通信秘密，但现在法律还没有对通信自由和通信秘密进行保护性的规定，属于立法不作为。[②] 亦有学者主张对公民通信自由权的限制必须符合宪法的规定，即限制主体、限制目的与程序要件，《监狱法》第 47 条于限制主体、限制目的与程序上似乎并不符合宪法要求。[③] 总体而言，既有的对犯人通信权研究深化了对通信权的整体认识，丰富了基本权利研究理论体系，但尚未形成对犯人通信权的控制是否合宪的系统性、结构性定论。

为方便阅读，引述我国宪法和法律关于通信权的规定如下：

《中华人民共和国宪法》（以下简称《宪法》）第 40 条规定："中华人民共和国公民的通信自由和通信秘密受法律的保护。除因国家安全或者追查刑事犯罪的需要，由公安机关或者检察机关依照法律规定的程序对通信进行检查外，任何组织或者个人不得以任何理由侵犯公民的通信自由和通信秘密。"

《监狱法》第 47 条规定："罪犯在服刑期间可以与他人通信，但是来往

① 韩大元：《宪法学基础理论》，中国政法大学出版社 2008 年版；胡锦光、任端平编著：《宪法学》（第 4 版），中国人民大学出版社 2018 年版；贵立义主编：《宪法学》（第 2 版），东北财经大学出版社 2008 年版。

② 林来梵：《宪法学讲义》（第 3 版），清华大学出版社 2018 年版。

③ 温泽彬：《服刑人员信件检查的宪法分析》，《西南政法大学学报》2008 年第 3 期；邱之岫主编：《宪法学》，中国政法大学出版社 2007 年版。

信件应当经过监狱检查。监狱发现有碍罪犯改造内容的信件，可以扣留。罪犯写给监狱的上级机关和司法机关的信件，不受检查。”

通信权的控制要件主要包含三个元素：一是目的元素，即为了国家安全或者追查刑事犯罪的需要；二是主体元素，即仅有公安机关、检察机关和国家安全机关为控制通信权的合法主体；三是程序元素，即控制通信权必须遵守法律规定的程序，体现为宪法委托与法律保留。这三要素可以分别被称为必要性规则、主体性规则和程序性规则。必要性规则的指向对象是控制目的，主体性规则的指向对象是控制主体，程序性规则的指向对象是控制程序。三者并非部分地、灵活地出现于通信权控制结构中，而是同时存在于一个完整的通信权控制链条里。揭示通信权控制所包含的三个不同元素的规则，厘清各种规则的体系逻辑与解释方法，是基本权利体系理论研究的应有之义。

基于上述考虑，本文分别从必要性规则、主体性规则和程序性规则三个层面说明通信权的控制元素，并站在特殊群体视角分析其通信权受限是否满足三元素要求，达到对犯人通信权控制的合宪性控制，以期对特殊人群基本权利理论体系和实践发展有所裨益。

二、通信权控制的必要性规则

《宪法》第 51 条规定了基本权利的限制目的。一是为了国家的、社会的、集体的利益，即公共利益；二是他人的合法权益。[①] 基于公共利益的需要，《宪法》第 40 条将控制通信权的条件细化为国家安全或者追查刑事犯罪的需要，两者分别为通信权控制必要性规则的构成元素。需要说明的是，只要满足其一，即达到通信权控制必要性规则的要求。《监狱法》第 47 条以“认为有碍罪犯改造”为控制犯人通信权的目的，应当分析的是该目的是否

① 《宪法》第 51 条规定，中华人民共和国公民在行使自由和权利的时候，不得损害国家的、社会的、集体的利益和其他公民的合法的自由和权利。

与《宪法》第40条的控制目的内涵一致、效果相当。下文主要依照《宪法》第40条的必要性规则展开分析。

（一）必要性规则一：危害国家安全

根据《中华人民共和国国家安全法》对国家安全的定义，国家安全是指国家政权、主权、统一和领土完整、人民福祉、经济社会可持续发展和国家其他重大利益相对处于没有危险和不受内外威胁的状态，以及保障持续安全状态的能力。经过文义解释，国家安全的内涵与外延法律概念仍然十分模糊，恐难以准确把握。刑法分则第1章规定了“危害国家安全罪”，包括背叛国家罪、分裂国家罪等严重危害国家安全的犯罪行为，犯此种罪的犯人将被关入重刑犯监狱。因而，是否应当以犯“危害国家安全罪”为审查模式控制犯人通信权及其他基本权利？或按照监狱戒严等级的不同，以监狱为大类区别对象，将关押重刑犯的高度戒严监狱列入有权控制犯人通信权及其他权利的适格主体之中？最高人民检察院于2023年2月15日召开的新闻发布会显示，2018年至2022年底追诉的危害国家安全犯罪为1400余起，仅占总数的0.03%。[①]若严格按照罪名为控制犯人通信权的参考指向对象，恐促成“睡眠条款”的诞生；若严格按照不同监狱种类，控制犯人通信权乃至其他合法权利，恐与科学、平等原则有悖。因而，危害国家安全不完全等同于危害国家安全罪，亦不可僵硬地、教条地以整所监狱为统一控制对象。正确的做法是应当对“国家安全”作扩大解释，既未突破上位法关于通信权的控制目的，亦未过度控制其他犯人的应然权利。扩大解释并非无控制地扩张法律概念的含义，而是寻找一个边界，定义不确定法律概念的外延，达到理论与实践的辩证统一。我国监狱一般实行分级处遇的管理方式，大致分为宽管级、普管级、严管级三类（不同地区可能有所不同），犯人将被划入其中一类等级并施以对应处遇。本文认为，应当按照处遇等级认定“危害国家安全”，即当犯人处于严管级系统下，他们的基本权利应当受到极大程度的控

① https：//www.spp.gov.cn/spp/xsjc/22xwfbh_sp.shtml.

制，犯有“危害国家安全罪”也并不是划入严管级的必要条件；当犯人处于宽管级系统下，他（她）的基本权利应当受到轻微程度的控制，他们亦有可能犯有“危害国家安全罪”。例如《广东省监狱管理局罪犯分级管理实施办法》第6条规定了犯危害国家安全罪及其他严重暴力犯罪的罪犯，在满足一定条件下，可以认定为宽管级。因而，我们在对“危害国家安全”进行理解时，应当充分考虑到现有体系框架及犯人狱内表现情况，结合社会危害性大小，作出动态判断，此乃正确理解“国家安全”及对犯人通信权实质保障的应有之义。

（二）必要性规则二：刑事侦查犯罪的需要

根据《监狱法》第60条的规定，监狱享有一定的侦查权。[①]但此侦查权有严格的场合控制，即限于监狱内部的犯罪。此时监狱具备公安机关、检察机关侦查犯罪的职能，所以并未违反控制通信权的主体设定。在“认为有碍罪犯改造”的目的下需分类讨论。若监狱欲行使通信检查权，以“认为有碍罪犯改造”为理由，除外并无任何刑事犯罪的可能时，监狱不得行使通信检查权；若监狱欲行使通信检查权，以“认为有碍罪犯改造”为理由，同时此信件可能与刑事犯罪相关，则监狱此时行使通信检查权合乎《宪法》第40条的规定。在此并不苛求监狱证明“有碍罪犯改造”与“刑事侦查犯罪”之间的关联性，亦不要求监狱证明可能性程度大小，只要存在刑事犯罪的可能即可进行通信检查。以“认为有碍罪犯改造”为由检查犯人通信，以主观判断替代了“刑事侦查犯罪”为由的客观需要。因而，《监狱法》第47条以“认为有碍罪犯改造”为理由控制犯人通信权，这一条件过低，不满足必要性要件的检视。

与《监狱法》相似的《海关法》第48条也“突破”了《宪法》第40条的必要性规则，为何《海关法》并不违宪？[②]《海关法》的设定目的是为维护国家主权与利益，海关的职能包括负责走私案件的侦查，因而满足必要性要件

① 《监狱法》第60条规定，对罪犯在监狱内犯罪的案件，由监狱进行侦查。
② 《海关法》第48条规定，进出境邮袋的装卸、装运和过境，应当接受海关监管。

的检视。同时,《邮政法》的相关规定也值得我们注意,《邮政法》第1条、第3条即表明本法设定目的为保护通信权，完成宪法委托。[①]《邮政法》第3条第2款增加法律保留条款，进一步明确通信权控制的法律保留地位。《邮政法》建立邮件检验制度，但仅检查邮件是否携带禁运或限运的物品，而不检查信件内容，即收寄人的通信权并未受到控制。《邮政法》规定邮政企业必要时应当配合侦查机关进行通信检查，满足必要性规则的检视，并无不妥。因而，除《监狱法》对犯人通信权的控制无法认定为满足必要性规则外，其余涉及通信权控制的规范均符合必要性规则的检视。

三、通信权控制的主体性规则

《宪法》第40条规定，通信检查权由公安机关或检察机关行使，并以绝对排他模式确认了通信权的法律保留。监狱作为行政机关，未被列入通信的有权检查主体，是否意味着监狱行使通信检查权是不被认可的？有学者主张，除了《宪法》规定的公安机关、检察机关外，人民法院、监狱根据法律的规定，也可以检查公民的通信。只要有法律规定的授权，而这些法律又是可以作出符合宪法的合理解释时，就不能认为是违宪的。[②]宪法释义的核心在于既要基于宪法文本，把握宪法原则与精神，亦要结合现实需求作出前瞻性的解释。通信权最早可追溯至1949年的《中国人民政治协商会议共同纲领》，其第5条规定了公民有通讯的自由权。1954年《宪法》第90条规定了通信秘密受法律保护。通信秘密正式确定为宪法权利，法律保留初见雏形。

---

① 《邮政法》第1条规定，为了保障邮政普遍服务，加强对邮政市场的监督管理，维护邮政通信与信息安全，保护通信自由和通信秘密，保护用户合法权益，促进邮政业健康发展，适应经济社会发展和人民生活需要，制定本法。第3条规定，公民的通信自由和通信秘密受法律保护。除因国家安全或者追查刑事犯罪的需要，由公安机关、国家安全机关或者检察机关依照法律规定的程序对通信进行检查外，任何组织或者个人不得以任何理由侵犯公民的通信自由和通信秘密。除法律另有规定外，任何组织或者个人不得检查、扣留邮件、汇款。

② 蔡定剑:《宪法精解》，法律出版社2004年版。

1975 年、1978 年《宪法》均规定了公民有言论、通信、出版、集会、结社、游行、示威、罢工的自由。现行 1982 年《宪法》第 40 条即规定了本文所讨论的通信权具体条款。[①] 在几十年的时间内，我国通信权的内容得到了大幅度的扩充，以加重法律保留的形式明确通信权非必要不受侵犯的原则。2004 年，人权条款入宪，《世界人权宣言》的有关规定亦涉及公民通信权的保护，其重要性不言而喻。现代社会中，人身自由权下属的通信权是保障人性尊严、发展人格权利及维护市民社会的基础，与言论自由密切相关的通信权亦是民主制度的核心领域，其重大意义不容忽视。正是因为认识到了通信权背后的实际意义，立法者对通信权的控制持审慎包容态度。1982《宪法》规定以"危害国家安全"和"刑事侦查犯罪的需要"作为控制通信权的目的。根据《宪法》和全国人大常委会的决定对国家机关的职能分配，公安机关、检察机关及国家安全机关的职能是追查、指控犯罪，防止危害国家安全、社会安全的恶性事件发生，进而达到社会治理的目的。[②] 正是基于这一层面的考虑，仅赋予公安机关、检察机关及国家安全机关通信检查权。监狱与上述三类机关最大的区别在于，监狱关押的对象是已决犯，危险系数较低，监狱有一定的掌控度；而上述机关面对的是犯罪嫌疑人，并且往往处于预防、侦查、抓捕程序之中，不确定性、危险性系数较高。由此，立法者并未设想监狱有通信检查的必要，亦未考虑到监狱有发生危害国家安全犯罪的可能及因追查刑事犯罪而检查通信的需要。因而，《监狱法》第 47 条规定由监狱控制犯人通信权并未突破《宪法》第 40 条关于控制主体的设定。

---

① 宪法修改委员会副主任委员彭真关于《关于中华人民共和国宪法修改草案的报告（1982 年）》，表示草案关于公民的各项基本权利的规定，不仅恢复了 1954 年宪法的内容，而且规定得更加切实和明确，还增加了新的内容。通信权条款即以"切实"和"明确"为制定原则，新增控制规则。

② 1983 年 9 月 2 日，六届全国人大常委会第二次会议通过了《全国人民代表大会常务委员会关于国家安全机关行使公安机关的侦查、拘留、预审和执行逮捕的职权的决定》，明确新设立的国家安全机关可以行使宪法和法律规定的公安机关的侦查、拘留、预审和执行逮捕的职权。因此，国家安全机关的职能与性质与公安机关相似，均有防止危害国家安全、社会安全，刑事侦查等职权，由此，国家安全机关便获得了如公安机关一样的通信检查权。

同时，根据《海关法》第4条规定，海关本身被明确授权行使公安机关侦查权，与国家安全机关性质相似。[①]与国家安全机关不同的是，海关行使侦查、拘留、执行逮捕、预审等职责是海关侦查走私犯罪公安机构实施的，本身属于公安机关的组成部分，所以并未违反《宪法》第40条的主体性规则。

四、通信权控制的程序性规则

《宪法》第40条规定控制犯人通信权的程序为“法律规定的程序”，即《宪法》将控制程序委托给法律设定，亦可得出，若无法律规定的程序，则不满足控制通信权的程序性规则，无法控制该权利。若法律仅规定控制权力，却未设计程序，则授权无效，该控制权力应当是违宪无效的。相比于《监狱法》尚未开展的程序设计，《中华人民共和国刑事诉讼法》（以下简称《刑事诉讼法》）第116条则规定得较为完善。[②]本条规定了公检机关扣押犯罪嫌疑人邮件、电报的程序。侦查人员在执行公务时虽然代表的是其所属的机关单位，但不能自主决定是否扣押，必须反馈给单位，经单位批准才能够扣押。可知，立法者在设计规范时，料想到了以“侦查人员认为需要”为由即扣押邮件、电报，实有不妥。为了保护通信自由核心领域不受侵犯，增设批准程序，实质降低了不必要控制犯罪嫌疑人通信自由权的可能性，亦保障了其隐私权与表达自由，乃是控制通信权程序性规则的应有之义。《监狱法》第47条与《刑事诉讼法》第116条前半部分有极大的相似性，

---

① 《海关法》第4条规定，国家在海关总署设立专门侦查走私犯罪的公安机构，配备专职缉私警察，负责对其管辖的走私犯罪案件的侦查、拘留、执行逮捕、预审。海关侦查走私犯罪公安机构履行侦查、拘留、执行逮捕、预审职责，应当按照《刑事诉讼法》的规定办理。海关侦查走私犯罪公安机构根据国家有关规定，可以设立分支机构。各分支机构办理其管辖的走私犯罪案件，应当依法向有管辖权的人民检察院移送起诉。地方各级公安机关应当配合海关侦查走私犯罪公安机构依法履行职责。

② 《刑事诉讼法》第116条规定，侦查人员认为需要扣押犯罪嫌疑人的邮件、电报的时候，经公安机关或者人民检察院批准，即可通知邮电机关将有关邮件、电报检交扣押。不需要继续扣押的时候，应即通知邮电机关。

均以公务人员“认为”“需要”为前提，可惜的是，《监狱法》第47条并没有后半部分的批准程序，亦未规定不需要继续扣留时，应当如何，此乃立法真空。没有统一的约束标准有悖于当下坚持法治国家、法治政府、法治社会一体建设的模式，程序的缺位将导致本就处于弱势的一方当事人陷入更加不利的境地，亦与“尊重与保障人权”的观念不符。正当程序原则的遵守与执行并非仅在刑事犯罪、行政处罚领域极为重要，涉及对个人基本权利的控制与保障时，同样必不可少。“财产之征收，唯有依据法律，而该法律并‘同时’有规定征收补偿之‘额度’及‘种类’时，方可准许之。这种‘无补偿即无征收’之条款，促使立法者，‘事先’就必须知道，其制定之征收法律之合宪性与否全系乎有补偿之规定。”① 正当程序与基本权利的控制如同征收与补偿一般，“唇齿条款”的原则与精神应当贯彻其中。②

五、通信权控制的路径选择：形式合宪与实质合宪的辩证统一

通过对犯人通信权控制三规则的分析，得出规范对犯人通信权的控制较多，而自由不足的结论。从常人视角来看，似乎可以理解对犯人通信权的控制大于自由的基本原因，但是，值得我们深思的是，通信权是犯人必不可缺的一项重要基本权利，在理解控制犯人通信权理论规范并选定控制路径时，应当慎而又慎。

（一）形式合宪之一：依宪解释规范，严防法律真空

基本权利乃公民人格尊严建设与发展最为重要且不可忽视的基础核心，基本权利的保障制度亦值得立法者认真构思。规范规定不一致的，应当先进

---

① 陈新民：《德国公法学理论基础》（上），法律出版社2010年版。

② 《宪法》第13条第3款规定，国家为了公共利益的需要，可以依照法律规定对公民的私有财产实行征收或者征用并给予补偿。此为征收补偿条款，即有补偿有征收，无补偿无征收。“唇齿条款”是由学者H.P.Ipsen所命名，意为突出征收与补偿二者间密不可分的关系。

行合宪性解释，观察是否能解决规范冲突的问题，若无法解决，应当及时发布法律解释或进行法律修改。根据《宪法》第40条规定，控制犯人通信权必须满足三规则的检视，分别是必要性规则、主体性规则和程序性规则。不可因《宪法》未明确写明监狱的检查主体身份而直接否定监狱检查通信的合宪性，而是应当通过宪法解释的方式将监狱纳入合宪检查主体中。同时，应当对必要性规则之一——“国家安全”作扩大解释。例如，结合监狱管理体系，对于严管级E级罪犯的基本权利，如通信权，施以较大程度的控制，通过狱管人员平日对犯人的评估，认为该（类）犯人有危害国家安全、社会安全或其他犯罪的可能时，应当有权检查犯人通信，除此之外，切不可随意扩大国家安全的外延。同时，通过宪法解释，无法将“认为有碍罪犯改造”涵摄入“为了刑事侦查犯罪的需要”的必要性规则中。“刑事侦查犯罪的需要”并非不确定法律概念，其法律内涵与概念外延都是极为明确的，应当对“刑事侦查犯罪的需要”作严格解释，不得随意扩大该控制目的之范围与含义，否则有悖于《宪法》关于通信权控制的审慎包容精神。此外，目前对控制犯人通信权的规范虽罗列于《监狱法》第47条，但缺乏专门的程序法律规制。狱管人员在检查通信时该遵守何程序、扣留信件后应当如何处置，几乎是“无法可依”的状态。我国目前监狱法律制度尚不健全，没有专门或专章法律规定程序规范，尚未完成《宪法》交付的任务。《监狱法》于2012年以法律修正的形式进行修改，至今已有10多年。为回应现实需求，秉持着不侵犯犯人核心权益的精神与原则，亦促进“阳光监狱”的建设，有必要予以及时修改。

（二）形式合宪之二：积极禁止转为消极克制

与我国《监狱法》对犯人通信权持积极禁止的态度不同，许多国家对犯人通信权的问题采取包容开放的态度。例如，《丹麦刑事执行法》第55条第3款规定：“只有行刑机构认为为了良好之秩序和治安安全或者为了保护被害人而有必要者，方可审读囚犯拟寄出之信件或寄给囚犯之信函。”[①]《法国监狱法》《日本刑事收容设施及被收容者处遇法》《韩国矫正机构囚犯管理和矫治法》规定类似，均以不检查囚犯信件为一般原则，例外时才予以检查。《意大利监狱法》第18条规定：“为了一定的目的可以实施为期不超过6个月的通信检查和控制，该期限可以延长，但延长时间不得超过3个月。”《意大利关于监狱制度和执行剥夺及控制自由措施的规定》第38条明确规定，检查信件只涉及是否有违禁物品，而不得对书信内容进行检查。意大利对囚犯通信自由权的控制较为新颖，亦极为慎重，以设定较短期限为手段，不仅有助于实现刑罚目的，而且不会过度侵害犯人基本权利，不失为一种新思路。《中国香港特别行政区惩教法规》第47条A规定，在高度设防监狱的囚犯的收发信件均可搜查与阅读，但对该监狱之外的囚犯一般来说只能搜查，只有满足像“阅读该信件有助于防止或侦查刑事活动或对抗任何对监狱的保安、秩序及纪律的威胁或干扰”[②]等情况时，才能够阅读。香港特区对犯人通信权实行差别对待，实质上是对犯人的社会危害性和人身危险性作出的区分。在高度设防监狱的囚犯一般犯有较严重的罪行，刑期较长，对他们的信件进行检阅确有其必要性与合理性。以上国家或地区对罪犯通信权的控制持消极克制态度，均以不控制为原则，控制为例外。行刑个别化在规范中体现得淋漓尽致，以保障人权为核心运用的立法技术并以此构建的法律规范，着实彰显了犯人通信权非必要不受侵犯的原则，值得我国借鉴。

（三）形式合宪之三：正当法律程序原则

正当法律程序原则具有保障私权与控制公权的双重功能。我国《监狱法》规定犯人可以与他人通信，体现了《监狱法》保障罪犯通信权的精神。但是，《监狱法》并未出现控制犯人通信权的程序设计，违背了《宪法》第40条的程序性规则。反观域外刑事执行规定，例如《日本刑事收容设施及

① 司法部预防犯罪研究所编：《域外最新刑事执行法律法规选编》（第二卷），中国法制出版社2022年版。

② 同上。

被收容者处遇法》，则规定得较为完善：第 126 条为一般性规定，确认犯人的通信权不受侵犯；第 127 条为对书信的检查，包括检查的控制目的以及排除检查的规定；第 128 条为书信收发的禁止规定；第 129 条为根据信件内容予以停止收发的规定；第 130 条为对通信的控制规定；第 131 条为发信费用规定；第 132 条为对禁止收发的书信的处理，包括 7 款具体规定；第 133 条为对受刑者制作的文章书刊图画的规定。日本法对犯人通信权规定得极为全面，不仅有总体性概括规定，而且更为重要的程序性设计也被写入其中。基本权利的理论基础与实践需求，决定了基本权利功能体系的复杂综合性。即使后续可以通过法律解释、法律修改或其他方式加以更正或补充，但立法者在立法时仍应当尽可能全面综合地构建起基本权利保障体系。应当做到“有程序有控制，无程序无控制”，正当程序原则与基本权利的控制与剥夺应当符合“唇齿条款”的要求。

（四）实质合宪之一：打破特别权力关系理论，遵守法律保留原则

根据基本权利的双重性质，基本权利是主观权利，亦是客观法秩序。基本权利作为主观公权利，包括防御权和受益权，指人民享有权利不受国家干预和获得国家帮助的权利。基本权利作为客观法秩序，是指基本权利有约束公权的功能，在国家进行各种活动时，必须尊重并实现基本权利的核心价值。从主观权利来看，第一，通信权要求国家消极不侵犯，即不得随意干预公民通信权的实现。第二，受益权功能也涵盖于主观权利之中，分为积极受益权与消极受益权。本文主要讨论后者，即当该基本权利受到侵犯时，公民应当有诉讼救济的权利。在此，“特别权力关系理论”应当摒弃，该理论秉持犯人与监狱之间存在一种特别权力关系。在此种模式下，对犯人基本权利的控制，不仅可以排除法律保留原则的适用，亦可剥夺其诉诸司法救济的权利。该理论将救济原则与法律保留原则排除在外，无视基本权利核心价值不受侵犯的原则。法律保留原则是控制基本权利的底线，不可突破。我国《宪法》对通信权作了加重法律保留的规定，下位法应当遵守并执行。“只有是符合基本权的价值秩序所追求的且与共同体密切相关的目标时，控制才是必

要的，而且这种控制也必须经由宪法所规定的方式进行。”①

面对《宪法》第40条与《监狱法》第47条的矛盾，是否可在《宪法》第40条后增加一句：“但是，法律另有规定的除外。”如此《宪法》第40条规定修改为：“中华人民共和国公民的通信自由和通信秘密受法律的保护。除因国家安全或者追查刑事犯罪的需要，由公安机关或者检察机关依照法律规定的程序对通信进行检查外，任何组织或者个人不得以任何理由侵犯公民的通信自由和通信秘密。但是，法律另有规定的除外。”这样就可以解决规范之间的冲突。此举既规避了规范冲突并强化法律保留原则，又巧妙地增强了规范的灵活运用，不失为一种简单的解决方案。但是，增加“法律另有规定的除外”仅代表《监狱法》作为适格立法主体，有权对通信权加以控制，意味着可以规避《宪法》第40条有关通信权控制三规则的检视。但这种“突破”并非毫无控制，即使《监狱法》有权对犯人通信权加以控制，但亦不得侵害通信权核心内容。具体而言，控制犯人通信权应当符合比例原则与平等原则的要求，即要求《监狱法》在设计控制犯人通信权规范时应当至少做到检视控制手段与控制目的之关联性、必要性，亦当区分控制主体和发信对象。此外，即使有权“突破”《宪法》第40条的程序性规则，也并不意味着《监狱法》第47条未设计任何程序以控制犯人通信权的做法是允许的。

（五）实质合宪之二：强化比例原则

因犯人身份的特殊性，对其基本权利进行一定程度的控制有其合理性，也是维护监狱秩序及惩罚罪犯的应有之义。在设计基本权利控制模式时，必须应用权衡方法，即比例原则，突出“有保护才有控制”之要义。比例原则虽未被明确写入我国法律，但在实践中已得到广泛遵守与运用。比例原则主要包括三个子原则，分别是适当性、必要性和狭义的比例原则。立法者应当按照三步骤顺序审查构建犯人通信权的控制。第一步，适当性是指手段与目的具有本质的关联性，即选取的手段有助于实现目的。“在适当性的判断中，只要手段和目的之间存在关联即可，并不需要证明这种联系是直接的。”②

① 张翔：《德国宪法案例选释》，法律出版社2012年版。

② 陈景辉：《比例原则的普遍化与基本权利的性质》，《中国法学》2017年第5期。

即对第一步适当性采取宽泛审查标准，仅要求选取的手段与目的之间有间接关联即可。控制犯人通信权采取的手段是检查所有犯人的信件，控制犯人通信权的目的是为了防止危害国家安全或者刑事侦查犯罪的需要，选取的手段确实有助于实现目的，符合适当性要件的检视。第二步，必要性的判断。必要性要求在所有可选取的手段中，必须选择对公民权益损害最小的手段。从犯人通信权视角来看，以“来往信件应当经过监狱检查”为手段的确在某种程度上有助于“防止危害国家安全”和为了“刑事侦查犯罪的需要”的目的实现，但它仍然是违宪的，因为至少存在“区分重刑犯和发信对象”和“在监狱内张贴发信要求”这两种对犯人权益损害更小的做法。中国台湾地区原“监狱行刑法”第 66 条规定与中国大陆相似，均以检阅犯人通信内容为一般原则。中国台湾“司法院”释字第 756 号，旨在说明原“监狱行刑法”第 66 条部分违宪之处，即一概允许监狱长阅读书信内容，未区分书信种类，亦未斟酌个案情形，显然已对犯人秘密通讯[①]自由造成过度控制，与“台湾地区宪法”第 12 条保障秘密通讯自由意旨不符。因此，中国台湾地区“监狱行刑法”于2019年12月17日修正了有关犯人通信权条款，将原本“发受书信，由监狱长官检阅之。如认为有妨害监狱纪律之虞者，受刑人发信者，得述明理由，令其删除后再行发出；受刑人受信者，得述明理由，径予删除再行收受”，改为以检查为原则，检阅为例外。即仅表面查看，而不查阅信件内容。正是通过比例原则，权衡宪法保障秘密通讯自由之核心内涵与检阅犯人信件所带来的益处，前者显然更为重要。因而，贯彻比例原则能最大限度减少对一方的伤害，亦能使双方效益最大化。

（六）实质合宪之三：贯彻平等原则

平等原则并非僵硬的、绝对的平等，而是灵活的、相对的平等，追求禁止歧视并允许合理的差别对待。《监狱法》第 47 条规定对所有犯人的信件均

---

① 文章此处使用“通讯”，是因为不同地区对“通信”一词的规范表述有所不同，并未混淆二者。在本文中，二者含义没有本质上的区别，当与上文“通信”含义相同使用。

予以检查，忽视人与人之间的差异性，并将人抽象成完全相同的个体。对犯人“一视同仁”的做法乃形式平等，是一种变相歧视，并非实质平等。出于对人格尊严的维护，每个人都是独立且有尊严的个体，不应当被给予绝对的同等对待，而是应当基于人的本质差别，实行差别对待。控制犯人的基本权利是一种处罚，并且这种处罚是潜移默化及难以察觉的，却是对犯人人格尊严危害最大的。因而，罪责刑相适应原则不仅是《刑法》的基本原则，作为刑罚执行机关，监狱与犯人“朝夕相处”，控制其基本权利是轻而易举的。只有吸收罪责刑相适应原则，方能做到对犯人通信权的控制持包容审慎态度。除通信权外，监狱管理系统以注重个别化为监管原则，在便于监管的同时，亦有助于形成体系化管理模式。通过对犯人的分类管理，即使他们都能以“犯人”一词为概括指称，但也无法施以相同处遇。司法部《关于进一步深化狱务公开的意见》中明确表示对犯人实行分级处遇。例如，上海市监狱管理局实行对罪犯区分等级的做法，分为宽管级（A、B级）、普管级（C级）及严管级（D、E级）三大类，以《上海市监狱管理局罪犯会见通信实施细则》为例，在会见方式、会见时长等方面因级别不同而享受不同处遇。区分处遇等级的依据并非死缓、无期徒刑的罪犯一定隶属于严管级，亦不代表轻型罪犯就没有被划入严管级的可能，而是由民警对罪犯日常行为进行考核，每季度针对考核结果进行等级评定，确定处遇等级。根据处遇等级，给予“不同情况不同对待”。“个别化原则”涵盖于此规范中，亦为监狱提供了科学性、民主性的管理依据。总览各省、自治区、直辖市等关于监狱管理实施细则中有关罪犯会见通信的规定，并未将分级处遇的规定应用于通信权，主要原因是《监狱法》第47条以控制通信权为一般规定，下位规范无法进一步设计罪犯通信的分级管理，否则恐有违法之疑。因而，《宪法》平等原则应当要求《监狱法》及下位规范对控制犯人通信权实行合理的差别对待。

结语：特殊人群基本权利研究中的犯人通信权

尽管基本权利的研究自兴起以来已经过去了无数个年头，研究成果十分丰富，但总体上仍有很大的研究空间。例如，特殊群体的基本权保护。学界对犯人基本权研究并没有给予应有的重视，对于特殊人群基本权利的保障与控制，尚停留在“控制为主，保障为辅”的阶段。究其原因，大概与特殊人群这一对象背后隐藏的社会偏见有关。以谨慎的态度规定监狱的通信检查权，既可以延续并拓展《宪法》第40条的通信权规范，同时也有助于犯人的教育改造。相对于宏观地探究基本权利的保障与控制，犯人通信权关注权利个体是否受到规范重视的微观问题，具有推进基本权利体系研究的积极意义。特殊人群的基本权利研究的兴起与发展既是学术需要，背后也反映了基本权理论体系的纷繁复杂与时代变迁。

就当下而言，无论从犯人通信权保障的立场出发，还是从基本权利体系理论的角度考量，控制犯人通信权的理论规范和实践现状都是难以令人满意的。本文研究表明，作为犯人未被剥夺的重要基本权利之一的通信权，其功能并非仅作用于犯人通信，而是凸显出特殊群体权利保障的缺位与不受重视的实践现状。犯人通信权的控制由必要性规则、主体性规则和程序性规则构成。在必要性规则层面，依宪解释与依宪立法达到辩证统一；在主体性规则层面，监狱作为适格通信检查主体并未违反《宪法》规范；在程序性规则层面，当下程序规则的缺位不利于犯人通信权保护，《监狱法》应当尽快修改并公布。这一研究结论足以说明犯人通信权保护值得我们重视，也足以显现出我国基本权利理论体系的完善与发展任重道远。

袭警罪的法律适用问题探究

陈宗协　黄晓冰*

引言

2021年3月1日起施行的《中华人民共和国刑法修正案（十一）》（以下简称《刑修（十一）》），将《中华人民共和国刑法》第277条第5款修改为："暴力袭击正在依法执行职务的人民警察的，处三年以下有期徒刑、拘役或者管制；使用枪支、管制刀具，或者以驾驶机动车撞击等手段，严重危及其人身安全的，处三年以上七年以下有期徒刑。"自此，争论了长达十几年的袭警罪设立问题终于迎来立法回应。这一修改，标志着暴力袭警行为的法律规制，正式由妨害公务罪的从重处罚条款转向独立的袭警罪罪名。然而，针对该罪我国尚未出台配套司法解释，"两高一部"2020年1月颁布的《关于依法惩治袭警违法犯罪行为的指导意见》（以下简称《指导意见》）已然无法满足当前的司法需求。因此，新罪的设立只是一个开始，如何准确认定、适用袭警罪才是今后的大课题。

2022年3月8日，《最高人民检察院工作报告》指出："刑法修正案（十一）将袭警罪从妨害公务罪中分立后，起诉袭警犯罪6530人。"① 可见袭

* 陈宗协，福建省仙游县人民检察院党组书记、检察长；黄晓冰，福建省仙游县人民检察院四级检察官助理。

① 最高人民检察院：《最高人民检察院工作报告》，https：//www.spp.gov.cn/spp/gzbg/202203/t20220315_549267.shtml，访问日期：2022年11月20日。

警罪之高发、多发态势刻不容缓。而笔者在整理全国袭警案件时，发现立法上的模糊和配套司法解释的空白也给司法实践带来了不少挑战。由于缺乏对暴力袭击内涵、人民警察范围等构成要件的统一标准，各地司法机关就案件定性存在一定的理解偏差，有的限定过严，过度压缩了本罪的适用空间；有的随意认定，大有滥用之势，由此导致了“同案不同判”的司法混乱局面，无法有效发挥袭警罪的规制作用，有违本罪设立初衷。鉴于此，本文拟在梳理袭警罪立法意旨的基础上，结合现阶段司法实践中存在的问题，对本罪诸多争议加以归纳分析，由此明确袭警罪的法律适用路径，同时对未来袭警犯罪的打击治理进行设想，以期对司法实务中袭警罪的适用有所裨益。

一、袭警罪的立法意旨

袭警罪的诞生经历了从《刑法修正案（九）》（以下简称《刑修（九）》）的妨害公务罪加重处罚情节到《刑修（十一）》的独立成罪，在《刑修（九）》出台之前，我国并没有对袭警行为进行特别规定，仅以妨害公务罪对此类行为加以规制，袭警事件的频发现状也使得关于“是否有必要单独设置袭警罪”的争论越发激烈。《刑修（十一）》的规定最终让这一争论落下帷幕，但立法并不能必然消除分歧，反对的声音仍不绝于耳，故还是有必要进一步探讨分析关于袭警罪的立法意旨。

（一）袭警行为犯罪化的必要性

一是维护社会稳定的应有之义。公安机关是建设法治社会的践行者。近年来，我国经济社会发展正处于新的转型期，多元化矛盾集中凸显，执法环境日益复杂，公安机关维护国家安全和社会大局稳定、保障人民群众生命财产安全的任务更加艰巨繁重，尤其当下我国正处于常态化扫黑除恶、治理醉驾阶段，伴随发生的袭警事件频频发生，如果不及时进行遏制，不利于维护警察执法权威、保护警察执法权益。公安机关作为我国执法机关，其本身即为国家公权力的象征，袭警行为看似是违法犯罪分子对人民警察个体的伤害，实则是对国法的蔑视、是对执法尊严的践踏、是对国家意志的公然反抗，一定程度上侵蚀了社会秩序的根基，影响社会安全稳定。由此，袭警行为单独设刑有利于加快建设法治社会，在全社会达成维护警察执法权威的共识。[①]

二是警察职业特殊性的必然要求。相较于其他国家机关工作人员，人民警察是和平年代的逆行者，是具有极高职业风险的特殊执法群体，是非战争年代牺牲数量最多、奉献最大的一支队伍。据公安部数据通报，党的十八大以来，全国公安机关共有 3700 余名民警因公牺牲，5 万余名民警因公负伤；[②]今年 1 至 8 月，全国公安机关又有 184 名民警、87 名辅警因公牺牲，2628 名民警、1919 名辅警因公负伤。[③]出于职业的特殊性，人民警察在面对突发事件时，往往冲在维稳处突第一线，最直接接触违法犯罪分子，最可能遭到抵制反抗或打击报复，特别是当下身处执法一线的基层民警和交通警察，在执法活动中极易遭受暴力袭击。人们常说“有事找警察”，公众对警察的信任和依赖不言而喻，但如果连警察的合法权益都得不到有效保障，又何谈通过警察积极履职来保护群众的生命财产安全、维护社会稳定呢?

三是提高警察履职积极性的现实需要。实践中，警察在依法执行职务过程中被反击的情况并不少见，为缓和当前紧张的警民关系，面对矛盾冲突，有时警察会采取避让忍耐的态度，以期事态向更好的方向发展。有时因为缺少执法安全感，甚至会出现部分警察不愿执法、害怕执法、趋利执法、懈怠执法的执法乱象，使得违法犯罪分子的气焰反而越发嚣张，长此以往恐将形成公安执法权能日益弱化，违法犯罪分子越发猖狂的恶性循环。因此，袭警入罪也体现了新时代对公安执法工作的新要求，促使警察进一步规范执法，提高警察群体的自我认同感，切实增强民警的履职积极性。

---

① 李翔:《袭警罪的立法评析与司法适用》,《上海政法学院学报(法治论丛)》2022 年第 1 期。

② 人民网:《公安部：10 年来 3700 余名民警因公牺牲，5 万余名民警因公负伤》，http://society.people.com.cn/n1/2022/0725/c1008-32484837.html，访问日期：2022 年 11 月 23 日。

③ 中国新闻网:《公安部：今年 1 至 8 月全国 184 名民警、87 名辅警因公牺牲》，http://www.chinanews.com.cn/gn/2022/09-27/9861379.shtml，访问日期：2022 年 11 月 23 日。

维护警察执法权威是推进国家治理体系和治理能力现代化的题中应有之义，无论是作为妨害公务罪的从重处罚条款，还是单独罪名独立规制，袭警行为犯罪化使得维护警察执法权威有法可依，有利于促使行为人提升警察执法权威不容挑战、人身安全不容侵犯的思想认识，使其在面对警察执法时，更加审慎注意自己的行为，从而保障社会秩序有序运行。

（二）袭警罪独立化的价值

首先，适应现实需要，有效惩罚袭警犯罪。《刑修（九）》将袭警行为纳入妨害公务罪的框架体系内加以规制，由此可见，我国打击暴力袭警违法犯罪、维护警察执法权威的立法倾向和立法决心。然而，随着社会多元化发展，袭警行为呈现出类型多样、手段升级且暴力程度增加的趋势，此时妨害公务罪“暴力袭警条款”的刑罚规制就显得过于笼统、泛化，没有充分考虑警察执法的特殊性，对暴力袭警行为的打击力度已然不够强硬，惩治效果不佳，无法有效抑制袭警事件愈演愈烈的现状。从法益侵害视角来看，警察职务活动直接影响社会公共安全与公民合法权益，袭警行为较妨害其他公务活动的法益侵害程度更高，应当予以特别保护。且妨害公务罪起点刑过高，违法者袭警成本低，人民警察执法阻力大，无法满足当前的社会治理需求，为此，修订改进法律是顺势而为。

其次，明确构成要素，有利于准确定罪量刑。条文的独立设置使得袭警罪的构成要件更加明确化清晰化，更加精准体现本罪与妨害公务罪之间的差异，有利于完善袭警行为的刑法规制体系，便于司法机关针对性处理该类案件，更准确、有效地打击犯罪，增加对此类犯罪的打击力度和威慑力度。同时也进一步压缩了对犯罪行为选择性适用的空间，限制自由裁量权，避免司法机关处理案件时的随意性。

最后，实现预防功能，提升制度效率。一般预防是指通过刑罚的制定及适用，来防止社会上的一般人实施犯罪。在《刑修（九）》中，刑法对袭警行为的预防目的随着“暴力袭警条款”的规定一同被涵盖于对妨害公务行为的预防中，使得袭警行为的预防效果不佳，不足以有效震慑、防范此类犯罪。

而单独成罪后，则能够通过明示立法精确表述袭警罪的实行行为，在群众认知中树立警示形象，群众通过“袭警罪”三个字能更直观清醒地认识到袭警是犯罪行为，实现群众认知层面罪与非罪的划分，增加行为人对法律的畏惧，从而更加慎重明确自己的行为预期和进行行为选择，能够极大程度地威慑潜在犯罪分子，有效遏制和预防暴力袭警犯罪。

综上而言，面对日益猖獗的袭警犯罪和袭警暴力的升级，袭警罪增设正当其时。这一罪名的单设，是刑事立法精细化、科学化的具体体现，更符合人民警察执法特点，是对蓄意挑战执法权威、破坏法治秩序者的明确警示[①]，对于维护执法权威、保障警察合法权益具有里程碑意义。

二、实证考察：司法实践具体行为认定标准不统一

法律的生命在于运用。在整理分析袭警案件时，笔者发现，由于现行法律规定不够细致、缺乏配套司法解释，加之当前袭警犯罪多呈复杂化、多样化趋势，实践中存在具体行为认定模糊、入罪标准不统一等问题。一方面，可能会陷入实践滥用困境；另一方面，可能走向另一个极端，使本该为袭警罪所规制的行为得不到有效惩治。

依托威科先行数据库[②]，课题组以“袭警罪”“袭警行为”“妨害公务罪”“辅警”等为关键词检索了全国发生于2021年3月1日后的相关案例，随机抽取整理其中50份裁判文书作为样本，结合犯罪构成要件，总结袭警案件的特点，分析当前袭警罪司法适用中存在的问题，以提高研究的实证性。

（一）袭警案件的特点

一是从行为手段来看，50件随机抽取的袭警案件中，徒手袭击的案件

① 蒋熙辉：《准确认定袭警罪切实维护民警执法权威》，《人民论坛》2021年第9期。
② 威科先行 · 法律信息库，裁判文书：https ://www.wkinfo.com.cn/，访问日期：2022年10月30日。

数为 38 件，占样本案件总数的 76%；使用器械进行袭击的案件数为 4 件；驾驶机动车冲撞的案件数为 8 件。由此可见，司法实践对袭击方式的界定主要限于“有形暴力”，暴力性特征明显，常见情形有拳头击打、牙咬、踢踹、手抓等，以轻微暴力为典型，大部分伴随着言语上的辱骂。

二是从伤情后果来看，样本案件中民警受轻微伤的案件数为 22 件，受轻伤的案件数为 4 件，未达到轻微伤但有受伤的案件数为 15 件，另有 9 起案件，未造成损伤后果或者判决书中未提及损伤后果。未受伤的案件中，尽管受袭对象未遭到明显损害，但行为人确实实施了暴力袭警行为，由此可见，司法实践中对袭警罪的认定，并非以造成人身损害后果作为必要因素。

三是从袭击对象来看，仅民警被袭击的案件数为 14 件，占样本案件总数的 28%；民警和辅警同时被袭击的案件数为 21 件，占样本案件总数的 42%；受袭对象仅为辅警的案件数为 14 件，占样本案件总数的 28%；1 份判决书中仅以“执法人员”概括袭击对象，未列明是否民警。可见，袭击对象以民警为主，同时，在受袭对象仅为辅警的 14 起案件中，有 5 件案件被认定为袭警罪，另 9 件案件则被以妨害公务罪定罪量刑，判决差异较大。

四是从案发时间、场所来看，发生在处警或执勤等职务过程中的案件数为 35 件，占样本案件总数的 70%；8 件案件发生在传唤过程中；7 件案件发生在公安机关内部。这些数据反映出，实践中大部分袭警案件是发生在特定的执法活动中，但也有行为人是在被传唤过程中或被采取刑事强制措施时，在前往公安机关途中或在公安机关内部，对民警进行袭击的。由此可见，对依法执行职务时间点的认定，目前司法实务一般进行整体性考虑，没有机械地以工作时间或某一特定工作场景为判断标准。

（二）司法适用存在的问题

1.“暴力袭击”认定标准不一致

从数据可知，当前袭警案件行为方式主要呈暴力性，在具体案件中，对于“暴力”的范畴以及程度，还是存在认定标准不一致的情况。比如同样是拍打民警，在陈某某袭警案中，行为人在民警依法检查其电动车时，用手拍打民警头部，检察机关以暴力程度轻微，未造成伤害后果、未对民警执法职务造成实际影响为由，认定不构成犯罪[①]；而在佟某涉嫌袭警罪一案中，警方调解佟某不予配合，多次辱骂、拍打警察，则被司法机关认定构成袭警罪[②]。另外，在向某袭警罪一案中，面对交警设卡酒驾检查，向某言语威胁警察、破坏检查现场，但未造成伤亡情形，最终被认定为袭警罪[③]，这与大多司法实践所持的“袭警罪的行为方式限于对人的身体直接实施有形力”不一致。可以看出，对于袭警罪中的“暴力”范围及程度认定，司法实务目前尚不完全统一。

2. “人民警察”范围界定不清

在司法实践中，“正式警察”是袭警罪保护的对象，这是毋庸置疑的，但对于仅有辅警受袭的案件中，辅警是否是袭警罪的行为对象这一认定，实务仍有争议。比如，曾某某袭警一案中，行为人在警察强制将其带离现场时，将辅警右手手背咬伤，经鉴定，辅警损伤程度属轻微伤，法院认定构成袭警罪。[④]另李某某妨害公务罪一案，行为人在警察对其进行强制传唤过程中，将两名辅警咬伤，经鉴定，其中一名辅警之损伤构成轻微伤，最终被以妨害公务罪定罪量刑。[⑤]可见，同样是咬伤辅警，有的法院认定为袭警罪，有的则认定为妨害公务罪，由于理解上存在分歧，各地认定标准不一，导致出现“同案不同判”现象。

3. 案件定性存在不统一现象

在50个样本案件中，法院认定构成袭警罪的案件数量有37件，13件为妨害公务罪，其中有9件因袭击对象仅为辅警故而以妨害公务罪定罪处罚，其余4件在明显符合“袭警罪”构成要件的情况下认定为妨害公务罪。由于对法条理解存在偏差，对于同一行为场景，不同司法机关可能存在不同

---

① 翔检刑不诉〔2021〕79号。

② 佟某一审刑事判决书（2021）吉0322刑初201号。

③ 向某一审刑事判决书（2021）湘1281刑初52号。

④ 曾某某一审刑事判决书（2022）渝0113刑初771号。

⑤ 李某某一审刑事判决书（2022）鲁0211刑初6号。

的案件定性。比如，邓某某妨害公务罪一案中，行为人在警察准备强制将其带离现场时，采取手抓、脚踢的方式致民警、辅警身体多处受伤、流血，最终被认定为妨害公务罪。[①]而其他司法机关却将类似暴力行为认定为袭警罪。[②]说明当前司法实践对于案件定性并不统一，存在罪与非罪、此罪与彼罪界限模糊的现象，司法机关自由裁量空间较大。

三、袭警罪的司法适用分析

理解、适用与解释，是法律生命得以延续的重要方式，[③]但如前所述，司法实践对本罪个别关键问题尚不明确。从某种意义上来说，袭警罪可以认为是“国家权力和公民权利的冲突对抗在刑法中的显现”，因而在解读袭警罪时，必须慎重，以免损害二者之间的平衡与协调。[④]有鉴于此，笔者拟对袭警罪保护法益和条款中的“暴力袭击”“人民警察”“正在依法执行职务”“严重危及其人身安全”等关键问题进行解释分析，希望助益于司法实践。

（一）正确认定袭警罪保护法益

正确认定袭警罪的保护法益是准确适用袭警罪的基础，对于本罪的保护法益，“双重法益说”强调是人民警察的公务活动和人身安全。[⑤]“单一法益说”则认为袭警罪保护的是人民警察的公务（依法执行职务）。[⑥]对此，笔者

---

① 邓某某一审刑事判决书（2022）皖0422刑初267号。

② 刘某一审刑事判决书（2022）京0101刑初221号：在处置警情过程中，被告人刘某拒不配合工作并辱骂民警；在被传唤过程中，其又将民警左手腕抓伤。

③ 李想：《袭警罪的刑事政策、立法范式及司法适用》，《江苏警官学院学报》2021年第3期。

④ 丁胜明：《公务行为合法性认识错误问题的教义学分析》，《法学》2016年第4期。

⑤ 赵秉志主编：《〈刑法修正案（十一）〉理解与适用》，中国人民大学出版社2021年版。

⑥ 张开骏：《公务保护与人权保障平衡下的袭警罪教义学分析》，《中外法学》2021年第6期。

认同“单一法益说”，即本罪保护的法益仅为警察执法权。

其一，从体系化视角来看，袭警罪位于《刑法》分则第六章第一节，其保护法益应与第六章的保护法益即社会管理秩序具有同类性，加之袭警罪是从妨害公务罪中独立出来的，规定于《刑法》第 277 条第 5 款，罪状没有修改，且前 4 款仍为妨害公务罪条文，那么袭警罪所保护的法益应限于妨害公务罪的法益保护范围。其二，本罪条文规定中，紧跟“暴力袭击”之后的是修饰词“正在依法执行职务的”，而非“人民警察”，尤其强调了警察的职务执行，不难得出，本罪保护的法益是人民警察的职务活动。当然，司法实践中确实存在连带保护到民警人身权的结果，但这种保护并非本罪保护的目标性法益，① 而是一种连带性的保护结果。其三，袭警罪之所以单独成罪，是出于人民警察职务行为的特殊性，是代表国家公权力执行公务，相对于妨碍其他国家机关工作人员职务执行的危害性质更严重，而并非因为人民警察的人身安全较普通民众更重要，且公安机关以国家强制力为后盾，法律已赋予其较高的自我保护能力，将其人身安全纳入袭警罪法益保护范围，过于强调人民警察这一个体的特殊性，等于承认警察的人身安全比其他个体更为重要，有违法律面前人人平等原则。② 其四，在当前刑法体系中，有故意伤害罪、故意杀人罪等罪名对侵犯警察人身安全行为进行规制，如果把人身权益纳入本罪法益保护范围，会造成袭警罪与侵犯人身权利犯罪之间的罪名冲突与失衡，容易导致只要发生暴力袭警行为，都以袭警罪论处，不当扩大本罪的适用范围。

（二）严格把握“暴力袭击”标准

袭警罪以“暴力袭击”为行为要素，从文义上看，“暴力”指强制的力量；“袭击”则指突然、意外地打击，强调了力的突发性和击打性特征。理论界对“暴力袭击”的内涵与外延界定众说纷纭，主要集中于对“暴力”程

---

① 罗猛、毛添萌：《袭警罪的构成分析》，《人民检察》2021 年第 17 期。

② 张澍：《袭警罪的立法评析与解释适用》，《中国刑警学院学报》2022 年第 3 期。

度、“袭击”突发性、对象以及后果的讨论。在归纳分析众学者观点后，本文认为“暴力袭击”应作以下理解。

1.“暴力袭击”的含义

关于“暴力”标准的争议，主要存在四种观点：最广义说、广义说、最狭义说、狭义说，[①]就本罪而言，观点更多集中于“广义的暴力”和“狭义的暴力”。“广义的暴力说”认为，本罪暴力包括对人和对物实施暴力。[②]“狭义的暴力说”则强调只包括对人的身体不法行使有形力。[③]结合立法背景和司法实践经验，笔者认为，有别于妨害公务罪的“以暴力方法阻碍”，袭警罪作为单设罪名，强调“暴力袭击”，且法定刑高于妨害公务罪，所指“暴力”范畴相对妨害公务罪而言应作不同理解，即指对人的暴力，以及对物实施暴力的后果可归结于人身的情形，而不包括单纯对物的暴力，具体而言包含以下内容。

第一，对人民警察人身直接实施有形力。我国刑法普遍将暴力、威胁、胁迫，以及其他方法等犯罪构成要件并列使用，如抢劫罪要求“以暴力、胁迫或者其他方法抢劫公私财物”，说明上述行为方式在内涵及外延上并不等同。而妨害公务罪规定了“以暴力、威胁方法阻碍”，暴力与威胁两种手段并列，是两种完全不同的行为方式；袭警罪条款却并未明确规定“威胁”一词，可见“威胁”不属于本罪行为方式，本罪“暴力”自然也不包括“威胁”。如果将威胁等“无形力”纳入本罪的暴力范畴，将不当扩大本罪的打击范围。另外，本罪强调“积极主动的作为”，即追求造成对警察职务执行的阻碍，因而在警察执法活动中，执法相对人本能实施的挣脱、反抗、挣扎等“消极”动作，以及事出有因的由于情绪激动等原因与警察发生轻微的肢体冲突，比如推搡、拉扯等，出于期待可能性的考虑，在没有超过必要限度的情况下，即使存在一定的暴力性，也不宜认定为“暴力袭警”

① ［日］山口厚：《刑法各论》（第2版），王昭武译，中国人民大学出版社2011年版。
② 黎宏：《刑法学各论》（第2版），法律出版社2016年版。
③ 全国人大常委会法制工作委员会：《中华人民共和国刑法解读》（第4版），中国法制出版社2015年版。

行为。

第二，对物实施暴力的后果可直接归结于人身的袭击情形。如果暴力袭击的对象是与警察有直接关系的物，并且对该物实施暴力具有伤及警察人身安全的危险的，其行为结果可作用于警察人身的，也属于袭警罪的“暴力”范畴。比如，行为人驾车冲撞一辆内有警察的警车，这看似是对警车这一物施加的暴力，但由于冲撞警车具有危害警察人身安全、妨害警察职务执行的危险，实质上仍然属于“暴力袭击正在依法执行职务的人民警察”的范畴，故而成立袭警罪。加之，在对物实施暴力进而作用于人身时，这里的“物”可以理解为是行为人施加暴力的工具，也即通过物品将暴力传导至人的身上。[①]

第三，不包括单纯对物的暴力。一方面，妨害公务罪规定“以暴力、威胁方法阻碍国家机关工作人员依法执行职务”，落脚点在于“依法执行职务”，故无论对物还是对人，只要实施了妨碍公职人员依法履职的行为就构罪；而袭警罪条款则明确规定袭击指向的目标是“人民警察”，不包括物，如果将单纯的砸毁警车等对与警察有关的物的暴力行为解释为暴力袭警，不免超出了国民预测可能性，导致处罚范围过宽。另一方面，由于袭警罪法定刑较高，入罪标准也应当更高，即达到袭警罪中“暴力”的门槛也相应要高于妨害公务罪。但是，单纯对执法车辆、警械用具等装备实施打砸、损毁或者抢夺的行为仍可以妨害公务罪予以定罪处罚。

第四，本罪成立不以袭击的突发性为必要条件。有学者认为，“袭击”是对袭警罪中暴力的限定，说明本罪暴力应具有突发性，即“行为人对警察实施了突然攻击行为”。[②]对此笔者并不苟同，将本罪的实行行为限于出乎意料的突然打击行为，压缩了袭警罪的保护范围。本罪成立目的在于保护人民警察执行职务的秩序，即使不突发，暴力仍可能对警察的职务活动造成阻碍。“突发”标准难以界定，如果以警察是否察觉来认定，警察职业的特殊

---

① 张澍:《袭警罪的立法评析与解释适用》,《中国刑警学院学报》2022 年第 3 期。

② 刘艳红:《袭警罪中“暴力”的法教义学分析》,《法商研究》2022 年第 1 期。

性本就使得他们较一般人对危险的发生更为警觉，[①]若将警察可能发觉的暴力袭击排除在本罪规制范畴之外，不利于实现法益保护目的；而如以行为人预先的语言或行动表明来认定，会造成实践中行为人在袭击前“不放我走我就打你们”诸如此类的狠话，反而使得后续的暴力袭击无法以袭警罪加以规制的吊诡结果，这于法于情都难以让人接受。因此，本罪的“袭击”应指广义上的攻击行为，并不限于“突然打击”。

2.“暴力”后果的认定

对于袭警罪的客观行为后果，理论界主要存在“抽象危险说”和“具体危险说”两种观点。笔者认为，本罪的基本犯属于抽象危险犯，析言之，只要暴力袭击行为存在阻碍警察执行职务的抽象危险即可构成本罪，不要求达到足以抑制对方反抗的程度，更不要求造成轻微伤的后果。“具体危险说”要求行为人实施的暴力袭击行为，必须达到使警察的执法活动遭受明显阻碍的程度，[②]这样大大提高了袭警罪的入罪门槛，压缩了适用空间，使得大量袭警行为得不到应有的规制。因此，关于本罪的成立，应以行为是否具有妨碍警察执行职务的抽象危险作为判断标准。

（三）厘清“人民警察”范畴

根据公安部数据显示，“2021 年，全国公安机关共有 261 名民警、131 名辅警因公牺牲，4375 名民警、3420 名辅警因公负伤，辅警牺牲占比 33%、负伤占比44%”[③]。本罪的行为对象是人民警察毋庸置疑，人民警察的定义规定于《中华人民共和国人民警察法》（以下简称《人民警察法》），[④]在此不再赘述。而对于“辅警是否可以纳入袭警罪对象”，理论界和实务界却是莫衷

---

① 段甜甜：《袭警罪的刑法教义学分析》，《山西警察学院学报》2021 年第 2 期。

② 张明楷：《袭警罪的基本问题》，《比较法研究》2021 年第 6 期。

③ 公安部：《2021 年 261 名公安民警 131 名辅警因公牺牲》，https：//www.mps.gov.cn/n2253534/n2253535/c8315636/content.html，访问日期：2022 年 11 月 23 日。

④《人民警察法》第 1 章第 2 条第 2 款规定，人民警察包括公安机关、国家安全机关、监狱、劳动教养管理机关的人民警察和人民法院、人民检察院的司法警察。

一是。“身份说”认为只有具有人民警察身份，在正式编制内的才能被称为“人民警察”，将辅警纳入本罪的警察范畴属于类推解释，突破了罪刑法定原则。[①]“职务说”则认为暴力袭警条款的目的在于保护警察的职务活动而非警察的身份。[②]“折中说”则强调要兼顾对象的身份与职务。本文观点认为，认定袭警罪行为对象要着重考察辅警行为的职务性而非机械“唯身份论”。理由如下。

第一，从现实执法需求来看，面对日益复杂的社会治安环境，仅靠人民警察队伍，将不胜其力，难以应付。出于无法满足执法需求的考虑，辅警队伍日渐庞大，为公安机关日常工作提供了重要警力补充，在打击违法犯罪、维护治安秩序等方面发挥着不容忽视的作用，有效缓解了繁重的警务工作与警务人员不足的矛盾，其工作难度和工作强度不亚于人民警察。如果一味将辅警排除在袭警罪保护对象之外，并不符合社会现实和司法实践。另外，通常情况下，袭警犯罪具有随机性、偶发性，多发生于如酒驾等情形中，行为人实施暴力袭击时无法理性区分，导致辅警同样可能面临各种不确定风险，与警察处于同等危险境地。因此，将依法执行公务的辅警纳入“人民警察”范畴，也符合普通民众的预期和一般认知。

第二，从袭警罪保护法益来看，本罪侧重对警察执法权的特殊保护，而非警察的人身安全。辅警在民警指挥、监督下开展的执法活动，本质上和民警的执法活动并无区别，都是为了打击违法犯罪、保护人民群众生命财产安全。因此，应以“执法共同体”的概念，对“正在依法执行职务的人民警察”的范畴进行实质性判断，当辅警是在民警的指导和监督下，协助民警从事其职责范围内的辅助性工作时，可以认定二者是作为“执法共同体”一起执行职务，其行为应被视为人民警察执法活动的延伸。二者在执法活动中，是统一的整体，只有地位之分而无性质之别，如果对辅警协助警察、一同执法的基本事实完全在所不问，只因外在没有正式警察的身份或编制就予以差别对

① 石魏:《暴力袭警的准确认定》,《人民司法》2020 年第 11 期。

② 王展:《暴力袭警问题的刑法学思考》,《刑法论丛》2019 年第 2 卷。

待，是对辅警协助警察行使执法权的合法性的否定。[①]

第三，从平等保护原则的角度来看，如果把袭警罪的保护对象限于“正式警察”，那么可能会造成“同事不同罪”“同案不同判”的情况。[②]在同一个执法现场里，行为人同时对民警、辅警实施暴力袭击，根据现行法律可以认定构成袭警罪，可能判处3年以上7年以下有期徒刑；但实践中不乏辅警与民警一同出警时，仅辅警遭遇袭击的情况，如将袭警罪保护对象限于“正式警察”，那么根据当前《刑法》规定，只能以妨害公务罪对袭击辅警的行为定罪，处以3年有期徒刑以下的刑罚。由此可见，仅因受侵害对象身份不同而区别定罪量刑，会导致罪刑失衡，明显违背刑法平等保护的原则。因此，出于对警察职业的良性发展和合法权益的周延保障考虑，应当将依法执行职务的辅警纳入“人民警察”范畴。

第四，需要注意的是，对于辅警单独执行职务的及从事不属于其职责范围内工作的，由于缺乏合法性依据，则不能认定为袭警罪。

综上所述，辅警虽然不具有“正式警察”的身份，但当其在“正式警察”的指导和监督下，依法从事其职责范围内的职务行为时，为保护正常执法活动的顺利运行，应当为其提供与“正式警察”同等的合法评价与法律保护。

（四）合理界定“正在依法执行职务”

“正在依法执行职务”对袭警罪在时间条件和职务活动的性质两方面进行了限制，目前，学界对于执行职务的时间点、职务活动的合法性，以及判断标准等问题颇有争议。

首先，对于“正在”的理解。有观点认为，如果把为执行职务而进行的准备活动认定为正在执行职务，会使得边界过宽，不当侵犯民众的行为自

① 钱叶六：《袭警罪的立法意旨与教义学分析》，《苏州大学学报（哲学社会科学版）》2021年第5期。

② 张宏波：《袭警罪的理解与适用》，《中国检察官》2022年第15期。

由。[①]也有学者认为，应当把“从准备执行公务开始到执行行为完成的整个状态”都认定为“正在”执行。[②]综合考虑立法目的，笔者认为，对袭警罪中的“正在”应适当进行扩大解释。一方面，不能以片面、割裂的眼光看待职务行为的开始与结束，警察职务活动的完成必然会经历一个前、中、后的发展过程，对于一些与执行职务密切相关的事前准备和事后处理行为，应充分考虑该行为与核心职务行为之间的联系性、紧迫性和重要性等因素进行整体的综合分析。另一方面，也不能简单地根据上下班时间来认定警察是否“正在”执行职务，关键要义应在于该行为是否具有职务性。根据《人民警察法》[③]和《最高人民法院、最高人民检察院、公安部关于依法惩治袭警违法犯罪行为的指导意见》规定[④]，警察凡遇紧急情况无论何时都应当积极履行职务。而如果将本罪受保护的执行职务时间点严格限定在上班时间，就等于既要求警察履行非工作时间的职务，又不给予该职务行为应有的合法评价与法律保护，这将导致责任与保护失衡，无益于职务行为顺利运行。从另一个角度讲，保护警察非工作时间的职务行为恰是对警察时刻积极履职的正面鼓励，有助于维护社会稳定。

其次，关于职务行为合法性的认定。本罪保护的是人民警察正在执行的合法的职务行为，申言之，如果警察“非法”或“违法”执行职务，就不在袭警罪保护范围。因为人民警察“非法”“违法”执行职务，非但不能彰显法律权威，反而损害了正常的警务活动秩序，不值得刑法保护。判断合法与否，形式程序与实体内容缺一不可。具体而言，人民警察在执行职务时，一要具备抽象的法律规范授权，《人民警察法》等法律法规规定了警察的职责

① 李永升、安军宇:《暴力袭警行为法律性质与内涵的教义解读》,《海南大学学报（人文社会科学版）》2019年第1期。

② 赵秉志:《刑法分则问题专论》，法律出版社2004年版。

③《人民警察法》第19条规定，人民警察在非工作时间，遇有其职责范围内的紧急情况，应当履行职责。

④《最高人民法院、最高人民检察院、公安部关于依法惩治袭警违法犯罪行为的指导意见》第5条规定，民警在非工作时间，依照《人民警察法》等法律履行职责的，应当视为执行职务。第6条规定，在非职务期间，人民警察若因职务行为遭受侵害，应按其具体犯罪构成选择相应的罪名进行定罪。

权限，如超越此权限执行职务，显然不符合“依法”要求；二要具备法律规定的具体权限，即警察在具体法律行为中拥有的权限；三要程序合法，即要遵循法律规定的重要条件、方法，以及程序，履行相应的审批、告知手续。需要注意的是，“瑕疵执法”也是当前警察执法实践中经常发生的现象，对此，我国学者认为，从公务保护与人权保障相均衡来看，只要符合保护执行相对人权益所必要且重要的程序条件，就可以认定为依法执行职务。[①]当前，我国群众法治素养参差不齐，执法环境复杂，民警在执法过程中难免会存在方法或言语上的细微瑕疵，民警只是普通人，并非法条机器，要求民警职务行为完全符合法律标准未免过于严苛。因此，对于职务行为合法性和“瑕疵执法”的界定，可以给予一定程度的宽容，“瑕疵执法”只要没有违反必要且重要的程序条件，可通过补正予以纠正的，则不影响其合法性，对于暴力袭击正进行“瑕疵执法”的人民警察的，也应当认定为袭警罪。

最后，要以何标准来判断职务行为的合法性呢？我国通说认为，应当以客观依据为判断标准，而不能以执法警察或社会一般人的主观认知为标准。[②]此观点有可取之处，能够以法律法规为判断依据对职务行为的合法性予以客观评价，较“主观说”“折中说”而言避免了主观随意性，彰显司法之公平正义，虽也存在事后判断导致裁判结果实体不公的问题，但结合司法实际，“客观说”总的来说还是职务行为合法性判断的最优路径。那么，需要进一步明确，进行合法性客观判断的时间基准是什么？“裁判时标准说”认为要立足于裁判时的具体情况，[③]笔者并不认同这个观点。举例来说，根据现有证据能够证明甲是犯罪人，警察对其依法采取强制措施，进入诉讼程序后发现犯罪人是乙，此时如采取“裁判时标准”，警察执法行为违法，不值得保护；如采取“行为时标准”，则警察执法行为合法。回过头来看，该警察当时的执法行为于法有据、手续齐备，如此却不受法律保护实在令人难以接受，“裁判时标准”属于纯粹的事后客观判断，在维护执法相对人利益的同

① 张明楷：《刑法学》（第6版），法律出版社2021年版。
② 赵秉志：《扰乱公共秩序罪》，中国人民公安大学出版社2003年版。
③ 张明楷：《刑法学》（第6版），法律出版社2021年版。

时却忽视了对警察职务行为的保护，不利于警察职务的顺利执行，而“行为时标准说”，则充分考虑了职务行为发生时的具体情况，兼顾了公务保护和人权保障，[①]因此以行为时的客观状况为判断基准更为合理。

（五）袭警罪加重犯的认定与适用

《刑修（十一）》在基本犯之外，还采取“手段列举＋后果概括”的形式规定了袭警罪的加重犯[②]，体现了刑法对人民警察这一特殊群体予以重点保护的刑罚规制力度，同样需要注意准确把握适用这一加重处罚情形。

第一，“使用枪支、管制刀具，或者以驾驶机动车撞击等手段”是袭警罪加重处罚的形式要件，即只有行为人使用了枪支、管制刀具或者以驾驶机动车撞击等手段袭警，才能考虑予以加重处罚。而“等”字有列举未穷尽之意，必须审慎理解认定“等手段”这一兜底性规定，要与前述列举的手段进行相当性比较，在规范保护目的的统领和例示条文的限制下进行同质性解释，[③]避免过度扩张犯罪手段的范围。具体到本罪中，即要求其他兜底性手段应当与“使用枪支、管制刀具或驾驶机动车撞击”三种列举手段的程度具有相当性，要具有严重危及警察人身安全的危险。

第二，构成袭警罪加重犯要求袭击行为严重危及了人民警察的人身安全，此为实质要件，指给人民警察的人身安全造成了现实、紧迫、具体的危险，而不要求造成实害结果。据此，在个案中判断是否予以加重处罚时，不能仅根据“使用枪支、管制刀具”“驾驶机动车撞击”或者采取其他同质的手段等形式条件就适用法定刑升格条件，而应当具体情况具体分析，实质判断行为人采取的手段是否具有严重危及警察人身安全的危险性。

第三，对于列举手段与“严重危及人身安全”的关系，笔者认同“限缩

---

① 张开骏：《公务保护与人权保障平衡下的袭警罪教义学分析》，《中外法学》2021 年第 6 期。

② 即“使用枪支、管制刀具，或者以驾驶机动车撞击等手段，严重危及其人身安全的，处三年以上七年以下有期徒刑”。

③ 梅传强、刁雪云：《刑法中兜底条款的解释规则》，《重庆大学学报（社会科学版）》2021 年第 3 期。

关系”的观点，即“严重危及人身安全”是对列举手段的限缩，是实质要件对形式要件的限缩。[①]在实践中要对袭警行为考虑加重处罚时，应根据使用的手段从形式上先判断行为人的行为，符合法条所列举的情形或者相当的情形后，再从实质上判断该行为是否严重危及警察的人身安全，只有同时符合形式要件和实质要件的袭警行为，才具有升格法定刑的可责性。

四、袭警罪的入罪门槛和犯罪竞合

（一）袭警罪的入罪门槛

刑法是最严厉的法律，适用也更为严格。正如德国学者耶林所言，“刑罚如双刃之剑，用之不得其当，则国家与个人两受其害”。对于袭警罪而言，适用过于宽松，入罪门槛低，不仅无法达到惩治预期，导致犯罪治理目的弱化，还影响警察执法形象，加剧本就紧张的警民关系，有违立法初衷；过于严苛，则可能导致个别民警执法不规范，甚至滥用袭警罪规定，肆意侵害公民合法权利，有违刑法谦抑性原则。立法不是万能的，无法穷尽所有可能发生的袭警情形，还需要严守司法适用边界。司法机关在司法适用时应严格依照法律规定，准确认定袭警罪及适用加重处罚要件。

从现有司法判决来看，部分司法机关有时并没有很好地处理袭警犯罪与一般违法行为之间的区分，对于一些只是轻微的撕扯或肢体接触行为都予以入罪。结合上文对本罪构成要件的分析及司法实践经验，笔者认为，应当从实体和程序两个层面对袭警罪的入罪进行严格限定，彰显刑法的谦抑性。在实体层面，因为难以期待行为人面对警察执法不采取任何反抗动作，故对于一般的肢体对抗冲突、单纯的推搡等类似轻微暴力行为，不能一概认定构成“暴力袭击”，需要结合其主观恶性大小、袭击行为的暴力程度、警察伤情轻重，以及社会危害性等进行综合考察。当袭警行为社会危害程度不高，尚未造成阻碍警察职务活动的危险时，应当作为一般违法行为给予治安管理处

---

① 张永强：《袭警罪的规范演进与理解适用》，《重庆大学学报（社会科学版）》2022 年第 1 期。

罚，[①]合理衔接袭警违法犯罪的行刑关系。从程序法角度来说，应当准确把握宽严相济刑事政策，灵活适用认罪认罚从宽制度，对主观恶性较小、情节轻微、社会危害不大的袭警行为应当以教育引导为主，充分发挥微罪不诉制度的作用，慎重批捕、起诉，彰显法治温度。

（二）袭警罪与其他犯罪的关系

1. 袭警罪与妨害公务罪的竞合

袭警罪是脱胎于妨害公务罪的罪名，在《刑修（十一）》前，暴力袭警行为是按妨害公务罪处理的，而单独成罪后，一个暴力袭警行为可能同时触犯袭警罪和妨害公务罪，二者可能判处的刑罚也不同，因此，有必要厘清两罪之间的关系。笔者认为，袭警罪和妨害公务罪是一般与特殊的法条竞合关系。前文有述，本罪的保护法益含于妨害公务罪的保护法益范围之内；而就犯罪对象而言，袭警罪的对象仅限于人民警察，妨害公务罪的对象则是含人民警察在内的国家机关工作人员；从犯罪手段来看，袭警罪限于使用暴力手段袭击，妨害公务罪则包括暴力和威胁方法。可以看出，袭警罪的构成要件完全可被妨害公务罪所包含，二者在保护法益、保护对象、犯罪手段上都存在包容关系。因此，两罪应属法条竞合关系，妨害公务罪属于一般法条，袭警罪属于特殊法条，当一个犯罪行为同时触犯了妨碍公务罪和袭警罪时，按照特别法优于一般法原则，应当优先适用袭警罪。但袭警行为并

---

① 《人民警察法》第 35 条规定：“拒绝或者阻碍人民警察依法执行职务，有下列行为之一的，给予治安管理处罚：（一）公然侮辱正在执行职务的人民警察的；（二）阻碍人民警察调查取证的；（三）拒绝或者阻碍人民警察执行追捕、搜查、救险等任务进入有关住所、场所的；（四）对执行救人、救险、追捕、警卫等紧急任务的警车故意设置障碍的；（五）有拒绝或者阻碍人民警察执行职务的其他行为的。以暴力、威胁方法实施前款规定的行为，构成犯罪的，依法追究刑事责任。”《治安管理处罚法》第 50 条规定：“有下列行为之一的，处警告或者二百元以下罚款；情节严重的，处五日以上十日以下拘留，可以并处五百元以下罚款：（一）拒不执行人民政府在紧急状态情况下依法发布的决定、命令的；（二）阻碍国家机关工作人员依法执行职务的；（三）阻碍执行紧急任务的消防车、救护车、工程抢险车、警车等车辆通行的；（四）强行冲闯公安机关设置的警戒带、警戒区的。阻碍人民警察依法执行职务的，从重处罚。”

不绝对排斥妨害公务罪的适用，如果行为人的袭击行为不具有对人民警察人身安全的暴力性，如仅是对警用装备实施暴力或者对警察进行言语威胁等，虽不构成袭警罪，但因妨碍了民警正常的职务行为，仍可以妨害公务罪定罪处罚。

2. 袭警罪与故意伤害罪、故意杀人罪的区分

在实践中，当一起袭警案件发生时，很多时候会伴随着民警伤亡的结果，可能构成故意伤害罪或故意杀人罪，此时，就产生了袭警罪与两罪之间的罪数关系问题。首先，应当正确区分袭警罪与故意伤害罪、故意杀人罪。一是故意内容不同，袭警罪以妨害人民警察依法执行职务为主观目的，而故意伤害罪和故意杀人罪则以侵害他人人身权益为犯罪故意。二是保护法益不同，袭警罪保护人民警察执行职务的活动秩序，故意伤害和故意杀人的保护法益为人身权益。三是法定刑升格条件不同，袭警罪与故意伤害罪的基本刑同为3年以下有期徒刑、拘役或者管制；但从升格幅度差异来看，袭警罪加重处罚后处3年以上7年以下有期徒刑，故意伤害罪对造成重伤危害后果的处3年以上10年以下有期徒刑，故意杀人罪最高可判处死刑。对比可以得出，袭警罪“严重危及人身安全的”危害后果小于故意伤害罪“致人重伤”以及故意杀人罪的危害后果。

其次，探讨罪名的选择问题。要具体问题具体分析，充分考量主观故意、行为手段、暴力程度、警察伤情，以及影响职务执行的程度，综合判断犯罪性质，予以准确定罪量刑。根据实践中袭警行为伤亡结果的严重程度，可以分为三种情况：一是暴力袭警行为未造成轻伤后果，但已经妨碍了警察依法履行职务，又由于未达到故意伤害罪的入罪标准，故只能以袭警罪定罪量刑。二是暴力袭击警察致其轻伤的，应当认定成立袭警罪与故意伤害罪的想象竞合犯，择一重罪论处，而出于对保护警察执法权威的重视，笔者认为，在仅成立袭警罪基本犯且造成轻伤结果的情况下，以袭警罪定罪处罚更加合适。三是暴力袭警造成警察重伤或死亡后果的，按照罪刑相适应原则，应排除适用袭警罪，认定行为人构成故意伤害罪或故意杀人罪。

五、袭警案件管辖问题

除了上述实体层面的适用外，笔者认为，正确适用袭警罪，还需要考虑袭警案件的管辖问题。在我国，公安机关办理刑事案件采取属地原则，即由犯罪地的公安机关立案侦查。而在袭警案件中，受袭警察通常是在其就职公安机关的管辖区域内执法，当其遭到暴力袭击时，也是由其所在的公安机关立案侦查，此时，不得不正视可能造成的程序不公的法律后果。

袭警罪表面看似是对警察个人的袭击，实则是对该警察所在机关行使职权的暴力阻碍，其本质是对该公安机关职权行使秩序的侵害。因此，在侦办袭警案件时，侦查人员或出于同事情谊，或出于“报仇”心理，可能无法完全保持理性和中立。西方法谚有云，“任何人不得做自己案件的法官”。不客观的立场可能导致侦查人员更加注重收集袭警行为人有罪或罪重证据，甚至有意无意“放大”行为人之过错，而对无罪或罪轻证据视而不见。由于袭警案件直接涉及警民关系，较其他案件社会关注度更高、社会舆论更为敏感，其办理程序的公正性就更值得加以考虑；否则，极易引起群众质疑。例如，2022 年 6 月 21 日发生的“丹东父女二人袭警案”中，就有此类声音。[①] 暂且抛开案件实际，一旦舆论开始站在公安机关的对立方，加之确实存在“自己侦查自己”“既当运动员又当裁判员”的情况，无论最后实体结果如何，公众的质疑都无法根除，而即使侦查人员确实在侦查过程中保持了客观中立，严格依法办理，但公众却未必能够相信。

---

① 王学堂：《即便是老人家构成袭警罪，丹东振兴区公安分局也应当回避》，这起袭警案件的受害人是一经街边境派出所，而展开调查的也是一经街边境派出所，作出“郝某莉因阻碍执行职务予以行政拘留十日；郝某成因涉嫌袭警罪被采取刑事强制措施”决定的要么是一经街边境派出所，如果不是，也是其上级振兴区公安分局根据一经街边境派出所的调查结果作出的处理意见。无论是一经街边境派出所，还是丹东市公安局振兴分局，他们与受害民警都是同事或者说同一单位的关系。这样的关系，你怎么敢保证一定公正执法？参见“法律学堂”微信公众号，https：//mp.weixin.qq.com/s/_9GDgEMBbnBNYo5pKI86YA，访问日期：2022 年 6 月 26 日。

因此，为减少公众对警察执法办案的质疑，希望未来立法可以注意到袭警案件的特殊性，建议作出不同于普通刑事案件追诉的特殊程序设置，[①]明确规定受袭警察所属公安机关回避，实行异地管辖，以实现程序公正和实体公正。

六、未来袭警犯罪的治理设想

一是完善配套制度，明确法律适用标准。由于缺乏统一的裁判尺度，从暴力袭警行为被纳入妨害公务罪规制范围，再到后来独立成罪，理论界和实务界对袭警犯罪法律适用等问题的争议就从未止息，各地司法机关对于袭警罪的认识存在偏差，以致司法实践当中定罪量刑尺度不一，“同案不同判”已成各地常态，严重影响刑法的震慑效果和权威性。因此，应尽快出台细化具有可操作性的相关司法解释或指导意见，以对袭警罪的理解适用作出具体指引，统一本罪要求的“暴力袭击”“人民警察”，以及“正在依法执行职务”等问题的范畴，严格入罪标准，明确侦查机关回避问题，同时以指导案例等方式进行详细规范，从而实现细化司法操作、统一司法执法标准、科学准确施刑的目的。

二是完善执法监督机制，防止公权力滥用。权力如果缺乏有效监管，必然滋生腐败，损害社会公正。实践中不乏个别法律素养不足的警察滥用袭警罪规定成为他们侵害公民合法权利的“挡箭牌”。因此应当建立健全相辅相成的监督机制，将权力关进制度的笼子里，在维护警察执法权威和保障公民基本权利中找到平衡点，促使民警在合法框架内安全执法，确保法律不被滥用。一方面，可以聘请吸收律师等社会人士，成立独立的外部监督机构，监督人民警察依法规范公正文明执法，积极引导人民群众通过合理合法渠道反映问题，依法提起行政复议或行政诉讼维护合法权益[②]；另一方面，

① 韩旭：《袭警罪追诉的程序正当性问题》，参见“司法兰亭会”微信公众号，https：//mp.weixin.qq.com/s/gSyIgiBeTlsGodEu-p9flQ，访问日期：2022 年 6 月 25 日。

② 彭勇：《正确把握袭警罪设立的必要性及法律适用》，《法制与社会》2021 年第 3 期。

加强执法办案同步录音录像工作，定期进行内部审查，强化自我监督，警察在执法过程中要改进执法方式，加强释法说理，在面对作为弱势一方的群众时应保持一定的宽容和克制，所谓克制并非示弱，而恰恰是融洽警民关系的必要之举。

三是强化行刑衔接机制，提高袭警犯罪处置质效。一方面，要强化行政执法与刑事司法有效衔接，结合具体情况，综合考量违法情节及主观恶性大小，注意区分袭警的一般违法行为与刑事犯罪行为，明确行政处罚与刑事处罚界限。同时根据现实需要，完善治安管理处罚法，明确袭警行为的具体违法情形以及相应的行政处罚措施，适当调整行政处罚幅度，实现行刑有序衔接，完善对袭警行为从行政责任到刑事处罚的惩罚体系。[①] 另一方面，积极推动“两法衔接”制度规范运行，充分发挥“两法衔接”作用，完善案件线索移送、信息共享等事项，强化沟通协调，畅通行政机关与司法机关的信息共享链路，从而实现对袭警违法犯罪行为的有效惩治。

四是落实“宽严相济”标尺，促进社会治理。袭警罪作为一类特殊的犯罪，极易引发社会舆论，关系着警民关系和谐与否，必须妥善处理。因此，司法机关在办理袭警案件时，必须更加理性审慎，贯彻宽严相济刑事政策，坚持少捕慎诉慎押理念，综合考量主观恶性、行为方式、犯罪情节、危害后果、社会危害性等因素，分析评判行为人的社会危害程度，准确适用强制措施，从严把握入罪标准。同时，公检法机关之间应当加强沟通和协调，推动建立联席联动机制，统一证据标准及执法司法尺度，具体可通过会议纪要、联合发文等形式统一认识，避免因对入罪标准理解不同、证据标准掌握不一致、犯罪构成认识差异而导致在事实认定和案件定性上出现较大分歧。

结论

面对愈演愈烈且暴力日渐升级复杂的袭警犯罪，以及刑事立法的自我完

① 李建超、刘欢:《袭警罪如何理解和适用》,《检察日报》2021 年 12 月 21 日。

善需求，袭警罪的增设很有必要。但立法并非一劳永逸，袭警案件较其他案件也更易引发社会舆论，如果无法准确理解适用，那么将会适得其反，激发警民矛盾、影响社会和谐。对此，必须明晰袭警罪的法律适用路径，厘清入罪标准、构成要件等关键问题，严格限制打击范围，正确处理袭警罪与其他罪名之间的关系，以实现维护执法权威与保障人权之平衡。

协商民主

人民政协专门协商机构制度研究综述

赵连稳　李剑群*

“制度研究”是社会学研究的重点，也是政治学的重要组成部分。专门协商机构是对人民政协在国家政治体制和政治架构中的性质与功能的最恰当表述，明确了人民政协的民主性质、协商特征和专门属性，综合承载新时代人民政协的性质定位，“是新时代赋予人民政协职能定位的新内涵”。推动人民政协这一具有中国特色的制度安排更加成熟、更加定型，发挥好专门协商机构作用是新时代人民政协的新方位、新使命。人民政协要发挥好专门协商机构作用，必须建立专门协商机构制度。专门协商机构制度首先是政治体制的一种制度安排与机构设置；其次是要有具体的工作制度作保障，包括组织架构、运行机制和专业队伍等方面的制度，专门协商机构才能发挥好作用。本文中的专门协商机构制度是指专门协商机构的工作制度。

一、关于专门协商机构制度内涵

人民政协专门协商机构制度是社会主义协商民主制度的重要组成部分，是“中国之治”的制度保障。社会主义协商民主之所以能够在理论上和实践中超越西方协商民主，重要的原因就是有专门协商机构制度起作用。关于专

* 赵连稳，北京联合大学政治文明建设研究基地教授、常务副主任；李剑群，福建省仙游县人民检察院，研究方向为检察实务。

门协商机构的制度内涵，林非从以下三个维度进行了解析。

第一，从“专门”的维度看，政协具有协商机构的专属性和专业性。首先，人民政协具有专门机构的专属性。我国的党委、政府和事业单位，许多都是民主协商的载体，但只有政协是独一无二的专门协商机构。社会主义协商民主的渠道有 7 种，但只有政协协商是以专门协商机构为载体。政协作为专门协商机构，承担着经常性的协商任务，以开展协商作为主要工作内容，以搭建协商平台作为主要的工作方式。这是政协协商与其他协商渠道的最显著区别。其次，人民政协具有协商机构的专业性：一是具有相对完备的制度保障、组织架构、运行机制和专业队伍；二是具有形式多种多样、规范性和可操作性较强的协商体系；三是具有专业性的委员队伍。

第二，从“协商”维度看，人民政协具有协商的基本特性。首先，协商是人民政协与生俱来的基本特性。“协商”是人民政协的题中应有之义，作为爱国统一战线组织、多党合作和政治协商的机构、发扬人民民主的重要形式，协商贯穿始终。其次，协商是人民政协履职的主责主业。政治协商、民主监督、参政议政三项主要职能归根到底都是民主协商的表现形式。只有抓住协商这个关键环节，将其作为政协履行职能的基本方式，才能提纲挈领，做好政协工作。最后，协商是人民政协的民主政治理念。把协商作为凝聚共识的方式，是中国特色社会主义民主政治的一大特色。政协协商通过建言资政，在扩大参与、平等包容、整合利益和化解矛盾的同时，最大程度凝聚共识，能够容纳各种社会诉求，协调整合不同利益，充分彰显了具有中国特色的社会主义共识型民主政治理念。

第三，从“机构”维度看，人民政协具有国家机构属性。首先，从国家政治制度体系看，人民政协是实行多党合作和政治协商制度的重要形式，是共产党和各民主党派、各界代表人士进行政治协商的专门机构，是国家基本政治制度在机构设置和政治运作上的专门安排。其次，从国家治理体系看，人民政协在其中具有独特的政治功能和组织作用。在我国国家治理体系中，政协不是权力机关，而是专门协商机构，主要是通过民主协商和有序参与，使中国共产党的政治主张和路线方针政策成为各党派团体和各族各界人士的政治共识和行动指南。人民政协在国家治理体系中突出体现了多元主体协商、互动和共治的现代治理理念和治理现代化的特征，是推进国家治理现代化的重要制度资源。最后，从社会主义民主制度体系看，人民政协是社会主义协商民主的实现形式和专门机构。人民政协作为协商民主的重要渠道和专门协商机构，通过人民内部各方面的有序政治参与，广泛进行政治协商，实行民主决策、民主管理、民主监督，有效保障人民在日常政治生活中享有广泛的知情权、参与权、表达权和监督权。人民政协是协商民主体系的重要组成部分和重要制度平台，充分体现我国两种民主形式相辅相成、相得益彰的制度特点和优势。①

二、关于专门协商机构制度的治理效能

人民政协通过专设的组织体系、专门的协商平台和专有的机制程序，组织人民内部各方面开展有序政治参与，集中体现了人民政协的民主性质、协商特征和专门属性。在社会主义协商民主体系中，政协协商是组织性最强、制度化最高、协商主体最专业的协商渠道，能够充分发挥社会治理效能。李雯认为，人民政协专门协商机构制度涉及人民政协发挥专门协商机构效能的一整套行之有效的制度设计，是当代中国政治制度领域独具特色和优势的重要组件，具有扩大有序政治参与、促进科学民主决策、优化协商监督、凝聚共识共为四重效能。②首先，李雯认为，人民政协专门协商机构制度具备扩大有序政治参与效能。有序政治参与是公民或公民团体在既定政治系统所许可的政治框架内，以合法和理性的形式，通过制度化渠道有序参与社会政治生活、影响政治系统公共决策和公共权力运行的公民政治行为。有序政治参与是现代政治文明发展的重要内容，人民政协作为专门协商机构，通过专业化、制度化、程序化的政治协商，着力构建利益代表和利益表达的整合机

① 林非：《从三个维度解析专门协商机构的制度内涵》，《政协天地》2020 年第 9 期。
② 李雯：《人民政协专门协商机构制度建设研究》，《理论与现代化》2021 年第 2 期。

制，将社会各界的利益诉求有效地反映出来。借专门协商机构制度这一制度设计，政协委员或者各专门委员会深入基层、深入群众，广泛搜集社情民意，通过递交提案、调研报告，召开座谈会等多种形式，将民众自发的、非制度化的政治参与转化为有序的、制度化的政治参与，从而避免“街头政治”的发生，防止“无察觉危机”的突然爆发，保证人民广泛持续深入有序参与社会政治生活，提高政府管理公共事务的绩效。[①]马雪松认为，人民政协专门协商机构制度具有政治协商功能。人民政协作为专门协商机构具备通过多种协商方式与各界别进行广泛沟通协作的优势，能够使广大人民群众和各界人士广泛参与，达到在中国共产党的领导下多元主体合作共治的协商民主目标。[②]其次，李雯认为，人民政协专门协商机构制度具备促进科学民主决策效能。决策的科学化、民主化，有助于增强政权的合法性，有助于提高政府行政能力，有助于降低政治冲突风险，是推进国家治理体系和治理能力现代化的重要路径。作为专门协商机构，人民政协围绕改革发展稳定重大问题和涉及群众切身利益的实际问题，主要通过全体会议整体协商、常委会会议专题协商、主席会议重点协商、专委会对口协商等方式，在决策之前和决策实施之中广泛协商、凝聚共识，有助于激发决策系统活力、增强决策机制韧性，有助于减少决策失误、弥补决策疏漏，有助于推进国家治理体系现代化，实现从“管得了”到“管得好”的重要飞跃。[③]马雪松认为，人民政协专门协商机构制度具有决策参与功能，在参与国家治理决策过程中应发挥重要作用。[④]最后，李雯认为，人民政协专门协商机构制度具备优化协商监督效能。健全现代监督体系，加强对公共权力的制约，是推进国家治理现代化的关键所在。协商与监督具有内置关联性，协商的本质蕴含积极的监督，协商

① 李雯：《人民政协专门协商机构制度建设研究》，《理论与现代化》2021年第2期。

② 马雪松：《人民政协专门协商机构制度建设的国家治理逻辑》，《理论探讨》2020年第2期。

③ 李雯：《人民政协专门协商机构制度建设研究》，《理论与现代化》2021年第2期。

④ 马雪松：《人民政协专门协商机构制度建设的国家治理逻辑》，《理论探讨》2020年第2期。

民主的过程实际上亦是相互监督的过程。高效的共赢性协商往往来自积极的自我约束及对协商对象的有效监督。作为专门协商机构，人民政协本身就具有对贯彻落实党和国家重要决策部署情况以提出意见、批评、建议为主要形式进行协商式监督的重要职能。人民政协以合法的、非竞争的方式在国家与社会之间构建起有效的沟通机制，在国家机关之外对国家机关及其工作人员的工作进行民主监督，将体制外监督和体制内监督结合起来，推动形成国家与社会之间相互合作、相互制约、相互促进的良性互动关系。这种“在协商中监督”和“在监督中协商”的协商式监督内容、形式、程序的多样、灵活、丰富，与协商民主广泛多层制度化发展高度契合，通过发现国家治理体系运行中存在的突出问题，对国家治理能力短板、不足和偏差提出预警，对脱轨权力进行纠偏，推动制度优势更好转化为治理效能。马雪松认为，人民政协专门协商机构制度具有民主监督功能，为更好发挥民主监督功能，人民政协专门协商机构制度建设应注重创新并完善协商民主的协同机制、参与机制、保障机制等一系列相关运作机制。[①] 此外，人民政协专门协商机构制度具备凝聚共识共为效能。国家治理现代化重要特征之一便是治理主体的多元化，多元治理主体之间能否构建理性有效的社会共识，是国家治理现代化的重要前提和基础。新时代，坚持以人民为中心推进国家治理现代化，核心之一便是凝聚社会各界力量实现多元共建共治共享，促进根本利益的一致性和智慧、力量的广泛性相结合。作为专门协商机构，人民政协代表性强、联系面广、包容性大，将凝聚共识融入视察、考察、调查研究等各项工作之中，坚持发扬民主和增进团结相互贯通、建言资政和凝聚共识双向发力，这是新时代赋予人民政协的新使命、新任务。对人民政协而言，“凝聚共识不是无区别的强求一律，而是有方向的启发引领；不是单向度的灌输说教，而是互动式的协商讨论；不是表面的附和敷衍，而是内心的深刻认同；不是快餐式的立竿见影，而是长期性的润物无声”。通过互动式凝聚共识，正确处理一

---

① 马雪松：《人民政协专门协商机构制度建设的国家治理逻辑》，《理论探讨》2020 年第 2 期。

致性和多样性的关系，在事关旗帜、方向、道路、制度等根本问题上统一思想和步调，有助于国家治理更好地体现人民的意志。① 马雪松认为，人民政协专门协商机构制度具有凝聚共识功能。人民政协作为专门协商机构的凝聚共识功能契合于国家治理的新要求，其活动形式的多样性、丰富性、灵活性与创新性都有利于凝聚共识功能的发挥，能够团结一切可以团结的力量。②

三、关于专门协商机构制度优势发挥存在的问题及其原因

人民政协专门协商机构制度的功能结构主要包含政治协商、民主监督、参政议政、凝聚共识，应通过健全制度机制、丰富平台载体、创新方式方法促进政治协商、民主监督、参政议政，更好凝聚共识。目前，政协协商的时间、内容、形式、成果落实等制度机制仍未有效保证，政协发挥作用机制在法律和程序方面仍有缺陷。

关于专门协商机构制度作用发挥存在的问题，仰叶齐认为，一是协商意识还不强。有的地方政协组织怕惹事不敢协商，怕麻烦不想协商，怕没用懒得协商。同时出于工作效率考量，有的地方党政部门决策时嫌协商耽误时间，没有把协商纳入决策程序，决策执行过程中的协商更是普遍重视不够，常常以通报替代协商。③杨涛认为，现实中，有些地方简单地把协商会议变成单方面的情况通报会，有些地方在决策协商前，未能留给政协委员足够的时间调研和论证，以致草草协商、泛泛而谈，使协商的过程和效果大打折扣。④

二是协商方式不够灵活。仰叶齐认为，目前的协商议政主要是通过各种会议、相关专题和提案办理进行协商，而专委会对口协商、委员界别协商等

① 李雯:《人民政协专门协商机构制度建设研究》,《理论与现代化》2021 年第 2 期。

② 马雪松:《人民政协专门协商机构制度建设的国家治理逻辑》,《理论探讨》2020 年第 2 期。

③ 仰叶齐:《加快构建和完善人民政协专门协商机构制度体系》,《贵州社会主义学院学报》2021 年第 3 期。

④ 杨涛:《从制度优势到治理效能转化——人民政协专门协商机构催化能力提升研究》,《中央社会主义学院学报》2021 年第 6 期。

开展得还不普遍，网络协商和委员工作室协商也是文件要求多，实际落实少。[①]杨涛认为，专题协商、对口协商、界别协商和提案办理协商都是政协已有的主要协商形式，这些协商形式在地方政协工作中都发挥着积极的协商平台作用，但有的地方存在着对各种协商形式的运行缺乏相应立法规范的问题，有的地方存在着协商成效主要取决于各级各部门主要领导的民主意识和对政协工作的重视程度，且各地政协的协商活动次数相差也较大。[②]

三是协商过程不够规范。仰叶齐认为，协商过程很少公开，社会民众的参与支持度不高。[③]欧阳坚认为，亟须加强的是，怎样收集和确定广大群众关心关注、涉及切身利益、确需通过协商来妥善解决的公共决策问题，地方政府如何依法依规让利益攸关方参与到这些决策的论证、制定和实施中来。[④]欧阳坚注意到群众关心的问题如何确定为政府协商的议题，协商时能否让利益攸关方参与进来，作为协商过程的前提，协商议题的收集和各协商方的确定应该说都是必须解决的问题。

四是协商质量不够高。杨涛认为，协商选题常常不够精准，政协委员和民主党派的意见建议，缺乏战略性和前瞻性，与党政机关的工作要求相比，水平不够，难以引起党委政府及有关部门的重视。[⑤]仰叶齐认为，对协商问题的研究针对性不强，泛泛而谈，流于表面；调研流于形式，对策建议较少，实际操作性不强。因此，总体有分量的调研报告、建议案不多。[⑥]

① 仰叶齐：《加快构建和完善人民政协专门协商机构制度体系》，《贵州社会主义学院学报》2021年第3期。

② 杨涛：《从制度优势到治理效能转化——人民政协专门协商机构催化能力提升研究》，《中央社会主义学院学报》2021年第6期。

③ 仰叶齐：《加快构建和完善人民政协专门协商机构制度体系》，《贵州社会主义学院学报》2021年第3期。

④ 欧阳坚：《关于完善政协专门协商机构制度机制的简要思考》，《中国政协理论研究》2019年第3期。

⑤ 杨涛：《从制度优势到治理效能转化——人民政协专门协商机构催化能力提升研究》，《中央社会主义学院学报》2021年第6期。

⑥ 仰叶齐：《加快构建和完善人民政协专门协商机构制度体系》，《贵州社会主义学院学报》2021年第3期。

五是人民政协在基层协商民主中的缺位现象比较严重。仰叶齐认为，我国政协最低层级设在区县级，县级以下的乡镇和街道等基层并没有法定的组织设置。治理现代化的价值核心在于一切工作以人民为中心，基层是最能感受到人民群众的安危冷暖、更需要民主协商的地方，但从目前全国情况来看，仍存在着基层协商平台相对空缺的现象。①

六是对政协委员的考核制度还没有普遍建立起来。杨涛认为，有些地方政协存在仅仅通过召开座谈会、集中走访委员等简单的方式来了解掌握政协委员履职情况的现象。②

至于专门协商机构制度优势发挥存在问题的原因，仰叶齐认为，专门协商机构作用发挥存在的这些问题，最重要的原因是缺乏健全的协商工作制度，宏观层面不知道协商什么。目前，还没有统一的政协协商制度，各地协商实践也不一致，协商内容和形式都存在较大差异；微观层面不知道怎么协商，缺乏协商规则和程序机制，零星出台的制度也不能做到相互贯通和衔接。因此，要充分发挥专门协商机构作用，必须尽快建立协商的有效操作机制，形成系统完备、科学规范、广泛认同且运行有效的协商制度体系。③

四、关于完善专门协商机构制度

党的十九届四中全会明确了人民政协制度的主干是人民政协专门协商机构制度，并且郑重提出“完善人民政协专门协商机构制度”。《中共中央关于党的百年奋斗重大成就和历史经验的决议》也指出：“加强人民政协专门协商机构制度建设，推进社会主义协商民主广泛多层制度化发展，形成中国特色协商民主体系。”

① 杨涛：《从制度优势到治理效能转化——人民政协专门协商机构催化能力提升研究》，《中央社会主义学院学报》2021 年第 6 期。

② 杨涛：《从制度优势到治理效能转化——人民政协专门协商机构催化能力提升研究》，《中央社会主义学院学报》2021 年第 6 期。

③ 仰叶齐：《加快构建和完善人民政协专门协商机构制度体系》，《贵州社会主义学院学报》2021 年第 3 期。

专门协商机构首先是一种制度安排，要使这个制度安排发挥作用，必须有具体的工作制度作保障，把制度安排转化为可操作的规定、程序，以健全完善专门协商机构制度。近年来，全国政协出台了一系列专门协商机构制度，进一步完善了人民政协专门协商机构制度，但距离专门协商机构作用充分发挥的要求还有较大差距。新发展阶段，要尽快形成权责清晰、程序规范、运行有效的专门协商机构制度。张峰认为，人民政协专门协商机构制度本身是由微观性的具体制度组成的，这就要求我们要把人民政协专门协商机构制度作为一个体系，建立它所包含的各项具体制度，健全政协协商的工作机制。[①]欧阳坚认为，不断完善发挥人民政协专门协商机构作用的制度机制，就要搭建专门的平台、建好专业的队伍、强化专责的职能，这样才能体现协商的专业性，提高协商的科学性。只有不断实化细化人民政协专门协商机构的制度机制，让各项原则性要求转化为可操作的具体规定，才能把政协协商的优势转化为治理效能。[②]

一是科学制定年度协商计划，健全决策之前和决策实施之中的协商机制。习近平总书记明确指出："要坚持党委会同政府、政协制定年度协商计划制度，完善协商于决策之前和决策实施之中的落实机制，对明确规定需要政协协商的事项必须经协商后提交决策实施。"习近平总书记在庆祝中国人民政治协商会议成立65周年大会上的讲话中指出："中国共产党各级党委要重视和支持人民政协事业发展，把人民政协政治协商作为重要环节纳入决策程序，会同政府、政协制定实施协商年度工作计划，对明确规定需要协商的事项必须经协商后提交决策实施。"[③]欧阳坚认为，协商议题采用由党委政府"点题"、政协"选题"，委员和群众"出题"的办法产生，由政协汇总后，征求党委、政府的意见，形成协商计划，报党委审定后实施。对于未列入协

---

① 张峰：《论完善人民政协专门协商机构制度》，《中国政协理论研究》2019年第4期。

② 欧阳坚：《关于完善政协专门协商机构制度机制的简要思考》，《中国政协理论研究》2019年第3期。

③ 习近平：《在庆祝中国人民政治协商会议成立65周年大会上的讲话》，《人民日报》2014年9月22日。

商计划但需要协商的问题，则临时安排。[①]朱昔群认为，要建立政协重大协商议题同党政综合部门会商制度，建立党委、政府、政协联合发布年度协商计划制度。[②]

要坚定不移地坚持协商于决策之前和决策实施之中的原则，继续完善党委会同政府、政协制定协商计划的议题产生机制，做到凡纳入协商计划的事项必须在政协协商以后，再进行决策，而决策实施之中需要继续协商的事项，也必须作出明确规定，避免草率行事，从而使协商于决策之前和决策实施之中的原则真正落到实处。

二是进一步规范细化协商内容，且形成制度。无论是《中共中央关于新时代加强和改进人民政协工作的意见》，还是新修订的《中国人民政治协商会议章程》，对协商内容的规定都只是原则性的，例如规定对拟提交人大讨论的"一府两院"工作报告、财政预算、国民经济与社会发展规划、重要的法规和行政法规草案、重要人选的产生与调整，以及关系民生和事关全局的重大事项，必须进行协商。那么，"重要"的具体指向是哪些？并没有明确而具体的规定。

张峰认为，协商内容要具体细化且形成制度，《中共中央关于新时代加强和改进人民政协工作的意见》指出："党委和政府有关部门就有关重要决策、重要法律法规等，在政协听取相关界别委员意见建议。"就是协商内容具体化的一个新要求。应以此为指导，形成协商事项目录，作出制度化规定。在确定协商事项时要注重强弱项，如民主监督议题应有一定比例，以便政协三项主要职能大体平衡。协商内容的具体化，还表现为协商议题的提出环节，为此需要形成规范协商议题的具体制度，健全党委、人大、政府、民主党派、人民团体等提出议题的工作机制。[③]和欧阳坚的观点不同的是，张峰把协商议题的提出归入协商内容之中，而不是作为年度协商计划。欧阳坚

---

① 欧阳坚：《关于完善政协专门协商机构制度机制的简要思考》，《中国政协理论研究》2019年第3期。

② 朱昔群：《加强专门协商机构制度建设》，《人民政协报》2020年10月21日。

③ 张峰：《论完善人民政协专门协商机构制度》，《中国政协理论研究》2019年第4期。

认为，协商内容应紧扣党委、政府中心工作、群众生产生活的难点和社会治理中的焦点问题。同时，也应根据实际情况，把一些即期实现的重大问题纳入协商内容。[①]客观地说，欧阳坚认为的协商内容还是原则性的，内容不够具体，实操性不强。本来政协协商就是柔性的，如再对协商内容缺乏具体化，那么，实际操作起来势必存在困难。各级政协组织特别是全国政协要以此为指导，会同有关部门形成协商事项目录，让协商内容具体化，形成制度，便于各级政协组织开展协商。

三是不断丰富协商形式，作出具体规定。张峰认为，《中共中央关于新时代加强和改进人民政协工作的意见》提出："完善以全体会议为龙头，以专题议政性常务委员会会议和专题协商会、协商座谈会、远程协商会等为重点的政协协商议政格局。"这一协商议政格局涉及多种协商形式，其中会议协商是政协协商最常见的形式，尤其全体会议协商是政协履职的最高形式，影响力大、覆盖面广，要作为重点来加强。要形成政协会议协商的制度，统筹安排各类会议协商，使之既突出各自的特点和优势，又能相互配合互为补充，发挥整体效应。除此之外，也要对专题协商（包括全国政协双周协商座谈会）、对口协商、提案办理协商、界别协商、远程协商等形式，作出明确的具体制度规定。[②]欧阳坚认为，一方面，要坚持和完善全体会议、专题议政性常委会会议、协商座谈会、对口协商、界别协商、提案办理协商等行之有效的协商形式，以及一些省市政协探索实践的"请你来协商"平台、"网络问政会"等形式。另一方面，对如何更为经常、更为有效地开展协商，如何运用全媒体开展网络议政、远程协商等，应从技术上、规则上、程序上、人才上不断加以完善，作出制度性规定。[③]

各级政协要更加灵活、更为经常地开展专题协商、对口协商、界别协

① 欧阳坚：《关于完善政协专门协商机构制度机制的简要思考》，《中国政协理论研究》2019年第3期。
② 张峰：《论完善人民政协专门协商机构制度》，《中国政协理论研究》2019年第4期。
③ 欧阳坚：《关于完善政协专门协商机构制度机制的简要思考》，《中国政协理论研究》2019年第3期。

商、提案办理协商，探索网络议政、远程协商等新形式。无论是丰富协商形式还是完善协商形式，都要形成制度，加强制度化建设。一方面，要坚持和利用好全体会议、专题议政性常务委员会会议、对口协商、界别协商、提案办理协商等行之有效的形式，健全政协各专门委员会与政府各职能部门对口联系制度，推进专委会和界别协商调研常态化，以及各种形式的协商座谈会、论证会、意见听取会等，并作出具体明确的制度规定；另一方面，还要更加主动和有效地探索开展诸如网络议政、远程协商等新的协商形式。可探索"网上议政厅"等"互联网+"履职新载体，建立网上征求民意机制，畅通社情民意网络征集渠道，使各种形式相互衔接配合、互为补充，发挥协商议政的整体效应。作为专门协商机构，各级政协组织可在征求提案线索、网评政协提案、收集社情民意、确定施政重点等方面，进一步完善网络公开机制，做到非涉密信息全部公开，建设好各种官民对话、平等沟通、理性协商、民主监督的网络互动交流平台。

四是进一步明确和健全协商规则。汪洋在全国政协十三届三次会议上强调，要"建立健全以协商工作规则为主干，覆盖人民政协履职工作、组织管理、内部运行等各方面的制度机制"。由此可见制定协商工作规则的重要性。朱普群认为，完善协商规则时，要把握丰富内涵，明确政协协商多维度特点，既包括有关部门为科学决策、推动工作落实与政协各界别的协商，也包括政协各界别委员为资政建言与有关部门的协商，还包括政协内部各界别委员之间的协商。要注重程序性制度建设，围绕协商议题的提出和确定、协商活动的安排和准备、协商活动的进行、协商意见的整理和报送、协商意见的处理和反馈等，对协商民主活动的基本程序、工作流程、具体步骤、主要环节、工作时限和工作要求等方面作出明确具体的规定。[①] 欧阳坚认为，当前，应从全国政协层面抓紧研究、细化怎样完善协商于决策之前和决策实施之中的落实机制。首先，应明确什么样的决策要先有协商，由谁来提出协商，又由谁来确定。其次，应明确所有协商都要有深入的调查研究，通过调研来掌

---

① 朱普群：《加强专门协商机构制度建设》，《人民政协报》2020 年 10 月 21 日。

握真实的情况、发现问题根源、提出务实管用的建议，这样才能保证协商是专业的、有质量的。再次，应完善和细化协商的程序、形式和行为规范，确保协商有组织地、平等地、理性地进行，以保证既鼓励畅所欲言，又防止跑题走样，防止个别人借机泄私愤，从而使协商真正成为集思广益、凝聚共识的过程。最后，还要建立协商成果办理、采纳、反馈、督查、考核等环节的制度，应进一步完善促进协商成果转化运用的办法，明确对政协协商形成的建议案、专题报告的报送、受理、批示、办理、反馈、督查、评估等程序，使协商真正形成一个民主决策的闭合过程，从而确保相关建议转化为党委政府的工作举措和实效。①朱昔群认为，要加强顶层设计，由中央层面制定出台统一的政协协商工作规则，地方政协制定相应配套措施。在协商结束后，协商成果报送党政部门，要推动健全协商成果采纳落实机制，将政协重点协商成果办理列入党政部门督查事项和考核体系，定期向政协反馈，促进协商成果的采纳、落实和反馈。②张峰认为，协商规则是协商程序运行的规范，为使政协协商的各个环节合理有序，需要制定关于政协协商工作规则的制度，对协商的参加范围、议事规则、基本程序、交流方式等作出规定。③

制定协商工作规则，要坚持政协性质定位，明确政协是专门协商机构，不是协商主体，而是协商平台。建议由中央层面制定出台统一的政协协商工作规则，地方政协制定相应配套措施。制定协商工作规则，要注重程序性制度建设，就协商议题的提出和确定、协商活动的安排和准备、协商活动的进行、协商意见的整理和报送、协商意见的处理和反馈等，对协商民主活动的工作流程、主要环节、工作时限等作出明确具体的规定。

人民政协作为专门协商机构，要主动作为，推动协商成果转化落实落地，为此要进一步健全完善协商成果转化落实制度机制，明确政协协商形成

① 欧阳坚：《关于完善政协专门协商机构制度机制的简要思考》，《中国政协理论研究》2019年第3期。

② 朱昔群：《加强专门协商机构制度建设》，《人民政协报》2020年10月21日。

③ 张峰：《论完善人民政协专门协商机构制度》，《中国政协理论研究》2019年第4期。

的建议案、专题报告的报送、受理、批示、办理、反馈、督查、评估等相关程序，通过健全的、具有可操作性的规程，对一些重要协商成果落实落地要采取现场督办、上门督办、座谈督办等多种形式进行跟踪督办，加强反馈落实情况的通报，促进协商成果转化为治理效能。探索建立党委、政府、政协三方共同督办的工作机制；探索党委、政府把协商成果实施情况列入督查事项和考核体系。

各级政协要制定政协协商工作实施办法，健全建言资政和凝聚共识双向发力程序机制，完善协商议政格局体系，搭建更多协商议政平台。

五是补齐基层协商工作短板，重在制度建设。欧阳坚认为，大量的政策落地靠基层，各种利益诉求来自基层，各类矛盾分歧也主要集中在基层。要积极探索政协协商和基层协商有效衔接的机制。为此，要加强市县政协的工作职能和力量，要帮助指导乡镇、社区搭建居民协商议事厅、村民民生议事堂等各类协商平台，基层党委政府在涉及广大群众切身利益的公共决策前，借助这些平台，开展充分的协商。把群众代表、利益攸关方邀请进来、参与协商，既拓宽了政府与群众直接对话的渠道，提高决策的科学性、合理性，也让群众的诉求愿望得以表达，化解矛盾、理顺情绪、形成共识，增强决策的民主性、可行性，使我们的各项工作更贴近实际，更体现人民群众的意愿。① 杨涛认为，作为专门协商机构，人民政协建立了基层协商参与的多样化平台，把协商平台搭建到百姓家门口，使协商民主的效能不仅体现在国家政治层面而且体现在社会治理的层面。在这方面，山东省进行了有益的尝试，在全省所有县级行政区中，95% 的区县下辖的乡镇和街道办事处都设立政协委员联络室，尽管也存在着人员紧张、经费薄弱等问题，但在组织引导驻地委员开展学习、调研视察、社会公益等活动以及有效促进政协工作向基层延伸方面，起到了重要的抓手作用。②

---

① 欧阳坚：《关于完善政协专门协商机构制度机制的简要思考》，《中国政协理论研究》2019 年第 3 期。

② 杨涛：《从制度优势到治理效能转化——人民政协专门协商机构催化能力提升研究》，《中央社会主义学院学报》2021 年第 6 期。

搞好基层协商，除去制度建设外，还要适当增加基层政协委员数量。习近平总书记指出："人民群众是社会主义协商民主的重点。涉及人民群众利益的大量决策和工作，主要发生在基层。要按照协商于民、协商为民的要求，大力发展基层协商民主，重点在基层群众中开展协商。"[①] 西方协商民主理论也认为，"只有当所有受其影响的人都被包括在讨论与决策制定的过程中时，某项民主决策从规范上讲才是正当的"[②]。人民政协作为专门协商机构，要体现出协商基础最广泛的"人民性"，来自基层的政协委员就要占一定的比例，单纯的工人、农民、基层群众等草根委员很少，影响到专门协商机构制度优势的转化。按照协商于决策之前的要求，公共政策在决策之前要经过所有社会阶层的协商形成共识，而不仅仅是"少数服从多数"。

六是健全协商衔接制度。朱昔群认为，加强专门协商机构制度建设，还要健全协商衔接制度，推动协商更富有成效。要充分发挥专门协商机构作用，不仅取决于政协自身，还取决于党政部门等各方面的支持和配合，这就要求建立与党政部门工作有效衔接的制度。此外，还要建立政协协商与其他协商形式的衔接制度，如做好政协协商同政党协商有关活动在协商议题、时间等方面的衔接，通过"不建机构建机制"等方式，参与人民团体协商、基层协商、社会组织协商，等等。总之，要通过加强制度对接，形成科学完备、有效运行的协商制度体系。[③]

李雯认为，完善政协协商与其他各类协商渠道的有效对接，一是加强与政党协商的有效衔接，充分发挥人民政协作为中国特色社会主义新型政党制度重要支撑的作用，精选共同性议题列入政协协商和政党协商年度计划，做好政协协商同政党协商的衔接工作。二是进一步加强与人大、政府及其职能部门的沟通，在协商前由政协机关牵头，协调做好与党政部门的衔接工

---

① 习近平：《在庆祝中国人民政治协商会议成立65周年大会上的讲话》，《人民日报》2014年9月22日。

② ［美］艾丽斯 · M. 杨：《政治学前沿系列 · 凤凰文库：包容与民主》，彭斌、刘明译，江苏人民出版社2013年版。

③ 朱昔群：《加强专门协商机构制度建设》，《人民政协报》2020年10月21日。

作，推动党政部门及时为政协委员通报近期重点工作情况和亟须解决的难点问题，党政部门领导干部作为协商主体一方的人员听取政协委员协商议政发言、履行好自己肩负的职责，真正做到协商于决策之前、决策之中，更多参与政府决策过程中的协商。三是加强与人民团体、社会组织等方方面面的联系，例如建立健全基层协商民主建设联动机制，探索借助各类专家、智库建立引智协商制度，不断巩固社会治理的“政治共同体”，共同推动协商民主建设向纵深发展。①

七是健全协商能力制度。张峰认为，要紧紧围绕习近平总书记提出的四种能力，建立健全各项制度。政治把握能力的核心问题是坚定理想信念、增进政治共识，学会运用党的创新理论分析判断形势、研究解决问题。为此就需要建立人民政协学习制度体系，重点是习近平新时代中国特色社会主义思想学习座谈会制度。调查研究能力是人民政协行使话语权、提出高质量意见建议的前提。要按照习近平总书记所要求的，不搞“蜻蜓点水”式调研、“钦差”式调研、自主性差的“被调研”、“嫌贫爱富”式调研，而是要真正把功夫下到察实情、出实招、办实事、求实效上。为此就需要建立加强和改进政协调查研究工作制度，加强调研基地建设。联系群众能力，重在发挥人民政协作为党和政府联系各界群众的作用，畅通和拓宽各界群众的利益诉求表达渠道。为此就需要建立政协密切联系各界群众的工作制度，将群众多元化诉求表达纳入理性化、程序化轨道。合作共事能力的根本性问题是人民政协的作风建设，是民主协商、平等议事的工作原则的体现。为此就需要建立健全关于加强人民政协作风建设方面的制度，强化党员委员做好党的统战工作和群众工作的责任担当。提高协商能力，还要用好政协内外两种人才资源。为此就需要建立具有政协特色的应用型智库和参政议政人才库制度。②朱昔群认为，加强专门协商机构制度建设，一定程度取决于政协机关干部的谋划水平，因此要加强机关干部队伍建设，提高政协机关谋划协商的能力。

① 李雯：《人民政协专门协商机构制度建设研究》，《理论与现代化》2021 年第 2 期。
② 张峰：《论完善人民政协专门协商机构制度》，《中国政协理论研究》2019 年第 4 期。

要加强委员队伍建设，教育引导委员树立协商理念，遵守协商规则，不断增强协商精神，做到懂政协、会协商、善议政。要研究制定科学的协商人员遴选办法，根据议题明确参加协商范围，遴选参加协商的委员。要对参与协商的委员进行有针对性的培训，增强建言献策的专业性，提高协商技巧和能力。要完善调研制度，坚持调研于协商之前，针对协商议题开展形式多样的调研，提出高质量的意见建议。要建立参政议政人才库，注重从高等院校、科研院所、企事业单位等各方面遴选专家学者参与协商，研究建立邀请社会代表人士参加重要协商活动机制。[①]

新发展阶段，我们要以改革思维、创新理念、务实举措大力推进履职能力建设。政协委员不仅是荣誉，更是责任，在新发展阶段，要增强协商的主动性，提高协商意识，变“要我协商”为“我要协商”。要制定和完善《政协委员强化责任担当更好履职尽责的规定》，加强政协委员责任担当和履职能力建设。政协委员要提高协商能力，围绕党委、政府重大决策部署，紧扣群众关心和社会关注的热点难点问题，有针对性地进行专题调研，在此基础上，提出有价值、有分量、有见地、有深度的意见建议。要加强专委会工作制度建设，制定和完善《专委会工作条例》《专委会职责任务清单》。要对界别工作作出制度性规定，制定《关于加强和改进界别工作更好发挥界别作用的办法》，对界别履职内容、方式和作用发挥机制、考核激励机制作出明确规定，加强对政协委员任内履职情况的年度动态考核，建立健全对政协委员的履职公示及对不合格委员的退出机制，实行年度末尾比率淘汰制度。加强乡镇（街道）政协联络机构、委员工作室建设，推动政协协商更好地与基层协商有效衔接。要改进和完善各级政协委员产生方式方法，不能把政协委员视为“待遇”，必须严把入门关，优化与组织部门和统战部门的联动机制，真正将有责任、肯担当、会协商的人请进来，可同时考虑民主推荐政协委员。

八是大力培育协商文化。张峰认为，协商文化主要是：相互尊重、平等协商，遵循规则、有序协商，体谅包容、真诚协商。为了使这种协商文化在

① 朱普群：《加强专门协商机构制度建设》，《人民政协报》2020 年 10 月 21 日。

政协协商中得以坚持和弘扬，有必要建立这方面的工作制度，营造既畅所欲言、各抒己见，又理性有度、合法依章的良好协商氛围。①朱昔群认为，建立培育协商文化制度，加强教育培训，加大宣传力度，传承中华民族优秀政治文化，弘扬“有事好商量、众人的事情由众人商量”理念，形成善协商、善议政的良好协商氛围。②欧阳坚认为，各级党委、政府首先要增强协商意识，愿意协商、主动协商，提高对重大决策的协商自觉。同时，要提高决策制定的科学性，增强民众和利益攸关方对决策实施的认同感，对协商的参加范围、讨论原则、基本程序、交流方式等规定清楚，扩大参与各方的代表性，增强协商的广泛性、实效性。各级政协要更加学会协商、善于协商，增强协商本领，确保协商平等、有序、真诚、依法依规地开展。广大政协委员、各党派团体要遵守协商规则，掌握协商的方式，增强专业协商的能力和素养，提高协商的专业性。要培育社会组织和广大民众的商量意识，遇到问题和利益冲突时愿意通过协商来解决分歧，从而形成全社会日益浓厚的协商文化氛围。③

治国理政，没有制度不行，有了制度得不到贯彻也不行。制度的生命力在于执行，再完善的制度如果不落实，也会成为空中楼阁。因此，要坚决维护制度的严肃性和权威性，人民政协要积极引导广大政协委员、政协机关工作人员特别是“关键少数”的领导干部牢固树立制度意识，真正尊崇制度、遵守制度、捍卫制度。“制度化的过程既包括人们根据规则行事，也包括共同体对不遵循规则的成员实施某种惩罚。”④建议在《中华人民共和国宪法》中将人民政协的性质地位、权利义务、功能作用明确规定下来，制定相关法律，如《中国人民政治协商会议议事规则》《中国人民政治协商会议工作条

---

① 张峰:《论完善人民政协专门协商机构制度》,《中国政协理论研究》2019 年第 4 期。

② 朱昔群:《加强专门协商机构制度建设》,《人民政协报》2020 年 10 月 21 日。

③ 欧阳坚:《关于完善政协专门协商机构制度机制的简要思考》,《中国政协理论研究》2019 年第 3 期。

④ Jan-ErikLane，*Constitutions and Political Theory* [M] . Manchester and NewYork : Manchester University Press，1996 : 166.

例》等，使政协协商法治化。当下，我们期待着《中国共产党政治协商工作条例》尽快出台。各级政协需要制定具体可行、便于操作的文件，完善专门协商机构制度，切实使其制度优势转化为治理效能。要将专门协商机构制度建设及其执行情况列为年度和任期工作考核的重要内容，并且列入巡视巡查的对象，增强专门协商机构制度的刚性约束，把专门协商机构制度牢固树立起来，在推动协商民主广泛多层制度化发展、推进国家治理体系和治理能力现代化中发挥不可替代的作用。

为人类发展创出一条中国民主政治之路 *

徐永利　刘伟光 **

人类进入工业文明时代以来，在创造巨大物质财富的同时，也创造了丰富的精神食粮和政治文明。历史证明，“一个没有发达的自然科学的国家不可能走在世界前列，一个没有繁荣的哲学社会科学的国家也不可能走在世界前列”①。这是一项长期艰苦的战略任务，我们党一直坚持和运用马克思主义关于人的解放和自由全面发展的规律，坚持和运用马克思主义关于阶级观、政党观、民主观、群众观，坚持和运用新时代中国特色社会主义思想开展不懈探索，坚持和发展全过程人民民主，“着力从制度安排上发挥党的领导这个最大体制优势”②，坚持和推进我国特有形式和独特优势的协商民主制度实践，正走在一条中国特色社会主义民主政治的大道上。

一、社会主义协商民主制度，就是发展全过程人民民主

我国的国体是人民当家作主的社会主义国家，全过程人民民主包括民主

* 基金项目：北京市习近平新时代中国特色社会主义思想研究中心、北京市社科基金 2020 年度重大项目（20LLZZA018）阶段性成果。

** 徐永利，北京联合大学政治文明建设研究基地首席专家、教授；刘伟光，北京联合大学校长办公室。

① 习近平：在哲学社会科学工作座谈会上的讲话（全文），新华社，http：//www.xinhuanet.com/politics/2016-05/18/c_1118891128.htm。

② 习近平：《习近平谈治国理政》（第 3 卷），外文出版社 2020 年版。

选举、民主决策、民主管理、民主监督等过程，它是一个体系，是一个复杂过程，是人民当家作主的体系保障。“有事好商量，众人的事情由众人商量，是人民民主的真谛。”[①] 协商民主和民主集中是社会主义全过程民主体系的基本构成，协商民主制度与民主集中制是有机统一、高度契合的。民主集中制是党章规定的党的根本组织原则和领导制度，是马克思主义政党区别于其他政党的重要标志。党内协商民主和民主集中制不是非此即彼的关系，两者具有内在的统一性，协商民主与民主集中制具有目标的一致性、价值的同构性和功能的互补性。[②] 党内协商民主是党内民主的重要实现形式，追求民主是马克思主义政党的重要特征，是中国共产党人自建党伊始就孜孜以求的社会理想，100 年前，代表全国 8 个共产主义党组织、58 名共产主义分子的 12 名代表，先后在上海和嘉兴南湖，历经 9 天，6 次会议，充分发挥民主精神、反复协商、最后集中统一，在共产主义思想指导下，成立了中国共产党，通过了党的第一个纲领。自此，中国共产党按照民主集中制建立起坚强严密的组织体系，同时能听取不同意见、收集各方信息，保证决策正确。共产党人历经磨难和曲折斗争，历次决定党的命运和革命前途的紧要关口召开的重要会议，无不秉持民主集中与协商民主精神，一次次力挽狂澜，拨正了中国革命、建设和改革的航程。

协商民主制度是中国特色社会主义全过程人民民主体系的重要组成部分和重要过程，推进社会主义协商民主的广泛多层制度化发展是在国家政治生活和社会生活的方方面面发展全过程民主的生动实践，全过程人民民主各个过程具备广泛性、真实性、管用性的特点。

从广泛性看，协商民主是党的群众路线在政治领域的重要体现。习近平总书记强调：“涉及全国各族人民利益的事情，要在全体人民和全社会中广泛商量；涉及一个地方人民群众利益的事情，要在这个地方的人民群众中广

---

① 习近平在中国共产党第十九次全国代表大会上的报告，中国政府网，http：//www.gov.cn/zhuanti/2017-10/27/content_5234876.htm。

② 朱兆华：《党内协商民主与民主集中制统一关系的理论分析》，《安徽行政学院学报》2015 年第 4 期。

泛商量；涉及一部分群众利益、特定群众利益的事情，要在这部分群众中广泛商量；涉及基层群众利益的事情，要在基层群众中广泛商量。”① 无论民主选举、民主决策、民主管理和民主监督，都离不开协商民主这一重要环节。不同层次选举前的协商，保证了选举的民主、有效，不同层次重要决策前和决策中的协商、调研，保证了决策的科学、合理，民主管理过程中的民主恳谈、广泛征求和听取各方面意见建议等多种形式的调研研讨与协商对话，贯彻了以人民为中心的管理理念，全民参与的舆论监督、全话题的监督范围、网上网下的意见反馈平台、不同层面代表的专门监督组织等，使我们的监督具有最广泛的民意基础和全民参与性，保证了民主监督、民主参与的广泛性和监督范围的广泛性。多种形式、各个环节的协商，保证了人民在日常政治生活中进行广泛的政治参与，充分享有“全过程民主”权利。

从真实性看，习近平总书记强调，“社会主义协商民主，应该是实实在在的、而不是做样子的，应该是全方位的、而不是局限在某个方面的，应该是全国上上下下都要做的、而不是局限在某一级的”②。协商民主自建党开始就始终贯穿中国共产党领导人民进行革命、建设和治国理政的过程中，是不断胜利的法宝，是实实在在的民主实践，历经几代共产党人的不断探索和实践，并最终在党的十八大报告中明确建立社会主义协商民主制度，党的十八届三中全会、党的十九大进一步明确实现社会主义协商民主的七个渠道，并相继出台相关协商民主制度的具体实施意见和制度文件，以中央和国家文件的形式推进社会主义协商民主广泛多层制度化发展，这是人民民主真实性的重要制度保障，是发展全过程民主的有效实践。

从管用性看，习近平总书记在中央政协工作会议上的重要讲话中指出，“中国式民主在中国行得通、很管用”。党的十九届四中全会指出，要坚持社会主义协商民主的独特优势，统筹推进政党协商、人大协商、政府协商、政

① 习近平：在庆祝中国人民政治协商会议成立65周年大会上发表重要讲话，新华网，http：//www.xinhuanet.com/politics/2014-09/21/c_1112564804.htm。

② 习近平：在中央政协工作会议暨庆祝中国人民政治协商会议成立70周年大会上的讲话，中国政府网，http：//www.gov.cn/xinwen/2019-09/20/content_5431750.htm。

协协商、人民团体协商、基层协商以及社会组织协商，构建程序合理、环节完整的协商民主体系，完善协商于决策之前和决策实施之中的落实机制，丰富有事好商量、众人的事情由众人商量的制度化实践。在发展全过程民主中，在中国共产党的坚强领导下，社会主义协商民主具有制度的权威性、系统性、稳定性、人民性的显著特点和独特优势，这一制度符合我国国情和新时代社会发展特点，顺应并引领人类民主政治发展趋势，协商民主凝聚了民意，增强了团结，汇集了智慧，历经反复实践和理论的创新，不仅取得了革命和建设的胜利，更促进了社会主义制度的建立和发展；不仅促进了民族的团结和经济社会的发展，更促使改革开放的顺利进行和取得辉煌的成就。进入新时代，在防范化解重大风险、精准脱贫、污染防治三大攻坚战，在推进乡村振兴战略、促进国家治理体系和治理能力现代化过程中，推动“十四五”规划顺利开局等方面，协商民主都发挥了独特管用的优势，是真正行得通、很管用的民主形式，是全过程人民民主的重要组成。

二、坚持社会主义协商民主制度，既是党的政治路线决定的，也是党的组织制度决定的

政治路线决定政治制度的发展方向，政治制度是实现政治路线的必要途径。党的政治路线是党的纲领的具体体现，是基于一定时期经济、政治、社会发展现状和政治经济发展规律作出的，符合时代发展潮流、符合国家和民族发展要求，符合人类社会发展需求，它决定着党在一定历史时期行动的方向，也决定着国家民主政治的建设的方向。坚持四项基本原则是党的政治路线的基本点之一，“坚持四项基本原则的核心，就是坚持共产党的领导。”[①]而协商民主是实现党的领导的重要方式，是我国社会主义民主政治的特有形式和独特优势。进入新时代，社会主义初级阶段的基本国情没有变，领导人民建设富强民主文明和谐的社会主义现代化国家这一党的政治路

① 中共中央文献研究室编：《三中全会以来重要文献选编》（下册），人民出版社1982年版。

线没有变，人民日益增长的美好生活需要和不平衡不充分的发展成为社会的主要矛盾，中国共产党作为执政党，势必要研究东西发展差距、要研究“先富带动后富”要扶贫解困的问题，势必要听取各种意见和批评，要接受民主党派和人民群众的民主监督。坚持社会主义协商民主制度，推动协商民主广泛多层制度化发展顺应社会主义民主政治发展规律，就成为党的政治路线的必然要求。

党的组织制度影响制约着协商民主制度的实现和落实。党的组织制度是党进行组织工作的原则、方针等的具体规范，由政治路线决定，为政治路线服务，是实现党的思想路线和政治路线的保证。着力集聚爱国奉献的各方面优秀人才是新时代党的组织路线的重要内容，为发展中国特色社会主义提供保障是党的组织制度的重要落脚点。民主与团结是协商民主制度的重要特征，协商民主的一个重要内容就是坚持民主与团结两大主题，发扬民主、广开言路，团结一切可以团结的力量，汇聚一切为国家谋发展和为人民谋幸福的智慧，这是贯彻党的组织路线的重要制度措施。社会主义协商民主内生于中国共产党领导的多党合作和政治协商的制度与实践，是一种制度民主，具有明显的组织性特点，是党的统一战线工作的重要发展，有利于汇聚民智，凝聚共识，团结一切可以团结的力量共同致力于中国特色社会主义事业发展，作为一种民主制度，与党的组织制度有效衔接，体现了党的组织原则和选人用人方针。

三、坚持社会主义协商民主制度，既是党的思想路线的内在要求，也是党的群众路线的必然要求。协商民主制度是党的群众路线的产物、是转化为政治制度的标志

思想路线源自人民群众伟大实践，万众一心出自协商交流民主统一。党的思想路线，是认识问题、分析问题、处理问题所遵循的最根本的指导原则和思想基础，是党制定政治路线、组织路线和各项方针政策的基础。实事求是作为党的思想路线，始终是马克思主义中国化理论成果的精髓和灵魂。中

国共产党在长期的革命实践中，坚持一切从实际出发，从国情、党情、民情、事情出发，在实践中检验真理和发展真理。从群众中来，协商出多种不同意见，到群众中去，讲明利害关系，推出最大公约数，这是党的思想路线的精髓。我国的协商民主经历了先有实践、后有制度的历史发展过程，是在不同历史发展阶段，根据客观现实，不断孕育、发展、成熟，随着民主政治的实践而不断获得检验，被反复证明，适合我国人民民主发展的一条普遍经验。从北伐战争时期的“国共合作”，到抗日战争时期的“统一战线”，从新中国成立前的“协商建国”，到改革开放初的“五老座谈”，都是中国共产党领导下的解放思想、实事求是、与时俱进的党的思想路线指导下开展协商民主工作的重要实践，没有党的思想路线的指导，就不会有协商民主思想的不断实践和理论的不断创新。协商民主固化为党执政条件下联系群众、服务群众、发动群众的制度建设，防止脱离群众、偏听偏信。

习近平总书记指出：“坚持实事求是，必须始终坚持一切为了群众、一切依靠群众，从群众中来、到群众中去的群众路线。群众路线是我们党的根本工作路线，它同党的实事求是的思想路线是相辅相成、在本质要求上完全统一的。”[①]党的十八届三中全会提出：“社会主义协商民主，是中国社会主义民主政治的特有形式和独特优势，是中国共产党的群众路线在政治领域的重要体现。”我国社会主义协商民主制度源自中国共产党领导人民革命、建设、改革的长期实践，是党的群众路线这一人民民主理念的不断实践与发展的产物，是党的群众路线不断转化为政治制度的标志。人民性是党的本质属性，群众路线是我们党的根本工作路线，也是我们党的优良传统和最大政治优势，是中国共产党人民性质的体现，是推进协商民主广泛多层制度化发展的重要政治基础。协商民主制度的重要特点就是其人民性，这一制度体现了人民民主的真谛，是人民当家作主民主政治制度体系的重要组成部分，协商民主成为密切联系群众的新路线、新办法，成为为群众办实事、解难题的平

---

① 习近平：在庆祝中国人民政治协商会议成立65周年大会上发表重要讲话，新华网，http：//www.xinhuanet.com/politics/2014-09/21/c_1112564804.htm。

台，成为汇聚群众智慧谋发展、干事业的台阶和抓手。在社会主义民主政治领域党的群众路线进一步完善巩固，成为领导制度和工作方法。

四、坚持社会主义协商民主制度，既是国家治理模式的完善，也是党的领导方式和执政方式的改进

坚持社会主义协商民主制度是党的民主执政方式与国家治理模式的完善。选举与协商是民主政治的两种重要形式，是同一民主过程中的不同环节，是相辅相成的，是中国特色社会主义民主政治不可或缺的基本要素。江泽民指出："人民通过选举、投票行使权利和人民内部各方面在选举和投票之前进行充分协商，尽可能就共同性问题取得一致意见，是我国社会主义民主的两种重要形式。"[①] 这是首次在党的文献出现两种民主形式的论述。在中国共产党第十八次全国代表大会上，胡锦涛在党的政治报告中提出"健全社会主义协商民主制度"，这是自 1991 年提出"社会主义民主的两种重要形式"以来，第一次在党的政治报告中把协商民主从一种民主形式固化为一种制度形式，是我们党的重大理论创新，也是作为执政党的中国共产党在民主执政的道路上不断探索，并以制度形式巩固实践经验做法的结果。习近平总书记在党的十八届三中全会报告中进一步强调："加强社会主义协商民主制度建设，推进协商民主广泛多层制度化发展，构建程序合理、环节完整的协商民主体系。"明确社会主义协商民主的发展方向就是要构建程序合理、环节完整的协商民主体系。2015 年，中共中央先后印发了《关于加强社会主义协商民主建设的意见》《关于加强人民政协协商民主建设的实施意见》《关于加强城乡社区协商的意见》《关于加强政党协商的实施意见》等，以中央文件的形式，深刻回答了什么是协商民主、为什么要加强协商民主建设、怎样加强协商民主建设、各个渠道协商民主如何开展等一系列关涉社会主义民主政治发展的

---

① 中共中央文献研究室编:《江泽民论有中国特色社会主义》(专题摘编)，中央文献出版社 2002 年版。

重大理论和实践问题，为在新的历史条件下进一步推动我国的政治体制改革、社会主义民主政治建设提供了理论指导和行动纲领。党的十九大报告进一步明确开展协商民主工作的主要渠道：政党协商、人大协商、政府协商、政协协商、人民团体协商、基层协商和社会组织协商，力推协商民主制度广泛、多层、制度化发展，形成完整的制度程序和参与实践，成为完善国家治理模式的重要内容，纳入提升国家治理体系和治理能力现代化的进程中。

坚持社会主义协商民主制度是改进党的领导方式和执政方式的重要途径。坚持协商民主制度是党改进领导方式的需要，强国必先强党，必先强党的政治领导、科学领导。坚持协商民主制度是党长期执政的需要，以保证决策科学、执政有力、减少失误。长期以来，党在革命和建设、在治国理政过程中积累了丰富的执政经验和领导经验，并形成了一套符合国情和民主政治发展需要的领导方式和执政方式，取得了巨大的经济和社会发展成就。进入新时代，党的十九大将协商民主明确为实现党的领导的重要方式，将其定位为我国社会主义民主政治的特有形式和独特优势。协商民主制度的一个突出优势就是党政机构、社会各阶层、各政党和社会团体、各基层和群众，通过商量、讨论、座谈交流、多方协调等协商民主的形式开展工作，相较行政命令、投票选举等执政和领导方式，协商民主制更具弹性、柔性和亲和性等现代民主特点，这就把党的领导与发扬社会主义民主统一起来，是完善、改进党的执政方式和领导方式、发扬社会主义民主、提升国家治理体系和治理能力现代化的重要理论创新和实践探索。开展协商民主广泛多层制度化发展是积极稳妥推进政治体制改革，发展更加广泛、更加充分、更加健全的人民民主的重要制度安排，是坚持党的领导、人民当家作主、依法治国有机统一的重要体现。

五、坚持社会主义协商民主制度，既是党内民主的重要规定，也是推动党外民主发展的重要制度

在百年奋斗中，我们党为践行初心使命，加强党内民主政治建设，保持

民主作风，严明党纪条规，不断加强自身建设，敢于直面问题，努力提高自我净化、自我完善、自我革新、自我提高的能力。在建设社会主义现代化强国的进程中，以党内民主引领推动党外民主，形成强大合力。2013 年 11 月 27 日，新华社发布《中央党内法规制定工作五年规划纲要（2013—2017）》，规定“研究完善社会主义协商民主方面的制度规定，健全协商民主工作机制，推进协商民主广泛、多层、制度化发展”，明确将协商民主广泛、多层、制度化发展列入党内法规制定规划中。

坚持社会主义协商制度，是党内民主体系的重要环节。中国共产党开展党内民主的一个重要渠道就是建立各种会议制度，并通过各层级、类别、主题的会议，开展广泛的党内研究、讨论，听取每位党员的意见建议，保证每位党员的各项权利和义务，广泛体现协商民主的精神，最终形成党的路线、方针、政策，选取产生党和国家领导集体和各级组织领导集体，定期开展党支部会、小组会、民主生活会和民主评议党员会，要求每位党员，包括党员干部参与其中，确保党内人人平等、无特殊党员的存在。各类会议活动坚持平等协商精神，维护了党的团结，确保党的战斗力生生不息。

协商民主是一种双赢和多赢思维，是一种互相沟通形成目标或力量的机制。坚持社会主义协商民主制度，不仅是实现党内民主的重要形式，更是中国共产党由党内民主推动党外民主发展的重要制度保障。党的十八大报告指出：“坚持和完善中国共产党领导的多党合作和政治协商制度，充分发挥人民政协作为协商民主重要渠道作用，围绕团结和民主两大主题，推进政治协商、民主监督、参政议政制度建设，更好协调关系、汇聚力量、建言献策、服务大局。”习近平总书记指出：“中国共产党领导的多党合作和政治协商制度，既强调中国共产党的领导，也强调发扬社会主义民主。”[①]党的十九大报告进一步指出：“协商民主是实现党的领导的重要方式，是我国社会主义民主政治的特有形式和独特优势。”以党的报告的形式，明确将协商民主确立

① 习近平在看望参加政协会议的民盟致公党无党派人士侨联界委员时强调：坚持多党合作发展社会主义民主政治 为决胜全面建成小康社会而团结奋斗，中青在线，http：//news.cyol.com/content/2018-03/04/content_16990036.htm。

为实现党的领导的重要方式，以制度的形式确定了协商民主在我国民主政治中的定位和作用。2021年6月，国务院发表《中国新型政党白皮书》指出：中国新型政党制度以合作、参与、协商为基本精神，是社会主义协商民主的重要制度载体。协商民主制度既力主根本利益，又兼顾近期得失；既尊重大多数人的意愿，又照顾少数人的合理诉求。坚持发扬民主和增进团结相互贯通、双向发力，为了共同目标而奋斗，有效避免了一党缺乏监督或多党轮流坐庄、恶性竞争的弊端。随着各渠道、各层级的协商民主的不断实践和各类协商制度的不断完善，社会主义协商民主制度的理论、实践基础得到进一步夯实，为推动党外民主发展奠定坚实制度保障。

以协商得民意，以民主得民心。追求民主是我们建党初心的重要组成部分，为了人民当家作主，为了全过程人民民主的实现，我们党的实践丰富了中国式民主的理论和形式，更拓展了中国式现代化的新道路。

协商民主：人民政协凝聚共识的有效途径

孙照红 *

“共识”是指“在一定的时代生活在一定的地理环境中的个人所共享的一系列信念、价值观念和规范”①。相应地，“凝聚共识”是指共同信念、价值观念和规范的凝聚过程。人民政协凝聚共识本质上是大团结大联合的过程。在人民政协成立70周年大会上的重要讲话中，习近平总书记七次强调“凝聚共识”，强调“把加强思想政治引领、广泛凝聚共识作为中心环节”②。2019年10月7日出台的《关于新时代加强和改进人民政协工作的意见》把“凝聚共识”与“政治协商、民主监督、参政议政”一起作为人民政协的重要职能。作为人民政协的重要职能和人民政协履职工作的中心环节，凝聚共识与政协协商有着高度的契合。政协协商是以凝聚共识为方向和目标的协商，政协协商是凝聚共识的手段和途径。

一、凝聚共识是人民政协的本质要求

人民政协是统一战线组织，统一战线本身就是凝聚共识的战略策略。从

* 孙照红，首都师范大学马克思主义学院教授。

① ［英］戴维·米勒、韦农·波格丹诺主编：《布莱克维尔政治学百科全书》，邓正来译，中国政法大学出版社2002年版。

② 习近平：《在中央政协工作会议暨庆祝中国人民政治协商会议成立70周年大会上的讲话》，《人民日报》2019年9月21日。

本源上看，统一战线是不同社会政治力量为了实现共同的政治目标建立联盟或联合；对于中国共产党来说，统一战线是夺取革命、建设和改革事业胜利的三大法宝之一，是为革命、建设和改革凝心聚力的战略方针。中国共产党领导的统一战线在不同的历史时期有不同的性质、任务、工作范围和对象，称谓上也会相应地发生变化。党的十一届六中全会《关于建国以来党的若干历史问题的决议》将新时期的统一战线发展成为爱国统一战线。党的十九届四中全会提出："坚持大统战工作格局，坚持一致性和多样性统一，完善照顾同盟者利益政策，做好民族工作和宗教工作，健全党外代表人士队伍建设制度，凝聚港澳同胞、台湾同胞、海外侨胞力量，谋求最大公约数，画出最大同心圆，促进政党关系、民族关系、宗教关系、阶层关系、海内外同胞关系和谐。"[①]作为爱国统一战线组织，人民政协工作本质上要求"大统战"，海内外同胞都是人民政协大团结大联合的对象，所有爱国的中国人都是人民政协凝聚共识的对象，只要是存在中国人的地方，就存在凝聚共识的问题。

人民政协是多党合作和政治协商机构，多党合作和政治协商的初衷就是在成立新中国问题上凝聚共识。"无论我们走得多远，都不能忘记来时的路。"[②]在诞生之时，人民政协就担负起为建立新中国凝聚共识的历史使命。在1948年4月30日发布的《纪念"五一"劳动节口号》中，中共中央号召"各民主党派、各人民团体、各社会贤达迅速召开政治协商会议，讨论并实现召集人民代表大会，成立民主联合政府"[③]，"民主联合政府"这一名称本身就包含了政治联盟的意蕴，容易得到各民主党派、人民团体和社会贤达的响应和支持。次日，毛泽东给民主党派代表人物李济深、沈钧儒的信中提议召开政治协商会议，强调"此项会议的决定，必须求得到会各主要民主党派及

---

① 习近平：《中共中央关于坚持和完善中国特色社会主义制度 推进国家治理体系和治理能力现代化若干重大问题的决定》，《人民日报》2019年11月6日。

② 中共中央党史和文献研究院、中央"不忘初心、牢记使命"主题教育领导小组办公室编：《习近平关于"不忘初心、牢记使命"论述摘编》，中央文献出版社、党建读物出版社2019年版。

③ 沙健孙主编：《中国共产党史稿（1921—1949）》（第5卷），中央文献出版社2006年版。

各人民团体的共同一致，并尽可能求得全体一致”[①]。无论是“共同一致”还是“全体一致”，其实质都是为寻求最大范围的“共识”。1949年9月21日，中国人民政治协商会议第一届全体会议的召开，标志着中国共产党领导的多党合作和政治协商制度正式确立，会议通过了具有临时宪法性质的《中国人民政治协商会议共同纲领》（以下简称《共同纲领》。《共同纲领》之“共同”，强调的就是“共识”。经过70多年的发展，人民政协作为多党合作和政治协商机构凝心聚力的初心不仅没有改变和弱化，而且随着时代的发展增添了符合时代要求的新内容、新使命。

人民政协是人民民主的重要实现形式，人民民主就是在全社会有序参与基础上凝聚共识。从新中国成立到1954年召开第一届全国人民代表大会第一次会议期间，人民政协“具有代表全国人民的性质，它获得全国人民的信任和拥护。”[②]第一届全国人民代表大会第一次会议召开后，人民政协代行人大职权的使命结束，很多人认为政协没有了存在的价值。但是，毛泽东从人民政协在统一战线和发扬民主的重要作用方面提出了将政协保留下来、发展下去的必要性，并从国家制度层面强调了人大和政协在发扬民主方面的互补性："人大的代表性当然很大，但它不能包括所有的方面，所以政协仍有存在的必要。”[③]实践证明，作为人民民主的重要实现形式，人民政协在健全民主制度、丰富民主形式、拓展民主渠道、加深民主内涵方面发挥了不可替代的作用。人民政协70多年的履职过程就是不断扩大人民有序参与的社会基础、推动各种社会力量参与到民主政治建设中来的过程，就是使人民民主及其建设成果覆盖到统一战线中的每一个人的过程，也是凝聚共识的过程。

人民政协是社会主义协商民主的重要渠道和专门协商机构，协商的目的就在于凝聚共识。“人民通过选举、投票行使权利和人民内部各方面在重大决策之前进行充分协商，尽可能就共同性问题取得一致意见，是中国社会主

① 《毛泽东文集》（第5卷），人民出版社1996年版。
② 《毛泽东文集》（第5卷），人民出版社1996年版。
③ 中央文献研究室编：《建国以来毛泽东文稿》（第4册），中央文献出版社1990年版。

义民主的两种重要形式。”[①]选举民主的基本原则是“多数决定”，而协商民主的基本原则是“共识”原则。早在1949年新政协筹备会召开第一次全体会议时，周恩来就提出了“协商”概念，并把它看作新民主区别于旧民主的重要特点：“凡是重大的议案不只是在会场提出，事先就应提出来或在各单位讨论。新民主的特点就在此。因此不是只重形式，只重多数与少数。凡是重大的议案提出来总是事先的协商的，协商这两个字非常好，就包括这个新民主的精神。”[②]习近平总书记强调：“在中国社会主义制度下，有事好商量，众人的事情由众人商量，找到全社会意愿和要求的最大公约数，是人民民主的真谛。”[③]广泛、深入协商的过程就是广纳群言、集思广益的过程，就是求同存异、聚同化异的过程，就是增进共识、凝心聚力的过程。

人民政协是国家治理体系的重要组成部分，国家治理需要解决的是人心和力量问题即凝聚共识问题。“人心向背、力量对比是决定党和人民事业成败的关键，是最大的政治。统战工作的本质要求是大团结大联合，解决的就是人心和力量问题。”[④]换言之，国家治理必须解决“人多”和“人心”问题。“人多”才能“力量大”，“人心齐”才能“泰山移”。人民政协作为统一战线组织，能够把各党派、各民族、各宗教、各阶层和海内外同胞聚合起来，解决国家治理首先需要的“人多”问题。但是，仅仅“人多”还远远不够，如果没有共同的目标，各种政治力量必然会因方向不一致而离心离德、力量涣散。人民政协是中国共产党团结带领最广大的同盟者为了实现共同的目标而奋斗的政治联盟，党的领导以及共同目标是人民政协把各种政治力量团结起来、凝聚起来形成心往一处想、力往一处使、智往一处谋的“一致性”方向，能够确保全党全社会在道路、制度、方向等根本问题上的高度一致。

---

① 习近平：《习近平谈治国理政》（第2卷），外文出版社2017年版。

② 中国人民政治协商会议全国委员会研究室、中共中央文献研究室第四编研部编：《老一代革命家论人民政协》，中央文献出版社1997年版。

③ 中共中央文献研究室编：《十八大以来重要文献选编》（中），中央文献出版社2016年版。

④ 中共中央文献研究室编：《十八大以来重要文献选编》（中），中央文献出版社2016年版。

人民政协是具有中国特色的制度安排，这一制度安排为凝聚共识提供了制度保障。在庆祝人民政协成立65周年大会上的讲话中，习近平总书记提出："中国特色社会主义制度的生命力，就在于这一制度是在中国的社会土壤中生长起来的，人民政协就是适合中国国情、具有鲜明中国特色的制度安排。"[①] 5年后，在庆祝人民政协成立70周年大会上的讲话中，习近平总书记把1949年中国人民政治协商会议第一届全体会议作为"人民政协制度正式确立"的标志。这就意味着人民政协自成立之日起就是新中国制度设计的重要组成部分。在人民政协成立和发展的70多年历史中，人民政协制度吸收马克思列宁主义统一战线理论、政党理论和民主政治理论并把它们与中国革命、建设和改革的具体实践结合起来，形成了诸多鲜明的理论特色和实践特色。习近平总书记明确人民政协是具有中国特色的制度安排，把人民政协履职尽责提升到国家制度的层面，为人民政协吸纳不同意见、协调不同利益、化解社会矛盾、凝聚社会共识提供了制度保障。而且，这样一种制度安排，能够把方方面面的力量紧密团结在一起，这是"中国之治"背后的重要制度密码，与"西方之乱"及其在利益分殊基础上的政治博弈、政治离散和政党之间恶性竞争、互黑互撕形成鲜明对照，更加凸显了中国"我有你没有"的制度特色和"我能你不能"的比较优势。

二、政协协商与凝聚共识的契合关系

政协协商是以凝聚共识为目标的协商民主。"在人民内部各方面广泛商量的过程，就是发扬民主、集思广益的过程，就是统一思想、凝聚共识的过程，就是科学决策、民主决策的过程，就是实现人民当家作主的过程。"[②] 习近平总书记的这一论断明确了协商民主与凝聚共识的关系，即协商民主的过程就是凝聚共识的过程。《中共中央关于加强社会主义协商民主建设的

① 中共中央文献研究室编：《十八大以来重要文献选编》（中），中央文献出版社2016年版。
② 中共中央文献研究室编：《十八大以来重要文献选编》（中），中央文献出版社2016年版。

意见》提出，协商民主是“努力形成共识的重要民主形式”[①]。作为协商民主的重要渠道，政协协商是“在中国共产党领导下，参加人民政协的各党派团体、各族各界人士履行政治协商、民主监督、参政议政职能，围绕改革发展稳定重大问题和涉及群众切身利益的实际问题，在决策之前和决策实施之中广泛协商、凝聚共识的重要民主形式”[②]。政协协商的这一概念界定更明确地将“凝聚共识”作为政协协商的目标指向。

政协协商内含着凝聚共识的要素和特质，政协协商主体的多元性、协商内容的公共性、协商程序的民主性、协商结果的共享性等特征与凝聚共识具有内在的契合关系，政协协商能够为凝聚共识积累能量和资源，是凝聚共识必需的民主形式和有效途径。

首先，主体多元性。凝聚共识是以多元、多样、差异为基础的，不同国家、民族、阶层、党派、单位、家庭有不同的价值观念，即使同一个国家、民族、阶层、党派、单位、家庭内部，不同个体之间也存在思想、观念、认识上的差异，绝对一致是不可能的。正是因为有这些多元和多样、差异和分歧的存在，才有减少和消除分歧、求大同存小异的必要。从政协协商的定义可以看出，政协协商的主体是参加政协的“各党派团体、各族各界人士”，政协协商是在承认“各党派团体、各族各界人士”不同价值观念、政治偏好、利益倾向前提下进行的，这与凝聚共识高度契合。政协协商能够提供多元主体参与的平台，激发多元主体的活力，畅通社情民意表达的渠道，因而成为凝聚共识的有效途径。

其次，内容公共性。“共”是共识存在的前提。单个主体不存在“共”的问题，多个个体构成的群体、集体才可能构成“共”。这种“共”性可以大到全球、全人类层面，也可以小到一个单位、企业、家庭层面，还有居于二者之间的中观层面，如一个阶级、阶层、党派。这些不同的主体之所以能够达成共识，是因为他们有共同关心的问题或共同的利益，即关注内容的公共

① 中共中央文献研究室编：《十八大以来重要文献选编》（中），中央文献出版社 2016 年版。

②《关于加强人民政协协商民主建设的实施意见》，中央文献出版社 2015 年版。

性。这种公共性的内容可以是政治领域的，可以是经济领域的，可以是社会领域的，可以是文化领域的，也可以是生态领域的。政协协商的内容是“改革发展稳定重大问题和涉及群众切身利益的实际问题”，这些问题涵盖经济、政治、文化、社会、生态等方方面面，但毫无疑问都是具有公共性的公共问题，不然就不构成不同主体共同协商的条件。政协就这些公共问题开展协商，最终落脚点在于推动社会和谐、增进人民福祉。

再次，程序民主性。凝聚共识不是高压或威权下的、强制性的表面一致和虚假共识，而是经过充分交流甚至辩论淘汰一些非理性的看法、观点基础上的共识，是说服他人或转变自己看法基础上的共识。民主是凝聚共识的内在要求。试想，如果没有民主，人民的价值诉求不能通过有效渠道表达，人民的利益不能通过合法渠道实现，那又怎么凝心聚力？而“真实民主的唯一条件是要求人们在交往中对偏好的考虑是非强制性的，这相应地要求排除因权力运用而形成的支配，以及控制、灌输、宣传、欺骗、纯私利的表达、胁迫（有些讨价还价的特征）和进行意识形态同化的企图”[①]。政协协商民主不是为协商而协商、为民主而民主，而是在广泛、平等、真诚、深入沟通基础上聚同化异、增进共识。从这一意义上讲，政协协商和凝聚共识的过程都是发扬民主的过程，政协协商本身就是凝聚共识的民主形式。

最后，结果共享性。“没有共同的利益，也就不会有统一的目的，更谈不上统一的行动。”[②]共识能否达成，关键在于它对于“共”的主体能不能产生物质上或精神上的利益和价值，或者说，共识达成的结果是否符合“共”的主体的需求、能否对主体产生实际作用。共识不排斥个人利益或局部利益，但又不是个人利益或局部利益，而是诸多个人利益、局部利益的“交集”。在政协协商中，多元主体之间即使存有不同利益甚至利益冲突，但都是在尊重、包容他者利益的基础上的理性妥协和利益“偏好聚合”，其目标

---

① ［澳］约翰·S. 德雷泽克：《协商民主及其超越：自由与批判的视角》，丁开杰等译，中央编译出版社 2006 年版。

② 《马克思恩格斯文集》（第 2 卷），人民出版社 2009 年版。

是“最大公约数”。这个“最大公约数”是摒弃极端自利后的公共利益，是每个人利益或价值诉求中具有“共”性的东西。换言之，政协协商寻求“最大公约数”的过程就是通过制度化、规范化、程序化的途径凝聚共识的过程。

三、以政协协商凝聚共识

有观点认为，在全面深化改革的今天，在“三个更加多样”和“四个前所未有”的复杂形势下，凝聚共识是不可能的，甚至把凝聚共识说成是伪命题。对此，习近平总书记有针对性地进行了回应：“只要加强思想引导，把党内外一切可以团结的力量广泛团结起来，把国内外一切可以调动的积极因素充分调动起来，是完全可以形成共识的。”[①] 问题的关键在于能否找到凝聚共识的有效路径和方法。“专门协商机构”综合承载了人民政协的性质定位，精准地表达了人民政协的“民主”特质和“协商”精神，为通过协商凝聚共识指明了方向。

第一，加强党对政协协商的领导，以主心骨凝聚共识。

14亿中国人能否凝聚起来，取决于是否有共同的政治目标、方向、原则。中国共产党是中国特色社会主义事业的领导核心，是中国人民最可靠的主心骨，是把方方面面的力量聚合起来的中心、核心和圆心，具有统揽各方、协调各方的能力。中国共产党领导是全体中国人民的共同选择，也是人民政协制度最本质的特征。政协各级组织和各项活动都必须坚持中国共产党领导。凝聚共识首先要凝聚坚持中国共产党领导这一政治共识和根本政治原则。如果没有党的坚强领导，政协就如一盘散沙，就谈不上凝聚共识的问题。

在政协协商中加强党的领导，一要加强政协党组织在协商工作中的政治领导力、思想引领力、群众组织力、社会号召力。各级政协党组要在“引导各民主党派、无党派人士、各人民团体和各族各界人士深刻认识人民政协是

① 《马克思恩格斯全集》（第1卷），人民出版社1995年版。

一个政治共同体”“建立政协党组同参加政协的各民主党派、无党派人士经常性联系制度”方面多下功夫，要正确处理一致性与多样性的关系，“要及时了解统一战线内部思想动态，把在一些敏感点、风险点、关切点上强化思想政治引领同经常性思想政治工作结合起来，求同存异、聚同化异，推动各党派团体和各族各界人士实现思想上的共同进步”[①]。二要健全和完善政协协商的制度设计，如政协重大工作向党委报告制度、委员推荐提名工作机制等，使政协协商更加制度化、规范化、程序化。三要重视发挥政协组织中共产党员的作用。“共产党员”和“政协委员”的双重身份要求政协组织中的共产党员在思想、言论和行动上有更高的标准，通过自己的先锋模范作用联系、团结、凝聚党外人士。四要营造支持政协协商的良好氛围。坚持“三不”方针（不打棍子、不扣帽子、不抓辫子），支持政协独立负责、协调一致地开展工作，营造畅所欲言、各抒己见、理性有度、合法依章的良好协商氛围。通过加强党对政协协商的领导，加强思想政治引领，使政协“努力成为坚持和加强党对各项工作领导的重要阵地、用党的创新理论团结教育引导各族各界代表人士的重要平台、在共同思想政治基础上化解矛盾和凝聚共识的重要渠道”[②]。

第二，围绕公共问题开展协商，以共同利益凝聚共识。

“人们为之奋斗的一切，都同他们的利益有关”[③]。利益结构是人类社会的根本结构，利益因素是影响共识能否达成的根本因素。凝聚共识的过程就是协调利益关系、化解利益矛盾、形成共同利益的过程。如果没有共同利益，或者利益矛盾和冲突不能化解、协调，共识就不可能达成。

社会主义制度优越性的一个突出表现，就是在社会主义社会中，全体人民的根本利益是一致的。这种优越性也充分体现在人民政协制度中。通过这

① 习近平：《在中央政协工作会议暨庆祝中国人民政治协商会议成立70周年大会上的讲话》，《人民日报》2019年9月21日。

② 习近平：《在中央政协工作会议暨庆祝中国人民政治协商会议成立70周年大会上的讲话》，《人民日报》2019年9月21日。

③《马克思恩格斯全集》（第1卷），人民出版社1995年版。

种制度安排，人民政协既能代表和维护人民内部不同民族、宗教、党派、界别、团体互有差异的具体利益，又能对这些具体利益进行有效协调和整合，代表和维护最广大人民群众具有一致性的共同利益、长远利益、根本利益。但是，在全面深化改革的今天，社会结构深刻变动，利益格局深刻调整，思想观念深刻变化，各种利益关系错综复杂，各种利益矛盾交织叠加，在一些具体问题上也存在局部利益与整体利益、眼前利益与长远利益的矛盾甚至冲突，这对人民政协统筹兼顾各方面利益、凝聚共识提出了更高的任务和要求。政协推进协商民主、凝聚共识必须坚持以人民为中心，聚焦人民群众的根本利益；必须健全利益表达机制，使不同利益主体的愿望和诉求能够通过合法渠道有序反映，并最终被吸纳到公共决策中来。政协要善于通过协商把个别的、局部的、暂时的、分散的利益整合为整体利益、长远利益，善于化解因个人利益、局部利益问题产生的矛盾和纠纷，增强全社会对党的路线、方针、政策的认同和支持，从而在最大范围内增进共识。政协在协商议题设置时要围绕中心、服务大局，同时，不同层次的人民政协要有不同的关注重点，瞄准重点问题、短板问题和弱项问题开展协商。

第三，健全协商机制、培育协商文化，以人民民主凝聚共识。

“专门协商机构”的定位为人民政协把协商民主作为主责主业和工作重点提供了专门的组织体系和协商平台，《中华人民共和国宪法》《中国人民政治协商会议章程》《中国人民政治协商会议制度》等为政协协商提供了法律和制度依据，《关于加强人民政协协商民主建设的实施意见》为政协协商提供了操作规范。人民政协工作要突出“专门协商机构”的定位，提升政协协商“专”的质量和水平，应把健全协商机制、培养协商文化作为着力点。习近平总书记指出，政协协商应“相互尊重、平等协商而不强加于人，遵循规则、有序协商而不各说各话，体谅包容、真诚协商而不偏激偏执，形成既畅所欲言、各抒己见，又理性有度、合法依章的良好协商氛围”[①]。

① 习近平：《在中央政协工作会议暨庆祝中国人民政治协商会议成立70周年大会上的讲话》，《人民日报》2019年9月21日。

在协商机制方面，健全和完善政协协商的具体工作机制，把协商民主贯穿到政协履职的全过程和各方面，特别是在双周协商、界别协商等专有的协商形式方面制定专有的协商机制，使多元主体参与协商有制度、有机制、有程序，为凝聚共识提供制度化的通道。在协商文化方面，政协协商应坚持“民主协商、平等议事、求同存异、体谅包容”的原则，保障每一个参与主体和利益相关者能够相互尊重、体谅包容、真诚协商、平等议事，即使是少数派或弱势群体，也有平等的发言权和畅所欲言的机会，为聚合各种偏好、凝聚共识创造条件。要传承中华民族兼容并包、兼收并蓄、和而不同、求同存异等优秀政治文化，积极培育与时代要求和当前任务相适应的中国特色社会主义协商文化，倡导“有事多商量、遇事多商量、做事多商量”的协商精神，鼓励广大政协委员畅所欲言，为广聚共识奠定文化基础。

第四，聚焦人民对美好生活的向往，以中国梦凝聚共识。

以习近平同志为核心的党中央提出了中华民族伟大复兴中国梦的重大战略思想。中国梦的实现需要汇集14亿中国人的智慧，凝聚14亿中国人的力量。人民政协代表性强、联系面广、包容性大、位置超脱、智力雄厚，在凝聚海内外中华儿女智慧和力量方面具有显著优势。实现中国梦，形成民族复兴的伟大力量，必须充分发挥人民政协的优势。

中国梦是国家富强梦、民族复兴梦，也是每一个中国人的幸福梦。让全国人民过上美好生活是中国梦的根本价值追求。习近平总书记强调：“中国梦是人民的梦，必须同中国人民对美好生活的向往结合起来才能取得成功。”[①] 当前人民对美好生活的向往是多样化、多层次、多方面的，人民期盼有“更好的教育、更稳定的工作、更满意的收入、更可靠的社会保障、更高水平的医疗卫生服务、更舒适的居住条件、更优美的环境、更丰富的精神文化生活”[②]。因此，以中国梦凝聚共识，必须让每个中国人明白中国梦对于每个个体意味着什么，它能满足每个中国人什么样的需求，它与每个人的生活

① 习近平：《习近平谈治国理政》（第2卷），外文出版社2017年版。
② 中共中央文献研究室编：《习近平关于社会主义社会建设论述摘编》，中央文献出版社2017年版。

有什么样的关系。只有明白了这一点才能找准协商民主的切入点，才能让人民群众理解、认同中国梦，才能以此为价值形成最广泛的社会共识。人民政协要围绕人民最关心最直接最现实的利益问题、与人民群众的生活息息相关的现实问题开展协商，将人民群众最直接、最现实的诉求反馈给党和政府，使党和政府的决策最终都是为了实现“幼有所育、学有所教、劳有所得、病有所医、老有所养、住有所居、弱有所扶”[①]的愿景。只有这样，才能获得广泛和深厚的群众基础，才能增进人民群众的价值认同和情感认同，才能画出最大同心圆、共筑中国梦。

① 习近平：《中共中央关于坚持和完善中国特色社会主义制度 推进国家治理体系和治理能力现代化若干重大问题的决定》，《人民日报》2019 年 11 月 6 日。

社会主义协商民主制度：特点、优势和完善路径*

崔靖娟**

2022年10月16日，习近平总书记在中国共产党第二十次全国代表大会上的报告中指出："人民民主是社会主义的生命，是全面建设社会主义现代化国家的应有之义。"在新时期中国特色社会主义发展道路上，人民民主越来越受到重视，社会主义协商民主制度的重要性日益凸显，也是社会主义民主制度和政治制度发展的必然要求。协商民主是在中国共产党领导下，人民内部各方面围绕改革发展稳定重大问题和涉及群众切身利益的实际问题，在决策之前和决策实施之中开展广泛协商，努力形成共识的重要民主形式。①党的十八大报告明确指出，"社会主义协商民主是我国人民民主的重要形式"，要"健全社会主义协商民主制度"。党的十九大报告进一步强调，要"发挥社会主义协商民主重要作用"。党的二十大报告提出，"协商民主是实践全过程人民民主的重要形式"。协商民主制度是在民主基础上进行协商，

* 基金项目：本文是北京市习近平新时代中国特色社会主义思想研究中心、北京市社科基金2020年度重大项目——《社会主义协商民主的制度特点和优势研究》（项目编号：20LLZZA018）的阶段性成果。

** 崔靖娟，北京联合大学马克思主义学院讲师。

① 《中共中央印发〈关于加强社会主义协商民主建设的意见〉》，《人民日报》2015年2月10日。习近平总书记提出："人民通过选举、投票行使权利和人民内部各方面在重大决策之前进行充分协商，尽可能就共同性问题取得一致意见，是中国社会主义民主的两种重要形式。"由此可知，协商民主是体现我国社会主义民主的重要形式，讨论的是人民内部各方面的问题。

能够汲取各方面建议和意见，在我国社会主义政治制度中占有重要地位。

一、社会主义协商民主制度的特点

社会主义协商民主制度是中国共产党和人民在革命、建设和改革实践过程中的伟大创造，具有鲜明的中国特色①，从根本上就不同于西方协商民主。2013年11月，习近平总书记在党的十八届三中全会上明确提出："协商民主是我国社会主义民主政治的特有形式和独特优势。"②2014年9月，习近平总书记在庆祝中国人民政治协商会议成立65周年大会上的讲话中强调，"我们要全面认识社会主义协商民主是中国社会主义民主政治的特有形式和独特优势这一重大判断"。③2015年，《关于加强社会主义协商民主建设的意见》指出："社会主义协商民主是中国共产党和中国人民的伟大创造，源自中国共产党领导人民进行革命、建设、改革的长期实践。"④事实证明，社会主义协商民主也只有在中国特色社会主义的环境下才能够切实实行，具有独特性。

社会主义协商民主制度具有规范化和程序化的特点。党的十九大报告提出，"加强协商民主制度建设，形成完整的制度程序和参与实践"。在以习近平同志为核心的党中央坚强领导下，社会主义协商民主制度正朝着多层次、多方位、多领域发展。我国正在不断构建和完善程序合理、环节完整的社会主义协商民主体系，确保协商民主有制可依、有规可守、有章可循、有序可遵。2013年，党的十八届三中全会通过了《中共中央关于全面深化改革

① 习近平总书记指出："社会主义协商民主在我国有根、有源、有生命力，是中国共产党人和中国人民的伟大创造。"（《学习贯彻党的十八届四中全会精神 运用法治思维和法治方式推进改革》，《人民日报》2014年10月28日）

② 中共中央文献研究室编：《十八大以来重要文献选编》（上），北京：中央文献出版社2014年版。

③ 习近平：《在庆祝中国人民政治协商会议成立65周年大会上的讲话》，《人民日报》2014年9月22日。

④《中共中央印发〈关于加强社会主义协商民主建设的意见〉》，《人民日报》2015年2月10日。

若干重大问题的决定》，阐释了协商民主体系建设和协商渠道，即“构建程序合理、环节完整的协商民主体系，拓宽国家政权机关、政协组织、党派团体、基层组织、社会组织的协商渠道；深入开展立法协商、行政协商、民主协商、参政协商、社会协商”。在党的十九大报告中，习近平总书记再次强调：“要推动协商民主广泛、多层、制度化发展，统筹推进政党协商、人大协商、政府协商、政协协商、人民团体协商、基层协商以及社会组织协商。”① 从协商渠道来看，由立法协商、行政协商、民主协商、参政协商和社会协商等五大协商渠道，扩展为政党协商、人大协商、政府协商、政协协商、人民团体协商、基层协商和社会组织协商七大协商渠道。习近平总书记在中国共产党第二十次全国代表大会上的报告中指出：“全面发展协商民主，推进协商民主广泛多层制度化发展，坚持和完善中国共产党领导的多党合作和政治协商制度，完善人民政协民主监督和委员联系界别群众制度机制。”社会主义协商民主组织体系和程序过程不断完善，保障国家的大事小情都可以在决策前和实施中按照制度提出、征求各方建议，从而构建起结构合理、层次清晰、科学规范的制度保障。

2013 年，《中共中央关于全面深化改革若干重大问题的决定》指出，协商民主“是党的群众路线在政治领域的重要体现”。由此可见，社会主义协商民主制度具有深刻的广泛性。参与民主协商的主体人数众多，协商内容丰富，协商方式多样，事事协商、时时协商。习近平总书记强调：“社会主义协商民主，应该是实实在在的、而不是做样子的，应该是全方位的、而不是局限在某个方面的，应该是全国上上下下都要做的、而不是局限在某一级的。”协商民主既尊重多数人的意愿，又顾及少数人的合理诉求，有利于提升决策效率，推进决策科学化，从而有助于凝聚全社会的智慧与力量，推进中国特色社会主义伟大事业向前发展。社会主义协商民主制度的广泛性决定了其就是让人民群众积极参与并充分表达自己的利益诉求，因此还具有实践

① 习近平：《决胜全面建成小康社会 夺取新时代中国特色社会主义伟大胜利》，人民出版社 2017 年版。

性。党的十九大报告指出："加强协商民主制度建设，形成完整的制度程序和参与实践，保证人民在日常政治生活中有广泛持续深入参与的权利。"社会主义协商民主制度的规范化和程序化的特点也保障着广大人民的切实参与和实践。

二、社会主义协商民主制度的优势

我国社会主义协商民主制度有着自身独特优势，包括党的领导优势、制度保障优势、实践优势、文化优势、成效显著优势等。

党的领导优势是我国社会主义协商民主制度的最大优势，协商民主的领导核心是中国共产党。中国共产党有严格的纪律和先进的指导思想，是社会主义协商民主制度的制定者和实施者，必然带领人民群众实现真正的协商民主。习近平总书记在党的十九大报告中指出："协商民主是实现党的领导的重要方式。"[①] 党的领导为社会主义协商民主制度健康发展与正常运作提供根本保障。

制度保障优势和实践优势。我国人民代表大会制度、共产党领导的多党合作和政治协商制度、民族区域自治制度以及基层群众自治制度等为社会主义协商民主制度提供了理论基础和政治支撑。另外，社会主义协商民主制度还具有规范化和程序化的特点，人民通过正规途径和规范程序来表达自身利益诉求。由此可见，这些均为我国社会主义协商民主实践的顺利开展提供强有力保障。政党协商、人大协商、政府协商、政协协商、人民团体协商、基层协商以及社会组织协商等各类协商渠道互相配合，从中央到地方、基层，从各机关单位到组织团体，都发挥着非常重要的作用。这使得我国协商民主体现在各地区、各层级、各时段，拥有实践优势，保证人民群众在日常生活中广泛、深入、持续地参与协商。

---

① 习近平：《决胜全面建成小康社会 夺取新时代中国特色社会主义伟大胜利》，人民出版社 2017 年版。

社会主义协商民主制度有深厚的文化根基，具有文化优势。协商民主植根于中华民族几千年来沉淀的优秀传统文化理念，源自中华民族长期形成的兼容并蓄、求同存异、天下为公等优秀政治文化，深受传统文化中“和”“合”“中”“民本”等基本因素影响，主张和而不同、忠恕仁和、合群睦众等。而且，自新中国成立以来，共产党就不断建立、发展和完善社会主义民主政治，大力弘扬人民主权和自由民主思想，营造良好的民主政治文化氛围，并注重逐步提高协商者自身的文化素养和政治水平。

社会主义协商民主制度还有成效显著的优势。习近平总书记明确指出，在中国共产党统一领导下，通过多种形式的协商，广泛听取人民意见和建议，广泛接受人民批评与监督，能够达到“五个可以”的效果：可以广泛达成决策和工作的最大共识，有效克服党派和利益集团为自己的利益相互竞争甚至相互倾轧的弊端；可以广泛畅通各种利益要求和诉求进入决策程序的渠道，有效克服不同政治力量为了维护和争取自己的利益固执己见、排斥异己的弊端；可以广泛形成发现和改正失误和错误的机制，有效克服决策中情况不明、自以为是的弊端；可以广泛形成人民群众参与各层次管理和治理的机制，有效克服人民群众在国家政治生活和社会治理中无法表达、难以参与的弊端；可以广泛凝聚全社会推进改革发展的智慧和力量，有效克服各项政策和工作共识不高、无以落实的弊端。

社会主义协商民主制度有利于达成共识、消除误解、改正错误、克服弊端、凝聚力量等，集中说明协商民主在我国的优势和生命力，体现出社会主义协商民主的重要作用。

三、完善社会主义协商民主制度的路径

社会主义协商民主制度在我国国家治理、凝聚社会力量中具有十分重要的地位。在党的十九大报告中，习近平总书记提出要“发挥社会主义协商民主重要作用”。党的二十大报告指出：坚持和完善中国共产党领导的多党合作和政治协商制度，坚持党的领导、统一战线、协商民主有机结合，坚持发

扬民主和增进团结相互贯通、建言资政和凝聚共识双向发力，发挥人民政协作为专门协商机构作用，加强制度化、规范化、程序化等功能建设，提高深度协商互动、意见充分表达、广泛凝聚共识水平，完善人民政协民主监督和委员联系界别群众制度机制。

为保证大多数人利益，提高决策科学化、民主化，充分发挥社会主义协商民主制度优势，就要不断丰富协商民主形式，完善协商民主路径，使得公民可以充分表达自己的看法和诉求，提高政治参与度、实践主动性和积极性，从而促进我国民主政治不断发展。

健全社会主义协商民主制度首先必须把握社会主义协商民主发展的主要方向，而中国共产党的领导是社会主义民主政治的本质特征，这就必须坚持和加强党对协商民主建设的领导。只有保证广大人民群众坚定不移地跟党走，才能顺利推进社会主义协商民主制度发展。必须坚持党的领导、人民当家作主、依法治国有机统一，贯彻落实民主集中制，坚定不移地走中国特色社会主义民主政治发展道路。

建立和健全更多、更快捷的可以促进人民民主协商的多元化渠道和平台。习近平总书记在党的十九大报告中指出："人民政协是具有中国特色的制度安排，是社会主义协商民主的重要渠道和专门协商机构。"① 要充分发挥人民政协在协商民主中的重要作用，提升人民政协协商能力水平。党的十九大报告还提出："统筹推进政党协商、人大协商、政府协商、政协协商、人民团体协商、基层协商以及社会组织协商。"因此，除发挥好人民政协作用外，还要加强政党协商，开展人大协商，推进政府协商，做好政协协商、人民团体协商，推动基层协商，开展社会组织协商等。党的二十大报告再次强调：完善协商民主体系，统筹推进政党协商、人大协商、政府协商、政协协商、人民团体协商、基层协商以及社会组织协商，健全各种制度化协商平台，推进协商民主广泛多层制度化发展。

各类协商渠道要根据自身特点和实际需要进行改革，发挥好各自优势，

① 习近平：《决胜全面建成小康社会 夺取新时代中国特色社会主义伟大胜利》，人民出版社 2017 年版。

合理确定协商方式，做好衔接与配合，协调各方利益关系，不断健全和完善社会主义协商民主制度。

从社会主义协商内容来看，各方面、各层级的社会主义民主协商都要注意增强协商内容的透明度，定期和按时制定、公布协商事项，如党和国家重大方针政策的制定和实施问题、国民经济发展规划、社会公共事务和其他涉及人民群众切身利益的问题等，要确保公民的知情权、参与权和表达权。

中国共产党人士、政府方面人士、各民主党派和无党派方面人士、各人民团体方面人士、各民族及各界代表人士和其他社会公众等不同协商民主主体也要注重提升自身的协商素质和政治能力水平，增强自觉参与协商的意识，积极表达、沟通与协商，持续、深入参与决策之前和决策实施过程之中的协商民主过程，提出意见和建议，保证协商的公平性、合理性。另外，还可以树立、表彰协商民主典型和榜样，充分发挥先锋模范的带头作用，从而提升群众的主动性和积极性。

此外，还要继续发挥社会主义协商民主的制度优势，增强法治建设，尤其是加强对协商民主的监督力度。这需要健全对协商成果落实过程和最后结果的监督以及问责机制，协商主体也要积极跟进民主协商之后的实施，并及时反馈意见。媒体也应发挥舆论监督作用，对各类协商事项进行跟踪和报道。

总而言之，社会主义协商民主制度是我国特色社会主义民主政治的重要组成部分，具有鲜明的独特性、规范化、程序化、广泛性和实践性等特点，有着党的领导优势、制度保障优势、实践优势、文化优势和成效显著优势。而顺应新时代变化，不断健全、拓展和完善社会主义协商民主制度路径，就需要坚持党的领导、充分发挥各类协商渠道和协商主体的作用、增强协商内容透明度、加强制度建设和监督力度。将社会主义协商民主制度的优势逐渐转化为治理效能，发挥好社会主义协商民主的积极作用，是实现人民民主的保障，是加强我国政治建设与推进政治制度发展的重要内容。

从理念到实践：试论社会主义协商民主与我国国家治理现代化*

宋菊芳**

习近平总书记在党的十九届四中全会中指出："坚持和完善中国特色社会主义制度、推进国家治理体系和治理能力现代化，是关系党和国家事业兴旺发达、国家长治久安、人民幸福安康的重大问题。"① 国家治理本质上是社会权力运用的过程，是国家和社会各方力量的博弈过程，是一系列用来规范社会权力运用和维护公共秩序的制度安排的总称。坚持和完善中国特色社会主义制度，最重要的就是坚持和完善我国社会主义政治制度。作为我国人民民主政治制度核心之一的"协商民主"，在民主性、程序性、科学性和法治性四个方面，与国家治理体系现代化所要求的民主化、有序化、公平化和制度化存在着高度的契合。

一、社会主义协商民主与国家治理理念的契合

"协商民主"是一种以多元政治参与为基础，通过平等、有序协商方式

---

* 中央社院统一战线高端智库课题《党的十八大以来协商民主理论与实践的发展研究》（课题编号：ZK20200230）的阶段性成果。

** 宋菊芳，法学博士，北京社会主义学院副教授，中央社会主义学院统一战线高端智库特约研究员。

① 习近平：《坚持和完善中国特色社会主义制度、推进国家治理体系和治理能力现代化》，《求是》2020 年第 1 期。

来达成利益共识的一种民主形式，是一种能够有效回避结构利益分化、文化多元背景下社会不同阶级、阶层、团体之间问题的民主治理形式。国家治理现代化是党的十八大以来中共中央以全面深化改革引领社会发展而作出的重大战略举措，也是建设社会主义现代化国家的必然要求。习近平总书记指出，“党的十八届三中全会提出的全面深化改革的总目标，就是完善和发展中国特色社会主义制度、推进国家治理体系和治理能力现代化。这是坚持和发展中国特色社会主义的必然要求，也是实现社会主义现代化的应有之义”。[①] 这说明社会主义协商民主建设与国家治理体系和治理能力现代化有契合之处。

根据党的十八届三中全会作出的《中共中央关于全面深化改革若干重大问题的决定》精神，推进国家治理现代化，关键在于正确处理社会组织和党政机构之间、公民参与和国家治理之间的关系，调动人民群众有序政治参与的积极性。作为适应社会价值的权威性分配活动，社会主义协商民主与国家治理现代化理论都以维护社会公共利益、达到社会善治为目标，体现了二者在治理理念上的契合，并为社会主义协商民主理论与国家治理现代化理论的融合发展提供了可能。

（一）在过程中都崇尚公共理性

人区别于其他动物的特点之一在于人是由超越感性的理性支配。在社会结构多元化的现实背景下，人的公共理性被视为促进社会生成协商合作公共秩序的一种重要精神，存在于纷繁复杂的现代政治活动中。理性表达利益诉求和公共理性精神既是协商民主理论的重要特征，也是国家治理现代化的重要特征。随着社会的转型，以国家治理理论为基础的“善治”社会成为各个国家追寻的理想状态。在此过程中，培育公共理性精神，使更多治理主体参与到维护公共利益的社会活动中来，是实现国家“善治”的核心和关键。因

①《习近平：完善和发展中国特色社会主义制度、推进国家治理体系和治理能力现代化》，中国共产党新闻网人，http：//cpc.people.com.cn/n/2014/0218/c64094-24387048.html，2014年2月18日。

此，社会主义协商民主理论与国家治理现代化理论在崇尚公共理性精神方面找到了理论契合点，成为社会主义协商民主推进国家治理现代化进程中的重要环节。

（二）在运行中都注意规范权力

从专制走向民主、从统治走向治理是人类政治发展的一般规律，也是中国民主政治进步的必然要求，其核心在于通过协调政党、国家、人民、市场之间的关系来规范国家权力的运行。在协商民主理论视域下，公民与国家政权之间在现实政治生活中存在着紧密的政治联系，而国家权力的合法运行必须接受公民和社会团体等政治群体的监督，从而保障国家政治权力的规范运行。对于国家治理现代化而言，从统治走向治理，尤其是从单一主体管理走向协商合作治理，体现了社会治理模式从国家单纯依靠政治权力管控向国家与社会互动的转变，是国家权力向公民权利的回归。可见，协商民主理论与国家治理现代化理论都是通过主张社会主体的政治参与来加强对国家权力的监督，以规范政府部门政治权力的运行。而在此过程中，协商合作是协商民主理论与国家治理现代化理论提倡的共同治理形式，它打破了公共政治权力的主导性和单一性运行模式，而成为规范国家政治权力运行和提高民主质量的重要方式，这在一定程度上把国家权力关进了制度的笼子。

（三）在政治上都具有“社会主义”特别是“中国特色社会主义”的政治属性

习近平总书记在庆祝中国共产党成立95周年大会上发表重要讲话强调：“方向决定道路，道路决定命运。中国特色社会主义不是从天上掉下来的，是党和人民历尽千辛万苦、付出巨大代价取得的根本成就。中国特色社会主义，既是我们必须不断推进的伟大事业，又是我们开辟未来的根本保证。”社会主义协商民主制度是中国特色社会主义的一部分，国家治理现代化也是在中国特色社会主义的框架下，二者都坚持党的领导这一最本质特征，坚持以人民为中心这一根本立场，坚持一致性与多样性统一这一基本原理，坚持“大家的事情大家一起商量”这一基本方法，坚持既维护多数人的利益又倾听少数人的声音这一基本原则，坚持维护和保持社会和谐稳定这一基本目标等。因此，二者在政治上都具有“社会主义”特别是“中国特色社会主义”的政治属性。

（四）在时间上同属于现代化的进程中

民主是全人类共同的价值追求，但对于什么是民主、如何实现民主，不同历史时期和各个国家的理论与实践多种多样。在现代化进程中，社会主义协商民主逐渐将马克思主义民主理论与中国实际相结合，借鉴人类政治文明的有益成果，吸收中国传统文化和制度文明中的民主性因素，形成了具有鲜明特色、保证人民民主的政治制度安排。党的十八届三中全会指出，当前全面深化改革的总目标是完善和发展中国特色社会主义制度，推进国家治理体系和治理能力现代化。总体上看，我国的国家治理体系和治理能力是适应中国国情和发展的要求的，而且具有独特的优势。但是，随着社会发展阶段的变化和国家战略任务的调整，在全面建成小康社会、实现中华民族伟大复兴的历史任务面前，党和人民对于国家治理提出了更高的要求。因此，完善国家治理体系，提升国家治理能力，将是当前和今后较长一段时间国家发展的重大战略和现实需求，也是我国在现代化进程中的一个重要课题。因此，二者在时间上同属于现代化的进程中。

二、社会主义协商民主对国家治理现代化的特殊意义

国家治理现代化包括国家治理理念现代化、国家治理体系现代化和国家治理能力现代化。其中，治理理念现代化是指国家治理的一系列明确发展方向，是确保路线正确的需要。治理体系现代化是指国家治理组织系统结构的现代化；治理能力现代化是指国家治理者素质和方法方式的现代化。社会主义协商民主作为我国社会主义民主政治的特有形式，具有独特优势。社会主义协商民主是社会主义民主制度的形式之一，经过中国共产党在长期领导革

命、建设、改革过程中的不断发展，最终成为国家治理体系的一部分，对国家治理现代化有特殊意义。

（一）在治理理念方面，社会主义协商民主尊重少数人的意见，指引了国家治理的方向

协商民主是中国人民民主的重要组成部分，与选举民主相辅相成。民主理论认为，民主是以多数决定、同时尊重个人与少数人的权利为原则，在一定程度上反映共同的意志从而作出合理的决策。通常人们在谈到民主的时候，更注重从程序的形式上判断民主是否实现。程序民主通常就是人们谈到的选举民主。选举民主较之协商民主更早地被实践所认可，在于其效率性和判断性。在中国，选举民主按照少数服从多数的原则决定重大事项，集中体现在宪法、法律的制定；大政方针、重大事项的决定；国家领导人的选举等方面，表现为执政党、参政党、人大、政府、政协、司法机关、基层、人民团体、民族自治地区、特别行政区等各个政治主体积极地参与政治生活。社会主义选举民主是我国人民民主的根本形式，而社会主义协商民主是我国人民民主的重要形式，两者相互补充、相辅相成、相得益彰。

协商民主在高效地依据程序正义，遵照“少数服从多数”的原则的同时，不忽略少数人意见的价值。《中国的政党制度》白皮书指出，“选举民主与协商民主相结合，是中国社会主义民主的一大特点”。《中共中央关于全面深化改革若干重大问题的决定》更是将协商民主同选举民主放在一起，共同作为国家制度的重要组成部分进行了详细阐释。与此同时，将协商民主提到与选举民主同为社会主义民主的制度形式的重要位置，体现了兼顾“效率”和“公平”的价值理念。在中国，人民代表大会制度与中国共产党领导的多党合作及政治协商制度之间是相辅相成的关系。人民通过选举权和投票权的行使提出重大问题的决策意见，在人民内部首先经过充分的协商，尽可能地取得一致意见。充分的协商既尊重了多数人的意见，也照顾了少数人的意见，保障最大限度地实现民主，促进社会和谐。

（二）在治理体系方面，协商民主进入到国家的方方面面，有利于完善国家治理结构

协商民主本质上是对“广泛”的积极回应，实际上就是解决国家或政府、市场、社会各领域内及彼此间关系的问题，这个问题是核心的问题，事关长期性的、科学性的治理问题。作为理念、制度和方式，社会主义协商民主能够不断调适、创新国家治理的模式，覆盖全社会各领域，调节各领域间及域内结构，当然，这并不意味着其必然产生有效性，这与其目标指向性一脉相承，也就为国家有效治理打牢了适应实际、符合趋势的强大根基。国家方方面面的关系需要协调，社会主义协商民主进入到国家的方方面面，国家治理结构同样受益于此。从纵向分析，协商民主渗透至中央、地方到最基层的社区村落，是一个多层次的协商民主布局；从横向的领域来看，协商实践涉及国家政权机关的立法、行政和司法机构，更有党派和人民团体，同时还延伸到社会生活领域；从制度结构上看，协商民主的制度建设涵盖了立法制度、政治协商制度、政党制度、民族自治制度等；从技术上看，既有利用规范的制度平台开展的活动，也有利用现代信息技术作为支撑的尝试。必须正视，包容性是国家治理的根本价值之一。包容性意味着多样性的存在，包括政府、市场与社会等元素在内的一切国家治理主体。一般来说，多元治理主体在协商民主制度下运作或相互作用，将编织成融合度极高的治理网络。

（三）在治理能力方面，协商民主维护社会稳定，是对国家治理实践需求的回应

随着中国改革的逐步深入、市场经济的转型，以及社会利益格局的调整，许多新问题、新矛盾不断涌现。此时最重要的是要有一个和谐稳定的社会环境，这是推进国家治理现代化的基本前提和社会基础。社会主义协商民主作为一种主张不同的利益主体通过理性平等的对话、讨论等方式参与社会公共政策的民主模式，能有助于解决社会矛盾和利益分歧，有助于构建现代国家治理所需要的良好的社会秩序，符合当前国家治理现代化的现实政治需要。

协商民主能够保证公共决策更具科学性和民主性。各方通过协商来表达不同的利益诉求，最大程度地形成对各方有利的共识，进入良性循环的轨道。协商民主以一种化解疏导的方式，让协商主体在有效平等的协商基础上，以理性平等的心态看待问题，这大大减少了矛盾和冲突，从而实现社会稳定的维护，为推进国家治理现代化构建一个和谐有序的社会环境。

三、以推进国家治理现代化为目标大力发展社会主义协商民主

完善和发展中国特色社会主义制度，推进国家治理体系和治理能力现代化，是全面深化改革的总目标。“国家治理”概念的核心是“党的领导、人民当家作主、依法治国的有机统一”，进一步建设人民民主和以法治为基础建立规范。国家治理本质上是社会权力运用的过程，是国家和社会各方力量的博弈过程，是一系列用来规范社会权力运用和维护公共秩序的制度安排的总称。

目前，我国尚处在深化体制改革的攻坚阶段，在中国共产党领导下，经过长期实践而逐步完善和发展的制度，社会主义协商民主彰显出我国社会主义民主政治的独特优势。完善的社会政治制度是建设发展中国特色社会主义制度的必要前提；完备的协商民主制度是判断国家治理健全程度的标准。在推进国家治理体系和治理能力现代化的总框架下，应当大力发展和完善协商民主，发挥其特殊作用，服务于体系建设，形成一种合力，发挥整体效应，为解决国家治理中的相关问题找到合适的路径。

（一）将协商民主的相关理念嵌入国家治理的各层面和各环节

要把协商民主的相关理念嵌入国家治理的各层面和各环节。协商民主的一个主要特征就是把民主作为一种治理资源嵌入到现代城市治理的各层面和各环节当中，而不是单纯地建构一个具有民主形式的外在约束制度，其发展路径化解了民主与发展互为前提或者结果的外生困境。协商民主提供了一种

发展中国家培育民主的可行性经验，通过协商民主的发展，不断地积累现代民主资源，可能使中国的民主政治在到达一定阶段后展现出新的内在结构与外在形态。把人民民主的内在合理性进行有机的转换，把民主作为一种资源嵌入到国家治理当中，从而调整民主的具体制度安排，形成中国式民主的内生性发展。

（二）推进协商民主广泛多层次制度化发展，构建和谐社会的良好环境

随着现代经济社会的发展，不同地域的社会群体之间因自然区域的不同、知识能力的差异、环境机会的区别而形成了多元的利益格局，并产生了多样性的利益诉求。这些问题与人民群众的切身利益及经济、政治、文化、社会、生态等各方面问题紧密相关，这些都可以通过协商民主来解决。协商民主的核心就是承认利益多元化的需求，开展广泛多层次的协商，更多地包容不同利益需求、更好地开展协商对话、更主动地寻求共识。在党的领导下，要以经济社会发展重大问题和涉及群众切身利益的实际问题为内容，在全社会开展广泛的协商，在决策之前开展协商民主，广泛地听取意见，实现决策的科学化、合理化，对于可能出现的社会问题、社会风险予以防范；在决策之中开展协商民主，增强决策的执行力，解决社会实际问题、化解社会矛盾、消除社会冲突、推动社会建设，增进全社会的共识。

（三）提升各方面的协商能力和协商方式

推进国家治理体系和治理能力现代化，要提升各方面的协商能力，如政党协商能力、人大协商能力、政府协商能力、政协协商能力、人民团体和社会组织协商能力、基层协商能力等。以提升基层协商能力为例，国家治理现代化，最终落在基层，所以要提高基层的协商能力，扩大公民有序政治参与。《中共中央关于全面深化改革若干重大问题的决定》指出，“协商民主是我国社会主义民主的特有形式和独特优势，是党的群众路线在政治领域的重要体现”。这是对协商民主在国家治理体系中特殊性质和作用的深刻揭示。“一切为了群众、一切依靠群众，从群众中来，到群众中去”的群众路线，要求发展基层民主，这能够为国家治理体系建设和治理能力的提升奠定坚实的群众基础。国家治理现代化，重点在基层，关键在群众。推进协商民主广泛多层次制度化发展，就要正确把握广大人民群众的根本利益、现阶段群众共同利益和不同群体特殊利益的关系。[①]要善于依靠广大群众的力量，提高预防化解社会矛盾的能力和水平；要通过群众自治，让群众自己组织起来解决问题，努力让群众更好地行使民主权利；要充分发挥人民团体、群众组织、社会组织的优势，吸引凝聚各方力量，化解群众内部的矛盾。

推进国家治理体系和治理能力现代化，就要创新协商方式。协商是优势，但协商需要丰富多样的渠道，需要深入社会阶层的方方面面。协商民主多元化的特征，使得其应用领域非常广泛。发展社会主义民主政治，必须更加注重丰富民主的形式，广泛听取各方面意见，博采众长、广纳贤言。政治协商制度是协商民主制度的主要实践形式，在国家公权力与公民之间架起了一道桥梁，建立起良好稳定和广泛合作的机制。协商民主的多元化作为一种需求的动力，从内在推动协商实践形式的创新，在切实落实好政治协商制度的各项举措基础上，设立专门的民意调查机构最广泛地收集民意，作出体现公民利益的决策。

（四）构建程序合理、环节完整的协商民主体系，推进国家治理能力现代化

改革开放以来，中国共产党的民主政治理论和实践成果充实了人民民主理论。健全的协商民主必须是一种体系，只有成为一种体系，才能形成合力，发挥效应。在我国，程序合理、环节完整的协商民主在成为体系后，才能进一步丰富和发展中国特色人民民主政治的理论和形式，有效地提升人民民主的运行功能、创新实践形态，促进中国特色国家治理体系和国家治理能力的现代化，为我国在经济全球化时代的发展逐渐赢得优势。

程序合理、环节完备的协商民主体系，有利于良好政策的制定，实现社

---

① 叶小文、张峰:《协商民主与国家治理》,《光明日报》2013 年 12 月 28 日。

会和谐。一方面，协商民主主要通过通畅的决策信息交换过程，上下沟通达成共识，改善决策的质量；另一方面，协商民主为减少在协商沟通过程中的偏好转换，制定更为大众所接受和认可的政策，通过过程赋予决策以合法性。在通常的决策交换过程中达成共识是协商民主推进党政决策民主化和科学化的重要保障。

程序合理、环节完备的协商民主体系还有利于政策的执行，减少政策执行中的摩擦和冲突。在充分了解政策对象的真实诉求后所作出的公共决策，才能得到最广泛的尊重，获得最有效的执行。完备的协商民主体系，能够为群众、社会与国家、政党之间搭建互相交流的平台，加深群众对于政府政策的理解。

社会主义协商民主与选举民主的关系探究*

章　林**

民主是全人类的共同价值，是中国共产党和中国人民始终不渝坚持的重要理念。人民民主是社会主义的生命，是全面建设社会主义现代化国家的应有之义。协商民主与选举民主是民主政治实践中受到多方面高度关注的重点理论问题之一，二者作为我国社会主义民主的重要形式，既存在相同之处，也存在差异，同时二者相辅相成，可以互为补充。习近平总书记在党的二十大报告中明确提出，全过程人民民主是社会主义民主政治的本质属性，是最广泛、最真实、最管用的民主。① 在我国，协商民主与选举民主统一于全过程人民民主之中，共同保障了人民民主权利的行使，两者相结合体现了中国共产党的领导、人民当家作主和依法治国的有机统一，成为中国特色社会主义民主的重要优势，有效地促进了中国民主政治的发展。

一、协商民主与选举民主的一致性

协商民主与选举民主具有一致性。无论“协商”，还是“选举”，都是修

---

* 本文系北京市习近平新时代中国特色社会主义思想研究中心重大项目《社会主义协商民主的制度特点和优势研究》（20LLZZA018）阶段性成果。

** 章林，北京联合大学北京政治文明建设研究基地副教授、硕士生导师，习近平总书记关于加强和改进人民政协工作的重要思想北京研究基地特约研究员。

① 习近平：《高举中国特色社会主义伟大旗帜　为全面建设社会主义现代化国家而团结奋斗——在中国共产党第二十次全国代表大会上的报告》，人民出版社 2022 年版。

饰之词，其实质都是为了体现“民主”。协商民主和选举民主作为现代民主得以实现的重要形式，从根本上说，都是为了在实现公共利益整合的基础上，确保“主权在民”与“政治平等”。

选举民主使公民的选举权得到落实，让公民能够通过平等地行使选举权，赋予重要决定的合法性；协商民主让公民能够参与到政府的决策制定和决策执行以及监督过程中，每个公民通过公开对话和协商，达成初步共识，赋予公共政策科学性。两种民主模式的理想结合和发挥作用，能够协调和解决因社会利益分化所产生的诸多矛盾，充分保障公民的政治权利，彰显对自由、平等、公正等民主价值的追求，构成现代民主国家政权的政治合法性和政治合理性。

在我国，协商民主与选举民主统一于全过程人民民主之中，充分体现了民主与集中的统一，“都是健全民主制度、规范民主形式、完善民主程序并最终实现民主价值的形式和手段”①；都强调以宪法和法律为依据，强调公民和组织通过制度化的程序和机制参与政治生活；都要求参与者拥有平等的机会，遵循公开、公平、公正的原则；都以维护公民的应有权利、实现最广大的人民享有最充分的民主为宗旨。“中国的民主是人民民主，人民当家作主是中国民主的本质和核心。”②因此，从本质上说，二者都是为了更好地体现和保障人民当家作主的内在要求，体现了中国共产党全心全意为人民服务的根本宗旨和全面依法治国的执政理念。

二、协商民主与选举民主的差异性

协商民主与选举民主也有众多的差异，这些差异一方面形成了各自的优点，同时也造成了各自的不足。只有了解和掌握这两种民主形式的差异，才能通过双方的取长补短，把民主的价值发挥出来。

---

① 孙照红：《选举民主和协商民主：中国特色的双轨民主模式》，《唯实》2007 年第 7 期。

② 中华人民共和国国务院新闻办公室：《中国的民主》，人民出版社 2021 年版。

协商民主与选举民主的主体与对象不同。在选举民主中，我们可以简单地把参与政治生活的主体分为两种类型，即选举人和被选举人。在协商民主中，参与的主体则不再是选举人与被选举人，而是政策的制定者和利益的相关者。在选举民主中，选举人决定了候选者是否当选，候选人相对而言是被动的，选举人是主体，候选人是客体。在协商民主中，参与的主体是立法或政策的制定者与利益的相关者，他们之间地位是平等的，他们之间是没有主体与客体之分的互动关系。此外，就对象而言，“选举民主选的是‘人’，协商民主议的是‘事’”①，即选举民主是选择公共权力的代理人，选择人民的代表；而协商民主所协商的“事”，既可能是经济社会发展的重大问题，也可能是涉及人民群众切身利益的实际问题。

协商民主与选举民主的核心理念不同。选举民主以选举票决为核心，强调决策前各种利益的集合，突出决策的效力；协商民主以对话协商为核心，强调决策前和执行中各种利益的融合，注重决策的共识。选举民主是竞争性的民主，是通过票决民主来决定结果，一般是不记名投票，每人一票，每票同值，被选举人取胜的原则是“少数服从多数”。协商民主则是慎议性的民主，是通过仔细而慎重的思量和商议来决定结果，协商参与者在相互尊重和理解的基础上，充分考虑公共利益和他人偏好，并通过对话、讨论、协商等方式参与立法或决策的制定，最终在相互妥协的基础上达成共识，体现了求同存异以及多样性与一致性相统一的原则。

协商民主与选举民主的性质与特征不同。从民主性质方面讲，选举民主是“刚性”民主，协商民主则是“柔性”民主。选举民主根据国家宪法与相关法律，通过行使法定权利，选举产生国家权力机关以及行政机关、审判机关、检察机关与监察机关，并依法监督其工作。选举者具有询问、质询和罢免等权力，其民主性质具有“刚性”色彩。协商民主主要通过广开言路、集思广益来反映社情民意，以提出建议、批评和意见等方式进行民主监督，以此发

① 崔应美、梁月群：《中国选举民主与协商民主比较研究》，《社会主义研究》2015 年第 3 期。

展社会主义民主政治并完善国家治理方式，其民主性质带有“柔性”色彩。

协商民主与选举民主要解决的问题不同。选举民主要解决的是“善政”的问题，协商民主要解决的是“善治”的问题。“善政”指的是“良好的政府或政治”。要达到善政，首先要有德才兼备的公职人员。选举民主正是通过选举这一“准入”程序，将那些优秀的人才纳入国家治理体系，为构建一个良好的政府奠定人才基础，以更好地为人民服务。“善治”即“良好的治理”，“是使公共利益的最大化的社会管理过程和管理活动。善治的本质特征，就在于它是政府与公民对公共生活的合作管理，是政治国家与公民社会的最佳关系。”[①] 善治强调以公共利益的最大化为最终目的。协商民主将日益多样的利益诉求有序引入国家治理中，有效推动治理主体多方互动，从单纯的政府监管向更加注重社会协同治理转变，既保障广大人民群众合法权益，又有效推进国家治理现代化。

协商民主与选举民主关注的重点不同。选举民主关注的重点是结果，协商民主关注的重点是过程。选举民主关注的重点是选举的最终结果，是最终票数的多少，而非具体的选举过程。选举的结果，要么赞成、要么反对，要么通过、要么否决。协商民主关注的重点则在协商的整个过程，强调协商就要协商于决策之前和决策实施之中。协商的过程，就是发扬民主、集思广益的过程，就是统一思想、凝聚共识的过程，就是科学决策、民主决策的过程，就是实现人民当家作主的过程。

协商民主与选举民主的功能定位不同。从功能定位方面讲，选举民主依托人民代表大会制度，以相关法律法规为依据，保证人民群众享有各项公民权利及管理国家与社会事务的权力，是实现人民当家作主的根本途径。协商民主来源于统一战线，以一系列相关政策为依据，以人民政协为重要渠道，通过扩大有序政治参与来实现人民的民主权利，是人民当家作主的又一实现形式。

---

① 俞可平：《善治与和谐社会》，《北京论坛（2011）文明的和谐与共同繁荣——传统与现代、变革与转型：“协商民主与社会和谐”政治分论坛论文及摘要集》2011 年 11 月。

当然，以上都只是相对而言的，并不排除协商民主与选举民主之间存在交叉重叠的现象。

三、协商民主与选举民主的互补性

现代民主不能没有选举，离开了选举，民主将无法实行。协商民主作为一种新型的民主，不是简单地对选举民主的补充，而是一种独立的民主形式。协商民主与选举民主，是互为补充的关系，不存在优劣之分，不可偏废其一，而是应当相互取长补短，使两种民主形式的优势都凸显出来。

选举民主是民主最重要的形式之一，同时也是实现公民基本政治权利的重要方式之一。我国是人民当家作主的社会主义国家，国家的一切权力属于人民。国家权力源于人民，决定了每个公民都享有选举权和被选举权，可以根据自己的意愿，按照法定方式和程序，选出一定的公民担任国家代表机关代表或国家公职人员。没有选举民主，人民就没有决定权；没有选举民主的民主，是不完整的民主。

但选举民主作为竞争性的民主，不是完美无缺的。在选举民主中，选举人和被选举人关注的是谁代表我的利益和我代表谁的利益，忽略了他人的利益；强调的是个人的自由和利益，而不是社会的正义和责任。选举民主虽然有效地结合了效率和公平原则，但科学性不高，而且限制了民众的政治参与权，甚至可能会导致“多数人的暴政”。

协商民主作为一种日常的治理形式，在一定程度上能够确保民众较经常性地参与政治生活，管理国家事务和社会事务，确保最广大人民群众的民主权利得到最大限度的实现。协商民主更注重公共利益，协商参与者不仅仅考虑到个人和所代表的利益集体的权益和观点，而且以理性的态度思辨对待他人和他者集团的利益诉求，通过一定形式的互动与协商，既尊重大多数人的共同意愿，也照顾少数人的合理要求，进而弥补选举民主的不足。协商民主有利于最大程度地促进民主决策和科学决策，没有充分讨论协商的过程，盲目使用投票来决断，不仅不能充分发扬民主，反而容易做出错误的选择。协商民主使发扬民主和加强团结有机地结合起来，使不同群体之间化解矛盾、理顺关系、加深理解、扩大共识，增进社会各阶层和不同利益群体的和谐，避免了相互攻击、相互掣肘以致社会失序的局面。

当然，协商民主虽然具有许多优点，但也存在着自身的问题，不能因为如今重点强调发展协商民主，就夸大协商民主的作用，而忽略发展选举民主的任务。协商民主在日趋复杂的、新问题层出不穷的现代社会面前，离不开选举民主的支持和补充。在实施协商民主的过程中，尤其是需要作出决定的议题，如果缺少了选举民主的参与，在无法达成共识的情况下，协商就会陷入争吵不休的境地，公共决策的制定将无限地拖延，公众的参与热情也将被消耗，导致治理效率降低，进而民主也就无从谈起。

四、坚持协商民主与选举民主相结合

从总体上来看，不少民众容易将选举民主与协商民主视为两个独立的部分。事实上，协商民主与选举民主不是独立存在的，而是相互结合的，并且只有在结合中才能发挥其应有的效力和作用，促进我国的民主政治发展。

以毛泽东为核心的中国共产党第一代领导集体，既没有单纯照搬西方竞争性议会制、选举制和多党制模式，也没有套用苏联的无产阶级专政和一党制模式，而是创造性地把马克思主义民主理论和统一战线理论与中国的具体情况相结合，创建了具有中国特色的选举民主与协商民主有机结合的人民民主制度，并在实践过程中日趋成熟和完善。

20 世纪 90 年代，中国共产党从理论上概括了中国社会主义民主有选举民主和协商民主两种形式，即“人民通过选举、投票行使权利与人民内部各方面在选举、投票之前进行充分协商，尽可能就共同性问题取得一致意见，是我国社会主义民主的两种重要形式”[①]。2007 年，《中国的政党制度》白皮

① 中共中央文献研究室编：《江泽民论有中国特色社会主义》（专题摘编），中央文献出版社 2002 年版。

书指出，“选举民主与协商民主相结合是中国社会主义民主的一大特点”，“选举民主与协商民主相结合拓展了社会主义民主的深度和广度”。[①]

2019年11月2日，习近平总书记在上海市长宁区虹桥街道考察时，首次提出“人民民主是一种全过程的民主”。2021年7月1日，习近平总书记在庆祝中国共产党成立100周年大会上的重要讲话中，明确提出新的征程上，我们必须“践行以人民为中心的发展思想，发展全过程人民民主”。[②]在2021年10月召开的中央人大工作会议上，习近平总书记对全过程人民民主作了详细阐述，指出我国全过程人民民主“是全链条、全方位、全覆盖的民主，是最广泛、最真实、最管用的社会主义民主”[③]。全过程人民民主这一重大理念的提出，从理论上解决了人民如何有效地行使当家作主的民主权利问题，进一步发展了选举民主与协商民主相结合的民主模式，把过程民主和成果民主、程序民主和实质民主、直接民主和间接民主、人民民主和国家意志统一起来，“把民主选举、民主协商、民主决策、民主管理、民主监督贯通起来，涵盖经济、政治、文化、社会、生态文明等各个方面，关注国家发展大事、社会治理难事、百姓日常琐事，具有时间上的连续性、内容上的整体性、运行上的协同性、人民参与上的广泛性和持续性”，[④]建造起一个能够将全体人民都容纳进来的民主体系。

我国这种选举民主与协商民主相结合的民主模式，“是中国特色社会主义民主的一大特点，也是中国特色社会主义民主的重要优势”。[⑤]选举民主与协商民主相结合，使各方的意见得到有效集中，不同群体的利益得到有效协调，既尊重了多数人的意愿，又照顾到了少数人的合理要求；既听取支持的、一致的意见，又听取批评的、不同的声音，从而能够最充分地调动社会

① 中华人民共和国国务院新闻办公室：《中国的政党制度》，《人民日报》2007年11月16日。

② 习近平：《在庆祝中国共产党成立100周年大会上的讲话》，人民出版社2021年版。

③ 习近平：《习近平谈治国理政》，外文出版社2022年版。

④ 中华人民共和国国务院新闻办公室：《中国的民主》，人民出版社2021年版。

⑤ 孙存良：《选举民主与协商民主相结合是中国特色社会主义民主的重要优势》，《思想理论教育导刊》2010年第5期。

各方面的积极性、主动性，最大限度地保证人民意志和利益的实现，“这是西方民主无法比拟的，也是他们所无法理解的。两种形式比一种形式好，更能真实地体现社会主义社会里人民当家作主的权利。”[①]

选举民主与协商民主相结合，不仅体现在我国的根本政治制度中，而且体现在我国的基本政治制度中。无论是人民代表大会制度，还是人民政治协商制度，都是我国探索选举民主和协商民主相结合的民主政治制度的重要组成部分。人民代表大会离不开协商的形式，人民政协也需要票决选举。人民代表大会制度是在平等协商之后作出决策，而政治协商制度是在决策之前进行协商。我们应当整合好“两会”资源，完善“两会”机制，促成协商民主与选举民主相辅相成、互为补充、相互促进、共同发展的良好局面，在新时代新发展阶段上不断谱写中国特色社会主义民主政治的新篇章。

① 中共中央文献研究室编:《江泽民论有中国特色社会主义》(专题摘编)，中央文献出版社 2002 年版。

论协商民主对全过程人民民主的推动作用

龙　婕[*]

党的二十大报告指出："全过程人民民主是社会主义民主政治的本质属性，是最广泛、最真实、最管用的民主。"①民主是人类社会共同的价值追求，是人类政治文明发展进步的重要标志。从民主政治发展的历史实践来看，民主是多样的、具体的、发展的。中国共产党高举人民民主的旗帜，团结带领中国人民成功走出了一条中国特色社会主义政治发展道路。这条道路既具有鲜明的中国特色，又吸收借鉴了人类政治文明成果，符合人类政治发展规律，在实践中显示出强大的生命力和巨大的优越性，推动和引领人类政治文明发展进程。

协商民主高扬平等、理性、公共利益，体现了人民民主的意义结构。协商民主贯穿于政治生活全过程，体现了人民民主的完整性特征。协商民主构建了多领域多层次的体制机制，体现了人民民主的制度基础。协商民主创新了多样化实践路径，使人民民主有效地运转起来。协商民主遵循全过程人民民主的基本要求，始终坚持人民至上，坚持密切联系群众、为人民造福，对于实现中国式现代化、实现中华民族伟大复兴的中国梦具有重要价值。

---

* 龙婕，北京联合大学党委宣传部干部。

① 习近平：《高举中国特色社会主义伟大旗帜　为全面建设社会主义现代化国家而团结奋斗——在中国共产党第二十次全国代表大会上的报告》，人民出版社 2022 年版。

一、协商民主体现了全过程人民民主的内在价值

民主是人类的共同价值，也是中国共产党自成立之初就坚持的重要理念和追求。中国特色社会主义进入新时代，在以习近平同志为核心的党中央领导下，我国的人民民主焕发出新的生机与活力，以新形态、新机制、新境界呈现在世人面前。这正是新时代的中国式民主——全过程人民民主。人民当家作主是中国民主的本质和核心。“在中国社会主义制度下，有事好商量，众人的事情由众人商量，找到全社会意愿和要求的最大公约数，是人民民主的真谛。”[①]协商民主体现了社会主义民主政治的理论精髓和实践要义，是具有中国特色的民主形式。协商民主是党领导人民有效治理国家、保证人民当家作主的重要制度。

第一，协商民主彰显平等价值。全过程人民民主的主体是人民，人民既是整体的，也是个体的。无论性别、民族、宗教信仰、经济状况、知识水平等方面存在何种差异，所有人都享有参与国家政治生活的权利，这是全过程人民民主的基本价值。协商民主认为，平等意味着政治生活中的所有参与者都有相同的获得政治影响力的机会，都能够同等地表达自己的利益诉求，都可以提供平等说服他者的理由。协商民主改变了重视自由而忽视平等的传统。

第二，协商民主彰显参与价值。参与是一种美德。广泛、持续的参与能够趋向于形成最为公平的政策。参与行为本身能够使公民之间、公民与政策议题、公民与决策乃至公民与整个共同体之间形成密切的联系。只有参与，政治行为者才能够利用平等的表达机会和发言权；也只有参与，才能够使维护公民个人以及共同体利益的权利变为有效的现实行动。

第三，协商民主彰显责任价值。全过程人民民主既是人民享有民主权利的民主，也是人民承担责任的民主。在政治参与过程中，对自己的行为负责

① 习近平：《在庆祝中国人民政治协商会议成立65周年大会上的讲话》，《人民日报》2014年9月22日。

就是责任性的表现。协商民主过程不是讨价还价，或契约性的交易模式，而是基于公共利益的责任政治。责任政治建设有利于提升全过程人民民主的质量，“责任政治是避免民主善之花结出恶之果的保障机制”[①]。

第四，协商民主彰显理性价值。协商民主的政治过程是理性反思的实践过程。全过程人民民主是理性运用自己权利的过程。协商民主强调个体对于公共利益的责任和协商过程的公正性。协商过程重视的是合理观点，而不是情绪化的诉求，不是要将自己的观点强加给别人，而是理性地衡量各种不同利益倾向。

二、协商民主是实践全过程人民民主特有的重要形式

协商民主贯穿中国民主政治生活全过程，是中国式民主的特有形式，是全过程人民民主的独特环节。中国协商民主绝不是对西方模式的抄袭，而是根植于中国本土的民主形式，具有中国独特性。

首先，中国共产党在新民主主义革命时期就已经对协商民主进行积极探索，具有扎实的实践基础。中国的协商民主是实践先于理论。政党协商是最早在中国实践的协商民主形式。在新民主主义革命时期，中国共产党就高度重视与民主党派的协商议事。毛泽东曾指出，中国共产党需对党外民主人士一视同仁，在与各民主党派的协商过程中，取得最大共识。抗日根据地民主政权建设的“三三制”原则、协商建国、人民政协的成立和政治协商职能的确立，再到现今人民政协定位为专门协商机构。在长期的协商民主实践中，协商民主实践不限于人民政协这一渠道和政治协商这种单一形式。协商民主实践渠道的拓展和形式的多样体现了中国共产党对全过程人民民主的探求，是扎根于中国实际的民主实践。

其次，中国协商民主实践具有宽领域、多层次、规范化的特征。在渠道上，有人大协商、政党协商等七大协商渠道，尤其政协是专门协商的组织保

① 张贤明：《全过程民主的责任政治逻辑》，《探索与争鸣》2020 年第 12 期。

障。在形式上，有双周座谈会、听证会、提案、民意调查、网络征集、论证会等多种形式。在制度程序上，除了有社会主义民主政治制度体现外，还有“两会制”、双周协商座谈会制度等具体的制度和程序。协商民主实践从纵向看涉及国家、社会、基层人民，从横向看包含生活的各个领域。而西方的协商民主没有专门的机构、完善的制度保证，且在社会层面有限运行。因此，中国协商民主实践纵横双向的延伸度是其无法比拟的。

最后，中国协商民主实践所追求的实质是实现人民当家作主。协商民主是党领导人民有效治理国家、保证人民当家作主的重要制度设计。协商民主要求在治国理政时，在决策前和决策实施中，通过众人沟通和协商求得最大公约数。在协商中了解群众诉求，并把人民意志通过合法程序体现在决策中。这个过程是发扬民主、凝聚统一的过程，是实现人民当家作主的过程。中国的协商民主与选举民主是协调发展、相得益彰的关系。而不是作为选举民主的填缝剂，用以填补其固有的缺陷。

三、以协商民主推进全过程人民民主的实践路径

民主的发展既要坚守基本的原则，也要不断回应现实的挑战，解决现实的问题。党的二十大提出“全面发展协商民主”的要求，为我们立足新时代新征程深化全过程人民民主提供了明确的指引。以协商民主深化全过程人民民主，必须深刻领会习近平新时代中国特色社会主义思想的世界观和方法论，坚持好、运用好贯穿其中的立场观点方法，突出系统观念和问题导向。

1. 全面发展协商民主的基本原则

第一，根本要求：坚持党的领导、人民当家作主、依法治国的有机统一。协商民主是最具中国文化特色、历史传统和制度优势的民主形式。在我们这样一个政治生活多样、经济社会结构复杂、历史文化悠久的国家深化民主，只有在中国共产党的坚强领导下，才能实现有效、管用和真实的民主。“不要社会主义法制的民主，不要党的领导的民主，不要纪律和秩序的民主，

决不是社会主义民主。”[①]我国实现人民当家作主既有完整的制度程序，也有完整的民主参与实践，人民当家作主不是一句口号，更不是一句空话。“党的工作的核心，是支持和领导人民当家作主。”[②]国家政治生活和社会生活各环节、各方面都能够体现人民意愿，听到人民声音。“没有民主是不行的，只有民主没有法制也是不行的。高度民主要与高度法制结合起来。”[③]深化民主必须用法治来保证。只有遵循法治原则，才能够充分保障人民依法享有、依法行使民主权利，确保人民的民主参与实践落到实处。

第二，基本遵循：坚持民主集中制。民主集中制既是中国共产党的根本组织原则，也是我国国家制度体系和治理活动的基本原则。协商民主的基本遵循是民主的，也是集中的。从民主的方面看，协商民主就是发扬民主，实行广泛且充分的讨论与批评。只有发扬民主，才能从实际出发，才能实事求是，才能形成使广大人民群众在自己的经验中相信正确的策略，才能更好地调动广大人民群众的积极性。“不要搞‘一言堂’，要搞‘群言堂’，要学会搞民主集中制，凡事都要商量，最后在民主的基础上把意见集中起来。”[④]从集中的方面看，共识的形成就是有效的集中，真正的统一行动，能够使共识有效地转化为切实可行的实践举措。

第三，广泛基础：坚持统一战线。统一战线是实现人民民主的重要形式。统一战线坚持大团结大联合主题，在广泛团结的基础上充分激发社会活力，在充分发扬民主的基础上最大限度地凝聚共识。“民主制度若不能成功地逐渐创造出和谐一致的基本共识，它就会是一个难以运转的和脆弱的制度。”[⑤]中国共产党百年民主追求历程中，建立和巩固了国民革命联合战线、工农民主统一战线、抗日民族统一战线、人民民主统一战线、爱国统一战线，在政治联盟中弘扬民主、践行民主、发展民主。“我们的口号和任务是：

---

① 《邓小平文选》（第2卷），人民出版社1994年版。

② 中共中央文献研究室编：《邓小平思想年谱（1975—1997）》，中央文献出版社1998年版。

③ 《万里文选》，人民出版社1995年版。

④ 中共中央党史研究室编：《习仲勋文集》（上卷），中共党史出版社2013年版。

⑤ ［美］乔万尼 · 萨托利：《民主新论》，冯克利、阎克文译，上海人民出版社2015年版。

实行民主政治。在行政和议事机关中，包括各阶级、各党派和一切抗日人民的成分，大家都是经过民主选举产生，都在一起商讨和决定事情，并且一致实行这些决定。"[①]统一战线深深嵌在人民民主国家治理体系之中，民主功能的发挥得到更加坚实的制度保障。

第四，动力机制：坚持党的群众路线。"协商民主，就是走群众路线，广泛听取各方面的意见，广泛协商，包括跟民主党派的协商""这种民主形式有它的优越性"。[②]党必须密切联系群众和依靠群众，而不能脱离群众，不能站在群众之上。协商民主是党的群众路线在政治领域中的体现，党必须善于集中群众的智慧，形成科学的决策。没有群众路线，就不可能调动广大人民的积极性，也不可能按客观规律办事。坚持群众路线，就能保证党与群众的血肉联系，保证党的各项工作的成功；就是要尊重人民主体地位，尊重人民首创精神；就要坚持重大工作和重大决策必须识民情、接地气。基层立法联系点制度、民主恳谈的创新、"有事好商量"的"码上议"实践，都是走群众路线的协商民主实践。

2. 系统化推进协商民主体系建设

全面发展协商民主不但需要不同要素的融入，而且需要全要素的体系化支撑。综合当前情况看，在全面发展协商民主过程中，要强化系统观念，着力从两个方面入手补齐协商民主体系建设的短板弱项。

一是健全协商民主制度体系。制度既是规范行为的社会结构，也是实施行动的稳定保障。体系化的制度建设是全面发展协商民主的必然要求，没有体系化的制度支撑，全面发展协商民主的目标难以达成。截至目前，我国已初步构建起一套协商民主制度体系。该体系以《关于加强社会主义协商民主建设的意见》为管总性文件，其他主要制度有，针对城乡社区协商、指导人民政协协商、涉及政治协商和政党协商，其中，《中国共产党政治协商工作条例》是党中央专门规范政治协商工作的第一部党内法规，是做好新时代政

① 《董必武政治法律文集》，法律出版社 1986 年版。

② 《宋平论党的建设文选》编辑组编：《宋平论党的建设文选》，中央文献出版社 2000 年版。

治协商工作的基本遵循。现行制度体系为我国实行和发展协商民主提供了基本制度保障。

二是完善协商民主工作体系。工作体系是制度体系的物化表达，强调的是将制度优势转化为治理效能的具象化、系统化的体制机制。当前，我国协商民主工作体系基本反映了协商民主制度体系的发展水平。第一，作为专门协商机构的人民政协，因为工作制度比较健全，成立运行时间已超 70 年，工作体系相对成熟；第二，城乡社区协商没有固定工作体系，有构建工作体系的规章制度。但无章可循的情形目前仍然存在，其中社会组织协商工作体系的建立健全问题仍旧突出。

综上所述，全面发展协商民主，毫无疑问需要一套建基于完备制度体系之上的完备工作体系。

3. 积极发展基层协商民主

积极发展基层协商民主是科学的理论选择，具有重要的实践价值。一方面，基层协商民主，既是基层民主的主要形式，也是协商民主的重要一维，对于全过程人民民主整体发展具有深层次、基础性作用。积极发展基层协商民主不但有助于呈现和丰富基层民主和协商民主的生动实践，而且有助于夯实和筑牢全过程人民民主的根基。另一方面，涉及人民群众利益的大量决策和工作主要发生在基层，大量直接利益冲突和人民内部矛盾也主要发生在基层，基层治理任务艰巨。而民主协商具有不可或缺性、广泛兼容性和深度嵌入性等特点，基层协商民主是一体化保障落实基层群众知情权、参与权、表达权、监督权最为直接有效的形式和路径。积极发展基层协商民主，既能体现对坚持以人民群众为协商重点之原则的贯彻，也能彰显对人民群众主体地位的尊重及其作用的发挥，可以最大限度用好民主的治理属性，为促进基层社会和谐有序、焕发创造活力及巩固夯实党长期执政的群众基础和阶级基础发挥至关重要的作用。

与此同时，积极发展基层协商民主是对党的二十大精神的深刻领会和深入贯彻，具有重要政治意义。党的二十大在擘画全面发展全过程人民民主时，不但强调要全面发展作为实践全过程人民民主的重要形式的协商民主，而且强调要积极发展作为全过程人民民主的重要体现的基层民主。

4. 切实加强提升协商主体的意识和能力

影响协商民主制度设计质量以及实践效果的决定性因素是人，要结合相关工作统筹和推进协商主体的意识和能力提升。

一是准确理解协商主体意涵，因事制宜把握主体构成特点，切实提高协商成果的代表性和有效性。协商工作不但需要覆盖所有类型的协商主体，而且需要弄清每次具体协商活动的主体构成特点，充分考虑不同主体在风格做派、思维习惯、核心诉求等方面的差异。这不但是协商活动能得到顺利进行的前提，而且是协商成果能得到各方接受和执行的保证。

二是以全面增强协商意识为目标，因需制宜推动协商意识提升工作，切实提高协商主体的积极性和主动性。协商民主不只是人民政协或者其他某个部门的事，增强协商意识不仅是要增强某个或某些专门协商机构的意识，而是要提高所有相关主体的协商意识，真正形成“有事好商量”的氛围和“有事多商量”的习惯。协商意识的真正提升事关政治文化和社会文化建设，不可一蹴而就，需要久久为功，但常态化开展协商活动、规范化运用协商成果被反复证明是增强协商意识的有效路径。

三是根据不同主体的不同能力要求，因类制宜地增强协商主体的必需能力，切实提高协商成果的科学性和可行性。在全面发展协商民主过程中，不同类型主体在协商中所承担的功能和相应责任各有不同，他们各自必须掌握的能力有所不同。需要强调的是，数字化、智能化在使各方面制度和国家治理更好体现人民意志、保障人民权益、激发人民创造上能够发挥重要作用。因此，所有类型协商主体均需切实提升数字协商能力，即运用信息化新技术创新协商手段、加快启动民主协商程序、提升协商质量、加大协商结果利用力度的能力。而数字协商能力的全面提升必将助推全面发展协商民主跃上新的台阶。

全面发展协商民主是一项复杂系统的重要政治工程。所谓重要政治工程，其一，它是新时代中国特色社会主义民主政治建设事业的重要组成部分；其二，它是党的二十大作出的重要决策部署。所谓复杂系统，是因为协商民主深深嵌入中国社会主义民主政治全过程，它是实践全过程人民民主的重要形式，因此，可以说协商民主的发展情况深刻影响全过程人民民主。全过程人民民主充满生机和活力，关键是协商民主为其提供了真实、管用、有效的实践路径。“民主就像一个旋转的陀螺，重要的是旋转的过程。离开了这个旋转的过程，民主政治这个陀螺就会倒下，个人的权利就无从谈起。”[①]当代中国民主发展的路径，就是要“始终坚持问题导向，不断发现问题、善于解决问题，每解决一个问题就把民主建设向前推进一步，不断推动民主制度体系更加成熟、更加定型”[②]。

① 俞可平:《政治学的公理》,《江苏社会科学》2003 年第 5 期。

②《中国的民主》,《人民日报》2021 年 12 月 5 日。

社会治理

中国特色社会主义理论体系中的无神论思想的发展历程及重要文献*

刘福军**

改革开放以来，中国共产党在开创、坚持、捍卫和发展中国特色社会主义的进程中，在认识和处理人与“神”的关系、无神论与有神论的关系、无神论者与有神论者的关系的实践中，坚持把马克思主义无神论基本原理同当代中国实际相结合、同中华优秀传统无神论思想相结合，深刻回答了为什么要始终保持马克思主义无神论作为主流意识形态在人民群众思想中占据主导地位、怎样始终保持马克思主义无神论作为主流意识形态在人民群众思想中占据主导地位。为什么要促进人的全面发展、怎样促进人的全面发展等重大理论和实践问题，形成了中国特色社会主义理论体系中的无神论思想，开辟了马克思主义无神论发展新境界。中国特色社会主义理论体系中的无神论思想，是中国共产党集体智慧的结晶，是对邓小平理论、“三个代表”重要思想、科学发展观、习近平新时代中国特色社会主义思想关于无神论的基本观点的概括和总结，是对马克思列宁主义、毛泽东思想中的无神论思想的坚持和发展，是党在社会主义条件下正确认识和处理人与“神”的关系、无神论与有神论的关系、无神论者与有神论者的关系的科学理论，其发展历程经历了初步创立、丰富完善、接续发展、创新发展等阶段。

---

* 本文系北京政治文明建设研究基地项目“中国化马克思主义无神论基本文献研究”（项目编号：21ZZWM016）阶段性研究成果。

** 刘福军，北京联合大学马克思主义学院教授、硕士生导师。

一、中国特色社会主义理论体系中的无神论思想的初步创立及重要文献

党的十一届三中全会以后，以邓小平同志为核心的党的第二代中央领导集体在实行改革开放和开创中国特色社会主义实践中，提出科学技术是第一生产力，主张实行宗教信仰自由政策的同时“也进行无神论的宣传”[①]。坚持用马克思主义哲学批判唯心论和有神论，坚持马克思主义无神论宣传教育，加强社会主义精神文明建设，打击各种不属于宗教范围的、危害国家利益和人民生命财产的迷信活动。强调一律不准恢复已被取缔的一切反动会道门和神汉、巫婆的活动，共产党员不能信仰宗教、不能参加宗教活动，要团结信教群众、巩固党同宗教界的爱国统一战线等，形成了邓小平理论关于无神论的基本观点，创立了中国特色社会主义理论体系中的无神论思想，初步回答了在中国社会主义条件下如何正确认识和处理人与“神”的关系、无神论与有神论的关系、无神论者与有神论者的关系问题。其理论观点主要体现在《中共中央印发〈关于我国社会主义时期宗教问题的基本观点和基本政策〉的通知》（1982年3月）、《中共中央关于在清除精神污染中正确对待宗教问题的指示》（1983年12月）、《中共中央、国务院转发国家科委〈关于当前科技工作形势和今后工作若干意见的报告〉》（1986年9月）、《中共中央关于社会主义精神文明建设指导方针的决议》（1986年9月）等重要文献中的有关阐述。

《中共中央印发〈关于我国社会主义时期宗教问题的基本观点和基本政策〉的通知》有关无神论的阐述如下。文件指出，“保障信教自由，不但不应妨碍而且应当加强普及科学教育的努力，加强反迷信的宣传。用马克思主义立场、观点、方法对宗教问题进行科学研究，是党的理论工作的一个重要组成部分；用马克思主义哲学批判唯心论（包括有神论），向人民群众特

① 中共中央文献研究室编：《邓小平思想年编（1975—1997）》，中央文献出版社2011年版。

别是广大青少年进行辩证唯物论和历史唯物论的科学世界观（包括无神论）的教育，加强有关自然现象、社会进化和人的生老病死、吉凶祸福的科学文化知识的宣传，是党的重要宣传任务。已被取缔的一切反动会道门和神汉、巫婆，一律不准恢复活动；凡妖言惑众、骗钱害人者，一律严加取缔，并且绳之以法；对于一切以看相、算命、看风水等为业的人员，应当教育、规劝和帮助他们劳动谋生、自食其力，不要再从事这类利用迷信骗人的活动，如不遵守，也应当依法取缔”[①]。共产党员不同于一般公民，而是马克思主义政党的成员，毫无疑问地应当是无神论者，应当坚持不懈地宣传无神论。在世界观上，马克思主义同任何有神论都是对立的、根本不同的；但是在政治行动上，马克思主义者和爱国的宗教信徒却完全可以而且必须结成为社会主义现代化建设共同奋斗的统一战线。该文件是马克思主义无神论的纲领性文献，也是中国特色社会主义理论体系中的无神论思想开始形成的重要标志。

《中共中央关于在清除精神污染中正确对待宗教问题的指示》有关无神论的阐述如下。文件指出，“任何人都不应当到宗教场所进行无神论的宣传，不应当在信教群众中发动有神还是无神的辩论；任何宗教组织和教徒也不应当在宗教活动场所以外布道、传教，宣传有神论，或者散发宗教传单和其他未经政府主管部门批准发行的宗教书刊，更不得进行反对马列主义、毛泽东思想的宣传”[②]。保障信教自由，不但不妨碍而且应当加强普及科学教育的努力，加强反迷信的宣传。宗教与精神污染是两回事，必须把尊重宗教信仰自由和保护正常的宗教活动同清除精神污染区别开来，必须把正常的宗教活动同各种不属于宗教范围的、危害国家利益和人民生命财产的迷信活动区别开来，必须把正常的宗教活动同超出宪法、法律和党的政策规定范围的非法活动区别开来。文中提出的“三个区别开来”的重要论断，对全面贯彻党的宗

① 中共中央文献研究室编：《三中全会以来重要文献选编》（下册），人民出版社 1982 年版。

② 中共中央文献研究室综合研究组、国务院宗教事务局政策法规司编：《新时期宗教工作文献选编》，宗教文化出版社 1995 年版。

教信仰自由政策、坚持和宣传马克思主义无神论具有重要的方法论意义，反映了党对社会主义条件下有神论问题认识的深化。

《中共中央、国务院转发国家科委〈关于当前科技工作形势和今后工作若干意见的报告〉》有关无神论的阐述如下。文件指出，科学技术水平和普及程度是反映一个民族现代精神文明水平的重要标志，也是推动一个民族进步的重要力量。现代科学技术是马克思主义和一系列社会科学理论发展的重要推动力量。我们应当以自然科学的新成果、新观点，来丰富和发展马克思主义。现代科学技术不断冲击和改变着陈旧的社会观念，中世纪自然科学家同宗教裁判所和经院哲学家的斗争，就是著名的事件，地动说和进化论冲破了宗教思想的束缚，才得以传播。要传播、发扬科学精神和科学方法。科学精神最主要的是求实的精神和革新的精神。实事求是，破除迷信，解放思想，是任何一个严肃的科学工作者所必须具备的科学精神。“精神文明建设的一个重要问题，就是同愚昧、迷信作斗争。”[①] 同愚昧和迷信作斗争，这既是教育工作者和科技工作者肩负的一项光荣的历史使命，也是整个精神文明建设中的一项艰巨而又严肃的任务。要充分发挥各类学校和各级科协在向社会，特别是向农村大力普及科学知识、同愚昧和迷信作斗争中的重要作用。这篇文献，阐述了科学技术发展的重大意义及弘扬科学精神的重要作用，明确了要以科学精神同愚昧和迷信作斗争的实践要求。

《中共中央关于社会主义精神文明建设指导方针的决议》有关无神论的阐述如下。这个决议是中国共产党第十二届中央委员会第六次全体会议通过的文件。文件指出，社会主义精神文明建设的根本任务，是培育有理想、有道德、有文化、有纪律的社会主义公民，提高整个中华民族的思想道德素质和科学文化素质；精神文明建设，包括思想道德建设和教育科学文化建设两个方面，渗透在整个物质文明建设之中，体现在经济、政治、文化、社会生活的各个方面；加强精神文明建设，是各条战线和一切部门的任务，是全党全军和全国各族工人、农民、知识分子和其他劳动者、爱国者的共同的长

---

① 中共中央文献研究室编：《十二大以来重要文献选编》（下册），人民出版社 1988 年版。

期的任务；坚持对思想性质的问题采取讨论的方法、说理的方法、批评和自我批评的方法，即用教育和疏导的方法去解决；坚持一切着眼于建设，把注意力集中到团结人民、充分发挥人民的社会主义积极性和创造精神上来，集中到满足人民的文化和精神需要上来，集中到加强思想道德建设和教育科学文化建设上来，归根到底，集中到促进社会生产力的发展上来；社会主义道德建设的基本要求，是爱祖国、爱人民、爱劳动、爱科学、爱社会主义。要“使共产党员和非共产党员，马克思主义者和非马克思主义者，无神论者和宗教信仰者，国内同胞和海外侨胞，总之，使全体劳动者和爱国者都紧密团结和积极行动起来，为实现共同理想而奋斗”①。这篇文献为党在社会主义条件下进一步认识和处理无神论与有神论的关系、无神论者与有神论者的关系提供了重要遵循。

二、中国特色社会主义理论体系中的无神论思想的丰富完善及重要文献

党的十三届四中全会以后，以江泽民同志为核心的党的第三代中央领导集体在坚持改革开放和捍卫、发展中国特色社会主义实践中，实施科教兴国战略，大力倡导科学精神，明确提出党同宗教界在政治上团结合作、信仰上互相尊重的原则，强调共产党员不但不能信仰宗教，而且应该积极宣传无神论、宣传科学的世界观、宣传反对封建迷信的正确观点，形成了“三个代表”重要思想关于无神论的基本观点，丰富完善了中国特色社会主义理论体系中的无神论思想。其理论观点主要体现在江泽民《必须树立马克思主义的民族观和宗教观》（1990 年 9 月）、《在全党全社会大力弘扬科学精神和创新精神》（2000 年 6 月）和《论宗教问题》（2001 年 12 月），以及《中共中央、国务院关于加强科学技术普及工作的若干意见》（1994 年 12 月）、《中央组织部、中央宣传部关于在党员、干部中深入开展马克思主义唯物论和无神

① 中共中央文献研究室编：《十二大以来重要文献选编》（下册），人民出版社 1988 年版。

论教育的通知》(1999 年 6 月)、《中共中央关于加强和改进思想政治工作的若干意见》(1999 年 9 月)和《中共中央、国务院关于加强宗教工作的决定》(2002 年 1 月)等讲话和文件中的有关阐述。

江泽民《必须树立马克思主义的民族观和宗教观》有关无神论的阐述，是 1990 年江泽民在新疆维吾尔自治区考察工作期间讲话的第四部分。讲话指出，共产党人是无神论者，任何时候都要坚持无神论，宣传无神论，“对群众进行无神论宣传教育，要同对党员的要求区别开来，并同社会主义两个文明建设的具体实践结合起来。”[①] 要善于用唯物主义观点说明宗教信仰的根源，下功夫提高人们的科学文化素质，防止简单从事而伤害信教群众的宗教感情，防止用行政命令的方法强迫人们不信教。要全面正确地贯彻执行宗教信仰自由政策。不信教的要尊重信教的，信教的也要尊重不信教的。要依法切实保护信教群众正常的宗教活动，注意团结爱国宗教人士并发挥他们应有的作用。要大力促进信教和不信教以及信仰不同宗教的群众之间的真诚的团结，为社会主义祖国的繁荣昌盛而并肩战斗。这篇文献，明确了党内、党外无神论宣传教育的不同要求，阐明了无神论者与有神论者，以及有神论者之间团结合作的重要性。

江泽民《在全党全社会大力弘扬科学精神和创新精神》有关无神论的阐述，是江泽民在中国科学院第十次院士大会、中国工程院第五次院士大会上讲话的主要部分。讲话指出，应该形成全国方方面面共同促进科学发展的良好气氛，在全党全社会大力弘扬科学精神，普及科学知识，树立科学观念，提倡科学方法。科学精神要以马克思主义的科学原理为指导，经过长期的学习和实践磨炼，才能真正树立起来。一切科技工作者，都应该高举科学的旗帜，坚持唯物主义、反对唯心主义，坚持辩证法、反对形而上学，都应该满腔热情地推进科学普及。他指出，“有的领导干部不学习科技知识，或者看了也是装装门面，并没有用科学精神武装自己，反而热衷于封建迷信的东

① 中共中央文献研究室综合研究组、国务院宗教事务局政策法规司编:《新时期宗教工作文献选编》，宗教文化出版社 1995 年版。

西，烧香拜佛、求签问卜，在群众中造成了恶劣的影响”[①]，各级领导干部特别是高级干部，要带头学习科学知识，带头弘扬科学精神，带头在工作中运用科学方法，为群众作出表率。

江泽民《论宗教问题》有关无神论的阐述，是2001年江泽民在全国宗教工作会议上的讲话。讲话指出，我们共产党人坚持马克思主义的无神论，懂得不信仰宗教是做一名合格共产党员的起码条件，共产党员不但不能信仰宗教，而且应该积极宣传无神论，宣传科学的世界观，宣传反对封建迷信的正确观点。广大党员干部要认真学习和掌握辩证唯物主义的认识论，“在对客观世界的认识上，在对支配人们日常生活的外部力量的认识上，在解决人类认识过程中有限和无限、已知和未知的矛盾上，应该自觉采取科学的态度和科学的立场，坚持发扬科学精神”[②]。不能简单地把有神论和无神论的区别等同于政治上的对立，甚至把宗教界人士和信教群众视为异己力量。无神论者和有神论者思想信仰虽然不同，但在爱国、维护祖国统一、拥护社会主义等涉及政治立场和政治方向的原则问题上是可以一致的，必须坚持政治上团结合作、信仰上互相尊重。在社会主义条件下，信教和不信教以及信仰不同宗教的群众，他们在这种信仰上的差异是比较次要的差异，他们在政治上、经济上的根本利益是相同的。中国共产党代表最广大人民的根本利益，当然也包括广大信教群众的合法利益。对信教和不信教的群众，都要进行爱国主义、集体主义、社会主义教育，都要加强法制教育和公民道德建设，都要大力开展普及科学文化知识特别是现代科学知识的工作。

《中共中央、国务院关于加强科学技术普及工作的若干意见》有关无神论的阐述如下。文件指出，贫穷不是社会主义，愚昧更不是社会主义。加强科普工作，提高全民族的科学、文化素质，就是从根本上动摇和拆除封建迷信赖以存在的社会基础。提高全民科学文化素质，引导广大干部和人民群众掌握科学知识、应用科学方法、学会科学思维，战胜迷信、愚昧和贫穷。要

① 《江泽民文选》（第3卷），人民出版社2006年版。
② 《江泽民文选》（第3卷），人民出版社2006年版。

动员全社会力量，多形式、多层次、多渠道地开展科普工作，传播科技知识、科学方法和科学思想，使科普工作群众化、社会化、经常化。从科普工作的内容上讲，要从科学知识、科学方法和科学思想的教育普及三个方面推进科普工作。在继续做好科学知识和适用技术普及宣传的同时，要特别重视科学思想的教育和科学方法的传播，培养公众用科学的思想观察问题，用科学的方法处理问题的能力。从科普工作的对象上讲，要把重点继续放在青少年、农村干部群众和各级领导干部身上。要充分认识破除反科学、伪科学的长期性、复杂性和艰巨性，对利用封建迷信搞违法犯罪活动的要坚决依法打击，对反动会道门组织要坚决依法取缔，对参与封建迷信活动的人要进行批评教育。各级领导干部要以身作则，自觉加强对现代科学文化知识、科学方法和科学思想的学习，自觉反对和抵制各种反科学思潮的冲击和影响，不准参与、鼓励各种封建迷信和伪科学活动。禁止党政干部参神拜庙、求卦占卜、大办丧事，为树立良好的社会风气起模范带头作用。

《中央组织部、中央宣传部关于在党员、干部中深入开展马克思主义唯物论和无神论教育的通知》的重要阐述如下。文件指出，马克思主义辩证唯物主义和历史唯物主义，是我们党的思想理论基础，是共产党人的世界观。在广大党员干部中坚持不懈地进行马克思主义唯物论和无神论的教育，关系到党的根本信仰，关系到全国人民团结奋斗的思想基础，关系到党和国家的前途命运。要从这样的高度来认识进行这一教育的重大现实意义和深远历史意义。通过这一教育，使广大党员干部进一步掌握辩证唯物主义和历史唯物主义的基本原理和基本观点，牢固树立正确的世界观、人生观、价值观，坚定共产党人的理想信念；进一步划清唯物论与唯心论、无神论与有神论、科学与迷信的界限，增强辨别是非和抵御错误思想的能力；进一步提高学习、贯彻党的基本理论、基本路线、基本纲领的自觉性，更好地维护改革发展稳定的大局，把建设有中国特色社会主义的伟大事业全面推向21世纪。要围绕马克思主义唯物论基本原理教育、进行现代科技知识教育、进行党的宗教政策和有关法规教育等重点内容进行马克思主义唯物论和无神论教育。要改进教育方法，增强教育的针对性和说服力。要把马克思主义唯物论和无神论教育作为“三会一课”的内容，使之经常化、制度化。各级党委要把马克思主义唯物论和无神论教育作为党的建设和思想政治工作的重要内容，切实加强对马克思主义唯物论和无神论教育的领导，改进教育方法，增强教育的针对性和说服力。要严格掌握政策界限，坚持正面教育为主的方针，着重解决党员干部的思想认识问题。要把尊重群众宗教信仰和少数民族习俗与封建迷信区别开来，把正常练功健身与封建迷信及各种伪科学区别开来。

《中共中央关于加强和改进思想政治工作的若干意见》有关无神论的阐述如下。文件指出，党领导革命和建设的全部历史证明，掌握思想教育，是团结全党进行伟大政治斗争的中心环节；思想政治工作，是经济工作和其他一切工作的生命线。我们对“法轮功”组织的斗争取得了决定性的胜利，但必须看到这场斗争的复杂性、尖锐性和长期性。这是一场争夺群众、争夺思想阵地的严肃的政治斗争，关系到共产党人的根本信仰，关系到全国人民团结奋斗的根本思想基础，关系到党和国家的前途命运。同“法轮功”组织的斗争，充分说明在新的历史时期，思想领域的矛盾和斗争错综复杂，有时还表现得相当激烈。思想领域的阵地马克思主义不去占领，非马克思主义和反马克思主义的东西就必然去占领。文件强调，“要加强马克思主义唯物论和无神论教育，大力提倡科学精神。马克思主义的辩证唯物主义和历史唯物主义，是科学的世界观、方法论。要广泛宣传它的基本原理和基本观点，帮助和引导人们划清唯物论与唯心论、无神论与有神论、科学与迷信、文明与愚昧的界限，增强识别和抵制唯心主义、封建迷信及各种伪科学的能力。要全面、准确地宣传党的宗教政策，积极引导宗教与社会主义社会相适应。要坚持不懈地普及科技知识，普及那些与群众日常生活密切相关的自然科学、医疗卫生、科学健身和生老病死等方面的知识，帮助人们掌握科学思想和科学方法，努力在全社会形成爱科学、学科学、用科学的风尚”①。

《中共中央、国务院关于加强宗教工作的决定》有关无神论的阐述如下。文件指出，中国共产党人是唯物主义者，不信仰宗教，同时坚持以科学的观

① 中共中央文献研究室编：《十五大以来重要文献选编》（中册），人民出版社2001年版。

点和方法对待宗教，努力认识和掌握宗教的特点和规律，因势利导，做好宗教工作。要严格区分两类不同性质的矛盾，对人民内部矛盾只能用耐心说服、改进工作的办法解决，防止把非对抗性矛盾激化为对抗性矛盾，对一些人利用民族、宗教问题制造事端、引发动乱，要及时揭露，依法惩处。“要宣传无神论，但不能简单地把有神论和无神论的区别等同于政治上的对立。要坚持政治上团结合作、信仰上互相尊重。”[①] 要大力普及科学文化知识，加强对人民群众特别是青少年的科学世界观（包括无神论）教育，提高全民族的思想道德素质和科学文化素质。要把解决农村宗教问题纳入经济、社会发展的全局，要同农村两个文明建设紧密结合起来。要大力发展农村经济、减轻农民负担、提高农民生活水平，大力发展教育事业，普及科学文化知识，破除封建迷信，用生动活泼、健康向上的文化占领农村思想文化阵地，使包括信教群众在内的广大农民真正感到代表他们利益、能够带领他们创造幸福生活的是党和政府，把他们引导到发展生产、劳动致富的正确轨道上来。

三、中国特色社会主义理论体系中的无神论思想的接续发展及重要文献

党的十六大以后，以胡锦涛同志为总书记的党中央在推进改革开放和坚持发展中国特色社会主义实践中，坚持以人为本，建设社会主义核心价值体系，加强马克思主义无神论研究和宣传教育工作，强调“共产党人是无神论者，不信仰任何宗教，但共产党人又是历史唯物主义者，必须以科学的历史的观点看待宗教”[②] 等，形成了科学发展观关于无神论的基本观点，接续发展了中国特色社会主义理论体系中的无神论思想。其理论观点主要体现在胡锦涛 2006 年在全国统战工作会议上的讲话、2007 年在主持中共十七届中央政治局第二次集体学习时的讲话、2010 年在中国科学院第十五次院士大

① 中共中央文献研究室、中共新疆维吾尔自治区委员会编：《新疆工作文献选编（1949—2010 年）》，中央文献出版社 2010 年版。

②《胡锦涛文选》（第 2 卷），人民出版社 2016 年版。

会、中国工程院第十次院士大会上的讲话，以及《中央组织部、中央宣传部、中央文明办、中央党校、教育部、中国社会科学院关于进一步加强马克思主义无神论研究和宣传教育工作的通知》（2004年）、《中共中央关于构建社会主义和谐社会若干重大问题的决定》（2006年）、《中共中央关于推进农村改革发展若干重大问题的决定》（2008年）、《中共中央关于深化文化体制改革推动社会主义文化大发展大繁荣若干重大问题的决定》（2011年）等讲话和文件中的有关阐述。

胡锦涛2006年在全国统战工作会议上的有关讲话。讲话指出，政党关系、民族关系、宗教关系、阶层关系、海内外同胞关系是政治领域和社会领域中涉及党和国家工作全局的一些重大关系，也是统一战线需要全面把握和正确处理的重大关系。在宗教关系问题上，要正确认识和处理信教群众和不信教群众、信仰不同宗教群众的关系，积极引导宗教与社会主义社会相适应，"努力实现宗教与社会和谐相处，各宗教和谐相处，信教群众和不信教群众、信仰不同宗教群众和谐相处"[①]。这是构建社会主义和谐社会的重要工作。必须全面认识宗教产生和存在的深刻历史根源、社会根源、心理根源，全面认识宗教在社会主义社会将长期存在的客观现实，全面认识宗教问题同政治、经济、文化、民族等方面因素相交织的复杂状况，全面认识宗教对相当一部分群众有较大影响的社会现象。我国社会正处在深刻变革时期，社会结构和社会利益格局复杂变化，人们思想观念日趋多样，一些人从宗教中寻求心理慰藉，宗教在部分群众生活中的影响有所增强。同时，境外敌对势力利用宗教对我国进行的渗透不断加剧，这在一定程度上使我国宗教问题的复杂性突出起来。在这种相当复杂的条件下，我们一定要准确把握和认真对待宗教问题，既不能用行政手段压制宗教，也不能放弃对宗教事务的管理，而是要更加扎实地做好党的宗教工作，把广大信教群众紧紧团结在党和政府周围，共同为全面建设小康社会而奋斗。讲话首次提出宗教关系是我国政治领域和社会领域涉及党和国家工作全局的重大关系之一，也为处理新形势下人

① 《胡锦涛文选》（第2卷），人民出版社2016年版。

与“神”的关系、无神论与有神论的关系、无神论者与有神论者的关系指明了方向。

胡锦涛2007年在主持中共十七届中央政治局第二次集体学习时的有关讲话。这次学习安排的内容是当代世界宗教和加强我国宗教工作。胡锦涛指出，实现我们的发展目标，必须最大限度地团结一切可以团结的力量，调动一切可以调动的积极因素。“我们要正确认识和全面把握宗教工作面临的新情况新问题，积极主动地做好宗教工作，促进宗教关系的和谐，努力把宗教界人士和信教群众紧紧团结在党和政府周围，共同为全面建设小康社会、加快推进社会主义现代化而奋斗”[①]。正确认识和处理宗教问题，切实做好宗教工作，关系党和国家工作全局，关系社会和谐稳定，关系全面建设小康社会进程，关系中国特色社会主义事业发展。我们要从这样的战略高度，充分认识做好新形势下宗教工作的重要性。讲话对做好新形势下宗教工作、促进宗教关系和谐等具有重要指导意义。

胡锦涛2010年在中国科学院第十五次院士大会、中国工程院第十次院士大会上的有关讲话。胡锦涛指出，科学技术作为第一生产力的作用日益突出，科学技术作为人类文明进步的基石和原动力的作用日益凸显，科学技术比历史上任何时期都更加深刻地决定着经济发展、社会进步、人民幸福。人类社会是在认识、利用、适应自然的过程中不断发展进步的，永不停息的科技进步和创新使人类认识、利用、适应自然的水平和能力不断提高。“科学精神是科学技术的灵魂。在探索自然、改造世界的长期实践中，人类不断推进科技进步和创新，不仅从物质层面改变了世界，而且在精神层面深刻影响了人类社会文明发展。”[②]历史表明，每一次科技革命的发生和发展都伴随着科学精神的发扬光大，科学精神又为科技进步和创新提供强大精神动力。贯彻落实科学发展观，建设创新型国家，加快转变经济发展方式，必须大力弘

① 《全面贯彻党的宗教工作基本方针 积极主动做好新形势下宗教工作》，《人民日报》2007年12月20日。

② 中共中央文献研究室编：《十七大以来重要文献选编》（中册），中央文献出版社2011年版。

扬求真务实、勇于创新的科学精神，在全社会形成讲科学、爱科学、学科学、用科学的良好风尚，为科技创新营造良好社会环境。

《中央组织部、中央宣传部、中央文明办、中央党校、教育部、中国社会科学院关于进一步加强马克思主义无神论研究和宣传教育工作的通知》的重要阐述如下。文件分为八个部分：一、充分认识加强马克思主义无神论研究和宣传教育工作的重要性；二、马克思主义无神论研究和宣传教育工作的指导思想；三、马克思主义无神论研究和宣传教育工作的主要任务；四、把马克思主义无神论宣传教育作为国民教育和党校、行政学院教学培训的重要内容；五、把马克思主义无神论宣传教育融入群众性精神文明创建活动；六、把马克思主义无神论宣传教育作为大众传媒的经常性工作；七、把马克思主义无神论研究作为重点课题列入社会科学发展规划；八、切实加强马克思主义无神论研究和宣传教育工作的领导。

文件指出，马克思主义无神论是辩证唯物主义和历史唯物主义世界观的重要组成部分。进一步加强马克思主义无神论研究和宣传教育工作，对于巩固马克思主义在意识形态领域的指导地位，保持党的先进性和纯洁性，提高全民族的思想道德素质和科学文化素质，打牢全党全国人民团结奋斗的共同思想基础，推动社会主义物质文明、政治文明和精神文明协调发展，具有十分重要的意义。马克思主义无神论研究和宣传教育工作，“要以普及唯物论的基本观点和自然科学基本常识为重点，以破除愚昧迷信为着眼点，围绕宣传科学思想、弘扬科学精神、普及科学知识、传播科学方法的主题来进行”[①]。要加强马克思主义唯物论基本原理和基本知识的研究和宣传教育，帮助人们认清人类社会发展的一般过程和普遍规律，增强坚持马克思主义唯物史观的自觉性和坚定性。要针对当前部分人群中存在的愚昧迷信现象，加强自然科学特别是生命科学基础知识的研究和宣传教育，帮助人们科学认识宇宙和生命的起源、人类进化的规律，正确对待各种自然现象、自然灾害和生

---

① 中国精神文明建设年鉴编辑委员会编：《中国精神文明建设年鉴（2005）》，学习出版社 2007 年版。

老病死。要加强健康文明生活方式的研究和宣传教育，帮助人们养成良好的行为习惯，科学合理地进行体育锻炼、保健养生、饮食起居、观光旅游、休闲娱乐。要通过不懈努力，引导人们牢固树立正确的世界观、人生观、价值观，树立科学的自然观、宇宙观、生命观，增强辨别唯物论与唯心论、科学与迷信、文明与愚昧的能力。

《中共中央关于构建社会主义和谐社会若干重大问题的决定》有关无神论的阐述如下。文件指出，必须坚持马克思主义在意识形态领域的指导地位，牢牢把握社会主义先进文化的前进方向，弘扬民族优秀文化传统，借鉴人类有益文明成果，倡导和谐理念，培育和谐精神，进一步形成全社会共同的理想信念和道德规范，打牢全党全国各族人民团结奋斗的思想道德基础。要树立社会主义荣辱观，培育文明道德风尚，普及科学知识，弘扬科学精神，养成健康文明的生活方式。要广泛开展和谐创建活动，形成人人促进和谐的局面，“注重促进人的心理和谐，加强人文关怀和心理疏导，引导人们正确对待自己、他人和社会，正确对待困难、挫折和荣誉。加强心理健康教育和保健，健全心理咨询网络，塑造自尊自信、理性平和、积极向上的社会心态”[①]。社会主义和谐社会是充满活力、团结和睦的社会。必须最大限度地激发社会活力，促进政党关系、民族关系、宗教关系、阶层关系、海内外同胞关系的和谐。加强信教群众同不信教群众、信仰不同宗教群众的团结，发挥宗教在促进社会和谐方面的积极作用。

《中共中央关于推进农村改革发展若干重大问题的决定》有关无神论的阐述如下。文件指出，坚持用社会主义先进文化占领农村阵地，满足农民日益增长的精神文化需求，提高农民思想道德素质，广泛开展文明村镇、文明集市、文明户、志愿服务等群众性精神文明创建活动，倡导农民崇尚科学、诚信守法、抵制迷信、移风易俗，遵守公民基本道德规范，养成健康文明生活方式，形成男女平等、尊老爱幼、邻里和睦、勤劳致富、扶贫济困的社会风尚。

---

① 中共中央文献研究室编：《十六大以来重要文献选编》（下册），中央文献出版社2008年版。

《中共中央关于深化文化体制改革推动社会主义文化大发展大繁荣若干重大问题的决定》有关无神论的阐述如下。文件指出，中国共产党从成立之日起，就既是中华优秀传统文化的忠实传承者和弘扬者，又是中国先进文化的积极倡导者和发展者。社会主义先进文化是马克思主义政党思想精神上的旗帜，文化建设是中国特色社会主义事业总体布局的重要组成部分。没有文化的积极引领，没有人民精神世界的极大丰富，没有全民族精神力量的充分发挥，一个国家、一个民族不可能屹立于世界民族之林。物质贫乏不是社会主义，精神空虚也不是社会主义。没有社会主义文化繁荣发展，就没有社会主义现代化。坚持中国特色社会主义文化发展道路，努力建设社会主义文化强国。坚持社会主义先进文化前进方向，在全社会形成积极向上的精神追求和健康文明的生活方式。坚持以人为本，促进人的全面发展，培育有理想、有道德、有文化、有纪律的社会主义公民。社会主义核心价值体系是兴国之魂，是社会主义先进文化的精髓，决定着中国特色社会主义发展方向。坚持用社会主义核心价值体系引领社会思潮，在全党全社会形成统一指导思想、共同理想信念、强大精神力量、基本道德规范。树立和践行社会主义荣辱观，“加强人文关怀和心理疏导，培育自尊自信、理性平和、积极向上的社会心态。弘扬科学精神，普及科学知识，倡导移风易俗、抵制封建迷信。”①

四、中国特色社会主义理论体系中的无神论思想的创新发展及重要文献

党的十八大以来，以习近平同志为核心的党中央在全面深化改革开放和推动中国特色社会主义进入新时代实践中，明确提出中国特色社会主义宗教理论，全面贯彻党的宗教工作基本方针，构建积极健康的宗教关系，强

① 中共中央文献研究室编:《十七大以来重要文献选编》（下册），中央文献出版社2013年版。

调“坚持马克思主义无神论是大原则”[①]，强调辩证唯物主义是中国共产党人的世界观和方法论。共产党员要补足精神之钙，要做坚定的马克思主义无神论者，绝不能在宗教中寻找自己的价值和信念，要加强对青少年的科学世界观宣传教育，“始终保持马克思主义无神论作为主流意识形态在人民群众思想中占据主导地位”[②]等，形成了习近平新时代中国特色社会主义思想关于无神论的基本观点，创新发展了中国特色社会主义理论体系中的无神论思想。其理论观点主要体现在习近平总书记2015年在中央统战工作会议上的讲话、2016年在全国宗教工作会议上的讲话、2021年在全国宗教工作会议上的讲话、2022年在中央统战工作会议上的讲话，以及《关于新形势下党内政治生活的若干准则》（2016年）、《乡村振兴战略规划（2018—2022年）》、《新时代公民道德建设实施纲要》（2019年）、《关于新时代加强和改进思想政治工作的意见》（2021年）等讲话和文件中的有关阐述或规定。

习近平2015年在中央统战工作会议上的有关讲话。讲话指出，做好新形势下统战工作，必须正确处理一致性和多样性关系，不断巩固共同思想政治基础，同时要充分发扬民主、尊重包容差异，尽可能通过耐心细致的工作找到最大公约数。做好新形势下统战工作，必须善于联谊交友，统一战线是做人的工作，搞统一战线是为了壮大共同奋斗的力量。宗教工作是全局性工作，宗教工作本质上是群众工作。积极引导宗教与社会主义社会相适应，“必须坚持中国化方向，必须提高宗教工作法治化水平，必须辩证看待宗教的社会作用，必须重视发挥宗教界人士作用，引导宗教努力为促进经济发展、社会和谐、文化繁荣、民族团结、祖国统一服务”[③]。要坚持保护合法、制止非法、遏制极端、抵御渗透、打击犯罪的原则，对涉及宗教因素的问题具体分析，是什么性质就按什么性质处理，该保护的必须保护，该取缔的坚

---

① 王伟光：《坚持马克思主义无神论是个大原则》，《科学与无神论》2017年第6期。

② 朱晓明：《始终保持马克思主义无神论在人民群众思想中的主导地位》，《红旗文稿》2016年第17期。

③《巩固发展最广泛的爱国统一战线 为实现中国梦提供广泛力量支持》，《人民日报》2015年5月21日。

决取缔，该打击的依法打击。宗教与社会主义社会相适应的过程，应该是调动积极因素、抑制消极因素的过程。既不能只注重抑制消极因素、忽视调动积极因素，也不能只注重调动积极因素、忽视抑制消极因素。发挥宗教积极作用，不是把宗教当作济世良方，人为助长宗教热，而是要因势利导、趋利避害，引导宗教努力为促进经济发展、社会和谐、文化繁荣、民族团结、祖国统一服务。积极引导宗教与社会主义社会相适应，必须重视发挥宗教界人士作用。信教群众往往愿意听宗教界人士的话。①

习近平 2016 年在全国宗教工作会议上的有关讲话。讲话指出，做好新形势下宗教工作，就要坚持用马克思主义立场、观点、方法认识和对待宗教，遵循宗教和宗教工作规律，深入研究和妥善处理宗教领域各种问题，结合我国宗教发展变化和宗教工作实际，不断丰富和发展中国特色社会主义宗教理论，用以更好指导我国宗教工作实践。要构建积极健康的宗教关系。在我国，“宗教关系包括党和政府与宗教、社会与宗教、国内不同宗教、我国宗教与外国宗教、信教群众与不信教群众的关系”②。处理我国宗教关系，必须牢牢把握坚持党的领导、巩固党的执政地位、强化党的执政基础这个根本，必须坚持政教分离，坚持宗教不得干预行政、司法、教育等国家职能实施，坚持政府依法对涉及国家利益和社会公共利益的宗教事务进行管理。共产党员要做坚定的马克思主义无神论者，严守党章规定，坚定理想信念，牢记党的宗旨，绝不能在宗教中寻找自己的价值和信念。要加强对青少年的科学世界观宣传教育，引导他们相信科学、学习科学、传播科学，树立正确的世界观、人生观、价值观。在爱国主义、社会主义旗帜下，同宗教界结成统一战线，是我们党处理宗教问题的鲜明特色和政治优势。要坚持政治上团结合作、信仰上相互尊重，多接触、多谈心、多帮助，以理服人，以情感人，通过解决实际困难吸引人、团结人。

---

① 中共中央文献研究室编:《习近平关于社会主义政治建设论述摘编》，中央文献出版社 2017 年版。

②《发展中国特色社会主义宗教理论 全面提高新形势下宗教工作水平》，《人民日报》2016 年 4 月 24 日。

习近平 2021 年在全国宗教工作会议上的有关讲话。讲话指出，党的宗教工作的本质是群众工作，要完整、准确、全面贯彻党的宗教信仰自由政策，尊重群众宗教信仰，“信教群众和不信教群众在政治上经济上的根本利益是一致的，都是党执政的群众基础。既要保护信教群众宗教信仰自由权利，最大限度团结信教群众，也要耐心细致做信教群众工作”①。讲话还指出，“宗教活动应当在法律法规规定范围内开展，不得损害公民身体健康，不得违背公序良俗，不得干涉教育、司法、行政职能和社会生活。”这些重要论述，进一步为新时代进一步处理无神论与有神论的关系、无神论者与有神论者的关系提供了根本遵循。

习近平 2022 年在中央统战工作会议上的有关讲话。讲话指出，人心向背、力量对比是决定党和人民事业成败的关键，是最大的政治。统战工作的本质要求是大团结大联合，解决的就是人心和力量问题。关键是要坚持求同存异，发扬“团结—批评—团结”的优良传统，在尊重多样性中寻求一致性，找到最大公约数、画出最大同心圆。统一战线因团结而生，靠团结而兴。促进中华儿女大团结，是新时代爱国统一战线的历史责任。“要把握好固守圆心和扩大共识的关系，不断增进共识，真正把不同党派、不同民族、不同阶层、不同群体、不同信仰以及生活在不同社会制度下的全体中华儿女都团结起来”②。要把握好原则性和灵活性的关系，善于把方针政策的原则性和对策举措的灵活性结合起来，既站稳政治立场、坚守政治底线，又具体问题具体分析，注重工作方式方法。要把握好团结和斗争的关系，又要善于斗争、增强斗争本领，努力形成牢不可破的真团结。

《乡村振兴战略规划（2018—2022 年）》有关无神论的阐述如下。文件第七篇“繁荣发展乡村文化”指出，坚持以社会主义核心价值观为引领，以传承发展中华优秀传统文化为核心，以乡村公共文化服务体系建设为载体，

① 《习近平在全国宗教工作会议上强调 坚持我国宗教中国化方向 积极引导宗教与社会主义社会相适应》，《人民日报》2021 年 12 月 5 日。

② 《习近平在中央统战工作会议上强调 促进海内外中华儿女团结奋斗 为中华民族伟大复兴汇聚伟力》，《人民日报》2022 年 7 月 31 日。

培育文明乡风、良好家风、淳朴民风，推动乡村文化振兴，建设邻里守望、诚信重礼、勤俭节约的文明乡村。加强农村思想道德建设，持续推进农村精神文明建设，提升农民精神风貌，倡导科学文明生活，不断提高乡村社会文明程度。规划第八篇“健全现代乡村治理体系”指出，深入推进移风易俗，开展专项文明行动，遏制大操大办、相互攀比、“天价彩礼”、厚葬薄养等陈规陋习。加强无神论宣传教育，抵制封建迷信活动。深化农村殡葬改革。依法加大对农村非法宗教、邪教活动打击力度，严防境外渗透，继续整治农村乱建宗教活动场所、滥塑宗教造像。

《新时代公民道德建设实施纲要》有关无神论的阐述如下。文件指出，要以习近平新时代中国特色社会主义思想为指导，紧紧围绕进行伟大斗争、建设伟大工程、推进伟大事业、实现伟大梦想，着眼构筑中国精神、中国价值、中国力量，促进全体人民在理想信念、价值理念、道德观念上紧密团结在一起，在全民族牢固树立中国特色社会主义共同理想，在全社会大力弘扬社会主义核心价值观，积极倡导富强民主文明和谐、自由平等公正法治、爱国敬业诚信友善，全面推进社会公德、职业道德、家庭美德、个人品德建设，不断提升公民道德素质，促进人的全面发展，培养和造就担当民族复兴大任的时代新人。广泛开展移风易俗行动。摒弃陈规陋习、倡导文明新风是道德建设的重要任务。要围绕实施乡村振兴战略，培育文明乡风、淳朴民风，倡导科学文明生活方式，挖掘创新乡土文化，不断焕发乡村文明新气象。充分发挥村规民约、道德评议会、红白理事会等作用，破除铺张浪费、厚葬薄养、人情攀比等不良习俗。“要提倡科学精神，普及科学知识，抵制迷信和腐朽落后文化，防范极端宗教思想和非法宗教势力渗透”①。

《关于新时代加强和改进思想政治工作的意见》有关无神论的阐述如下。文件指出，要深入开展思想政治教育。健全用党的创新理论武装全党、教育人民工作体系，增进对习近平新时代中国特色社会主义思想的政治认同、思

① 中共中央党史和文献研究院编：《十九大以来重要文献选编》（中册），中央文献出版社2021年版。

想认同、理论认同、情感认同，加强爱国主义、集体主义、社会主义教育，“加强马克思主义唯物论和无神论教育”[①]，加强教育引导、实践养成、制度保障，推动社会主义核心价值观融入社会发展和百姓生活。加强党史、新中国史、改革开放史、社会主义发展史和形势政策教育，加强社会主义法治教育。文件明确提出，要加强马克思主义唯物论和无神论教育，对做好新时代马克思主义无神论教育工作具有重要指导意义。

综上所述，中国特色社会主义理论体系中的无神论思想经历了初步创立、丰富完善、接续发展和创新发展等发展阶段，其理论观点主要体现在改革开放以来党的领导人有关讲话和中央有关文件的阐述或规定。这一无神论思想，是对邓小平理论、“三个代表”重要思想、科学发展观、习近平新时代中国特色社会主义思想关于无神论的基本观点的概括和总结，是对马克思列宁主义、毛泽东思想中的无神论思想的坚持和发展，科学回答了社会主义条件下如何正确认识和处理人与“神”的关系、无神论与有神论的关系、无神论者与有神论者的关系的重大理论和实践问题，是马克思主义无神论中国化的思想成果，极大丰富了马克思主义无神论思想宝库。

---

① 《中共中央 国务院印发〈关于新时代加强和改进思想政治工作的意见〉》，《人民日报》2021年7月13日。

大学生对邪教认知的影响：自尊和安全感的作用

李 斌 范宝祥 计 晗 辛俊卿*

一、研究背景

邪教组织是以反科学、反人类、反社会、反政府为本质的教义和实践具有社会危害性的组织，以“法轮功”为代表的邪教阻碍人类社会发展，是危害当代大学生的公害，影响国家社会安全和青年群体的成长成才。大学生群体处于世界观人生观形成、心理发展成熟的过渡时期，针对大学生群体的邪教防范工作将“治理”重心前移，能够有效预防迷信邪教行为的发生。

19世纪90年代，威廉·詹姆斯（William James）在其所著的《心理学原理》一书中最早出现了自尊概念，他提出自尊公式为：自尊 = 成功 / 抱负（self-esteem=success/pretension），斯坦斯·库珀史密斯（Stanley Coopersmith）将自尊定义为“自尊是个人对自己所作的各方面的评价和通常所持有的一种对自己的看法”。黄希庭等人认为自尊一种自重、自爱和自我尊重的情感体验，是个体在自我评价的基础上产生和发展起来的，同时要求受到他人、集体和社会的尊重。马斯洛指出，当个体从一种恐慌或

* 李斌，北京联合大学北京膜拜团体与宗教文化研究中心，教授，研究方向为心理健康；范宝祥，陕西岐山人，北京联合大学北京膜拜团体与宗教文化研究中心，研究员，研究方向为意识形态；计晗，安徽安庆人，北京联合大学外语部，副教授，研究方向为英语语言学；辛俊卿，北京联合大学商务学院，讲师，研究方向为思想政治教育。

者无助焦虑中摆脱出来时体验到的一种信心、自由和安全的感觉就是安全感，尤其是一个人现在（和将来）的不同需求都被满足了时的感觉。从中、安莉娟通过结合自己的经验和国外相关研究，并吸收布列茨理论中“控制”一词的观点，对安全感进行了定义，她们认为安全感是个体的身体或心理处于某种危险状况时，个体表现出的预感，及当个体去应对某种风险的时候，表现出的有力感或者无力感，安全感主要有确定感和可控制感两个维度。安莉娟等人（2004）的研究发现，安全感作为心理健康的基础，安全感与自尊水平之间呈现出正相关。

由此本研究提出以下假设：

（1）大学生的自尊水平、安全感和邪教认知分别在人口学变量上存在着一定的显著差异；

（2）大学生的自尊水平、安全感及邪教认知之间存在相关关系；

（3）大学生的自尊和安全感对大学生邪教认知有显著的预测作用；

（4）大学生的安全感在自尊对邪教认知的影响中起着中介的作用；

（5）大学生的自尊和安全感同时在对邪教认知的影响中起着链式中介的作用。

二、研究对象

本研究采用分层随机抽样的方法选取北京市某高校1—4年级学生，在各个层次的年级中随机抽取出四个班作为研究对象，共计发放调查问卷350份，获得有效问卷333份，问卷的有效率为95.1%。

三、研究工具与方法

（一）自尊量表（Self-esteem Scale，SES）

罗森伯格在1965年编制的自尊量表被用来评定参与者对自我价值感和自

我接纳的总体感受。总共含有10个题目（其中含有5个正向记分题目和5个反向记分题目），每个题目采用1—4四级计分制，1代表很不符合，2代表不符合，3代表符合，4代表非常符合。在此次调查中，为了让被试在做调查问卷时更加方便、流畅，将四级计分制顺序颠倒，采取反向计分。该量表得分越高，表明参与测试的被试自尊发展水平越低。

（二）安全感量表（Security Questionnaire，SQ）

安全感量表是由丛中、安莉娟（2003）编制的，包含了人际安全感和确定控制感两个维度。该量表由16个题目组成，其中1、3、6、8、10、12、15、16是人际安全感维度涉及的题目，2、4、5、7、9、11、13、14是确定控制感维度涉及的题目，采用1—5五级计分制方式，得分越高的个体其安全感水平越高。该量表主要用于对正常人和神经症患者的安全感心理特征实施检测。量表较适合应用于我国大学生和大学生的相关研究中。

（三）邪教易感性测试

采用16个题目的自陈问卷，总分计入，被试给予肯定的回答越多，邪教易感性越高。

四、研究结果与讨论

（一）大学生邪教认知的特点

在调查中，请大学生自己对邪教的了解程度评分，均值为4.62，并呈正态分布，10分是非常了解，0分是非常不了解。（见下图）

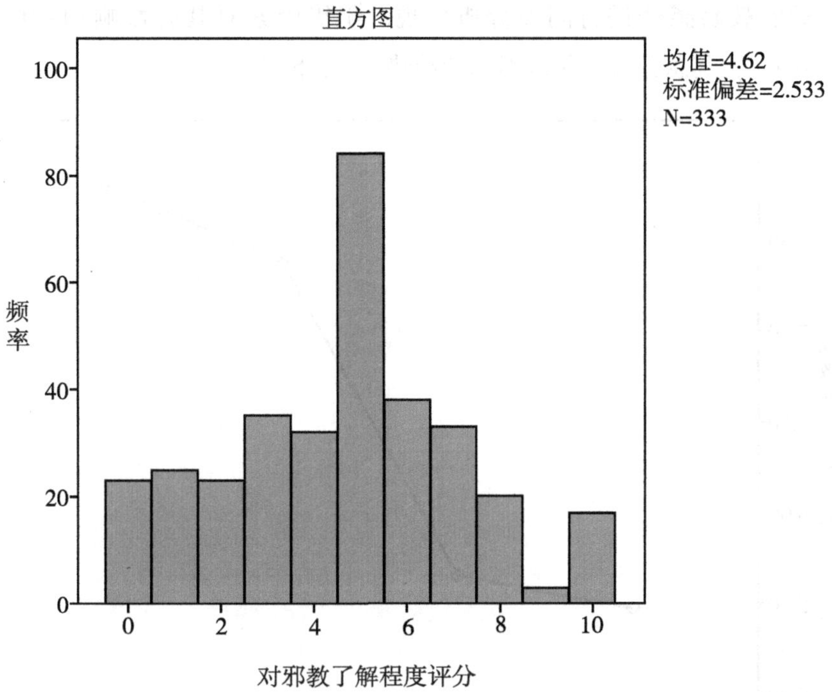

在大学生对邪教的基本特征的认识上，81.6% 的大学生认为编造邪说是其基本特征，86.1% 的大学生选择了精神控制，69.3% 的大学生认为是教主崇拜，64.5% 的大学生认为是邪教聚敛钱财，60.8% 的大学生选择了秘密结社。

在对邪教的主要危害的认识上，91.9% 的大学生认为破坏社会和谐是邪教的主要危害，81.0% 的大学生选择了危害国家安全，77.7% 的大学生选择了骗取信徒钱财，71.7% 的大学生选择了践踏信徒生命。

在对具体的邪教教派的认知上，98.2% 的大学生认为“法轮功”是邪教，大学生能够识别其他几个教派的比例分别是：观音法门（49.5%），统一教（43.8%），奥姆真理教（42.3%），人民圣殿教（39.3%）。

在大学生对邪教渗透方式的认知上，建立网站、电子邮件、骚扰电话是大学生了解的最主要的方式，占 71.5%，情感拉拢并施以小恩小惠占 67.9%，在校园内散发张贴邪教宣传品占 63.4%，借学生社团名义传播占 59.5%，以出境交流学习为名义进行渗透占 51.7%。

对邪教易感性进行问卷分析发现，年级因素对其有影响（F=10.507，SIG<0.05），其总分有逐年级增加的趋势。（见下图）

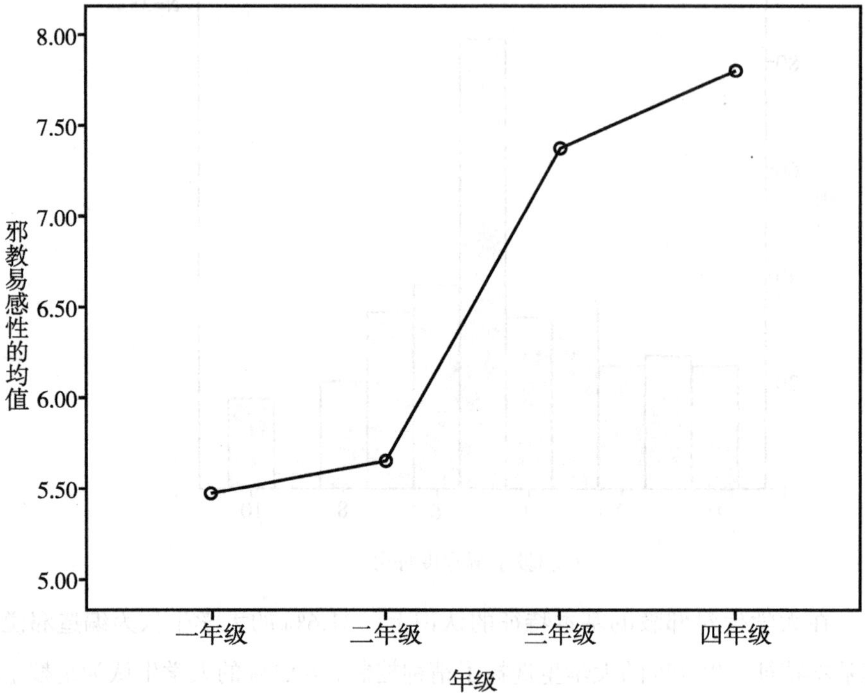

（二）大学生自尊、安全感与邪教认知的关系

将自尊、安全感及其分量表（人际安全感、确定控制感）和邪教易感性问卷进行相关分析（见下表），发现自尊、安全感与邪教易感性呈负相关，即自尊程度越高、安全感越高，邪教易感性越低。

自尊、安全感与邪教易感性的相关性

	安全感	自尊	人际安全感	确定控制感	邪教易感性	
安全感	Pearson 相关性	1	.503**	.956**	.960**	–.288**
自尊	Pearson 相关性	.503**	1	.486**	.469**	–.163**

续表

	安全感	自尊	人际安全感	确定控制感	邪教易感性	
人际安全感	Pearson 相关性	.956**	.486**	1	.836**	–.240**
确定控制感	Pearson 相关性	.960**	.469**	.836**	1	–.298**
邪教易感性	Pearson 相关性	–.288**	–.163**	–.240**	–.298**	1

**. 在 .01 水平（双侧）上显著相关

（三）大学生自尊、安全感对邪教认知的预测作用

以邪教易感性为因变量、自尊和安全感为自变量进行线性回归，结果发现（见下表）：安全感，尤其是安全感中的确定控制感因素，对邪教易感性有一定的预测作用。

模型汇总

模型	R	R 方	调整 R 方	标准估计的误差
1	.299a	.089	.081	2.94847

a. 预测变量：（常量），确定控制感，自尊，人际安全感

系数 a

模型	非标准化系数	标准系数	t	Sig.		
	B	标准误差	试用版			
1	（常量）	11.146	1.242		8.974	.000
	自尊	–.021	.043	–.030	–.490	.624
	人际安全感	–.001	.070	–.001	–.014	.989
	确定控制感	–.189	.065	–.282	–2.904	.004

a. 因变量：邪教易感性

五、分析与对策

（一）把握大学生对邪教认知的基本特点

从调查数据来看，大学生对邪教的基本认知清晰，大多数学生了解邪教的基本特征、了解有代表性的邪教组织，如“法轮功”等，了解的渠道多为网络或电子渠道，对于邪教易感性呈明显上升的趋势。我们应进一步拓宽教育途径，丰富教育内容，提升教育效果的角度，加强普及性教育，提高大学生对邪教组织的警惕性。

（二）从提升学生自尊和安全感角度预防邪教蛊惑

将邪教防范的视角界定在大学生自尊水平的提升和安全感的满足两个因素上，即“扶正祛邪”，提升大学生的心理健康的视角，多学科的方法，[①]协助大学生处理在学习生活中遇到的问题，是有效防范邪教的重要组成部分。

大学生处于青年期到成年期的过渡时期，青年期是自我意识的飞速发展时期，被称为“第二次诞生”（E.Spranger，1924），第一次是为了生存而诞生，第二次是为了生活而诞生。大学生的自我意识开始分化，自我矛盾日益突出，使他们生活在动荡不安的心理世界中：自我肯定与否定、自我价值认同与否定、自尊获得与丧失、自信与自卑等，大学生需要建立起自我同一性，形成稳定的自我概念，最终形成人生观、价值观和世界观。经过多年的大学生活实践，大学生自我意识的发展达到了新的水平：独立感、自尊心、自信心、好胜心等趋于成熟；自我认识、自我体验、自我控制三方面趋于协调发展；自我意识的核心，即世界观和人生观已基本确立。但这个发展过程并不是平静无波澜的，而是充斥着诸多的矛盾：“主体我”和“客体我”、“理想我”和“现实我”之间的矛盾；自我评价时而客观、时而主观，出现过高的自我评价（导致盲目乐观，自以为是等）或过低的自我评价（自我排斥，

① 范宝祥、李斌：《破坏性膜拜团体防范的新视角》，《科学与无神论》2018 年第 1 期。

自我怀疑等），调控能力相对较弱等。

因此，提升大学生自尊①和安全感水平，第一，通过自省的方式。自我省察就是检查自己的思想和行为，剖析自己，发现自身的缺点和过失，并立刻改正。人如同一块天然矿石，需要不断地用刀去雕琢，把身上的污垢去掉。虽有些沉痛，但雕琢后的矿石才能更光彩照人、身价百倍。因此，自我反省的过程就是自我提升的过程。“自省”是通向成功的必经之路。孔子曰：“见贤思齐焉，见不贤而内自省也。”（《论语·里仁》）曾子曰：“吾日三省吾身。”（《论语·学而》）懂得自省的人才能不断成长，有效抵御邪气滋生。

第二，通过社会学习的方法，通过收集他人反馈的方式，也可以有效提升自尊水平。人是社会性的动物，不可能脱离他人、集体而单独生存生活。既然生活在人群里，必然涉及他人的态度、评价等问题。他人就是反射自我的一面镜子，从别人的反馈中可以知道具有现实意义的“我”是什么样子，自我状态和行为合不合时宜，适应情况如何，哪些地方需要改进提高。事业成功的人士大都有这样的共性：自己眼中的自己和他人眼中的自己，形象非常接近，很少出现自我肯定却不被他人认可的情况。因为他们善于理解和接受别人的想法，择善而从，不断根据他人的反馈来提高自己、改进工作，从而形成“良性循环”，最终取得事业成功。并不是所有的人都能欣然接纳他人这面镜子给予的负性反馈。有些人自以为是，对他人的负面评价不予考虑地一概拒绝、固执己见，或加以辩解推向客观、归诸他人，因此很难改善自我，获得好的人际关系及成功的事业。

第三，参加实践，在实践中检验并获得成功体验是提升自尊的有效方式。实践是检验真理的唯一标准，同样，实践也是判定人对自己的认识和定位是否正确的唯一标准。我们可以从自己实践活动的结果来反观自身。其实生活是一个大熔炉，它能检验出你是哪块料，更适合做什么，通过成功与失败帮助你重新认识自己。所以，如果你认为你行、适合做什么，就去做吧，让事实、结果去证明你是否如你认为的那样真行、真适合；如果你认为你不

① 汪艳丽、李斌、晏宁编：《大学生心理素质训练》，电子工业出版社2016年版。

行、不适合，也不要急着下结论，到生活中试试吧，让实践去检验真相到底如何。不要将认识停留在主观评价、意识层面，只有经过生活检验的才是实实在在的“真实自我”。

我国著名心理学家林崇德教授认为，“心理健康不仅仅是没有心理疾病，而且是一种积极向上的心理状态。心理健康是一种个人的主观体验，既包括积极的情绪情感和消极的情绪情感，也包括个人生活的方方面面，其核心是自尊”。随着积极心理学理论的兴起，越来越多的心理学家将心理健康从消除心理疾病的单一维度向兼顾症状与心理幸福感的双因素转化，为积极心理健康教育与心理素质教育提供了理论依据。心理健康是消除消极心理健康状态与获得积极心理健康状态的集合体，从抵御和防范邪教的角度，单纯的“堵塞”的方式往往使得大学生产生逆反心理，而有效地提升学生的自尊和安全感水平，是预防的有效手段。

网络邪教的治理研究 *

薛　鹏 **

引言

本文的网络邪教是指呈现出“利用互联网进行线上线下通联互动”等活动模式的邪教形态。邪教产生危害的本质在于膜拜性蛊惑虚假信息对人的危害。网络邪教信息可喻为病毒，其在大众媒介中的传播过程与流行病学的病毒传播极为相似。在流行病学领域，一方面，既希望于研制出疫苗，使得个体能够对相应病毒产生免疫，尤其对于易感人群；另一方面，当个体感染了病毒时，迅速地隔离传染源，阻断传播途径，以防止病毒的传播扩散。因此，网络邪教治理的一条逻辑主线是促进尽可能多的个体对邪教“病毒”产生免疫，即以科学的宣传教育为疫苗，关口前移，提前预防。另一条逻辑主线则是尽多方所能减少邪教“病毒”危害个体的机会，对网络邪教“病毒”扩散予以技术性防范，并对于卷入个体进行深度说服，及早切断与“功友”或不同媒介渠道的邪教膜拜性蛊惑虚假信息，帮助其回归正常。这其中既有早预防的成分，也有当出现邪教“病毒”后的早治理之义。

---

* 本文系北京市社科基金研究基地项目“全媒体时代下的网络邪教传播与治理研究”（19JDXCB010）的阶段性成果。

** 薛鹏，北京联合大学北京膜拜团体与宗教文化研究中心，高级工程师，研究方向：网络舆情传播。

一、网络邪教治理的基本思路和多角色举措

网络邪教预防在反邪教整体工作中占据极其重要的地位，面向大众的教育引导是关键。在这一过程中，多层次、立体化的教育引导是开展网络邪教预防的逻辑起点。持续有效预防措施能够促进尽可能多的公众个体对邪教形成免疫，从源头上减少邪教危害公众个体的机会，减少邪教受害者，减轻给社会带来的影响与危害，降低反邪教工作的社会成本。此外，面向网络邪教成员的教育转化是反邪教工作中的另一重要方面，这强烈依赖于阻断网络邪教成员与人和信息的关联，这与流行病学中"隔离传染源，阻断传播途径"别无二致，符合流行病学中控制传染源和阻断传播途径的传染病防控法则。围绕网络邪教成员的切身境遇与现实需求开展针对性的帮扶活动，最终使其进入如同流行病学中的免疫状态。

在传播视域下，上述可类比为一条反邪教信息传播网链，分布于信息传播链条上的相关方之持续且深度的参与必不可少，以形成有效实施传播策略的人力支撑。

（一）政府主导下的联防共治

网络邪教触及极端意识形态，关系到社会稳定甚至国家安全，是国家治理能力现代化所需关注的重要方面，因此各级党委政府必然处于核心的主导位置，以《中华人民共和国网络安全法》《中华人民共和国国家安全法》《中华人民共和国刑法修正案》等相关法律为总遵循，明晰各级责任，并在政法系统、公安机关等相关部门之间深化横向协作机制，助益信息共享和事前预防。在此基础上，不断尝试引入多方资源，形成相关学界、商界、社会团体等多主体参与的社会化协同，厘清"事"与"人"的关系，使之成为相关业界的社会共识与责任。一方面，网络邪教预防的宣传教育不仅需要政府相关单位各司其职、相互配合，还需主动调动反邪教宣传过程中的多方力量，建立反邪教宣传工作的长效机制，充分调动社会多方力量共同参与协作，促进

与发挥各自优势，构建形成全媒体时代背景下的联防共治格局；另一方面，有必要为邪教的预防设立资金支持，增强并巩固邪教预防过程的必要保障，促进网络邪教预防的可持续、健康的发展。

当下，涉及网络邪教的极端伤害人或破坏社会秩序的社会性事件有所减少，但由于网络传播的匿名性和双向性特征，网络邪教虚假信息有可能对受众造成一种潜在的、长期的伤害，表现形式越来越隐秘。比如，出现了网络环境下具备强制性劝诱和极端思想改造等邪教核心特征的类邪教团体，卷入邪教个体的年龄图谱向青年和高学历等群体蔓延，网络邪教的局地性向国际化、政治化方向发展等新发展趋势。受众个体在不自知的情况下卷入其中，网络邪教治理的复杂性和不确定性在持续增强。鉴于此，面向广大受众的预防性宣传教育则是网络邪教治理的优先选项，推动广大受众在遇到网络邪教病毒之前提前做好必要的知识储备，增强防范意识和预警，以期顺利进入免疫状态。

由政府主导的宣传教育过程中，以严谨审慎的态度保证宣传教育内容的科学性与准确性是根本。首先要确保反邪教宣传教育内容本身是科学且准确的，以此作为宣传教育的前提，进而增强公众的邪教防范意识与甄别能力。在此基础上，教育宣传的内容要顺应无论是传统纸媒、板报等传统传播媒介还是网络媒体的不同传播特点和规律，尤其注重探索与运用移动新媒体的传播规律开展宣传教育，以期取得更好的传播效果；文字、图片、视频、动画等多形式并用[①]，避免生硬的说教，旨在宣传教育内容能够被更多的个体去阅读，进而才有可能转变思想态度最终调整个体行为。在实践中，可组织相关单位开发以邪教相关特征、相关危害、易感群体为三大主题的简明宣传教育资源，向目标受众普及邪教预防的必备知识与技能。宣传教育的有效开展一定离不开优质内容，因地制宜、因人制宜，要确保这一关键要素的持续供给。仅有当个体了解邪教的显著特征，方能谈及防范意识；仅有当个体认识到邪教的危害及易感群体，方能冷静严肃地加以防范。

---

① [美]格兰·斯帕克斯:《媒介效果研究概论》(第2版)，何朝阳等译，北京大学出版社2008年版。

特别指出的是，社区（村）作为与居民有直接接触的最基层组织，常是政令得以落实的最后执行者，在开展垂直传播和居民信息的掌握上都具有相对优势。在实践中，一方面，社区（村）作为反邪教内容传播放大器的作用不可替代，可利用社区（村）公共区域或线上环境，将由相关部门推送的反邪教认知宣传，简洁且重复展现在民众眼前，并可根据社区（村）人员结构等特征，把具有相应侧重的反邪教内容在目标范围内予以警示；另一方面，社区（村）可延续既有的网格化管理模式，按照公安等部门提供的相关信息，配合协助重点人员的动态追踪，形成相关部门之间信息的顺畅流动。

（二）学界的跨学科应用智库

在学界方面，网络邪教治理是一个跨越多学科的应用性研究，涉及学科研究方向多元，既涵盖法学、心理学、传播学等传统社会科学学科大类，又要在面临邪教新趋势、新问题、新挑战的实践中纳入网络科学、大数据分析等自然科学门类作为条件支撑。在信息化、智能化时代，从多学科密切合作的维度上创新、拓宽邪教治理理论和实践的道路。高等学校和科研机构可利用学科相对优势，持续开展系列化深度研究与实践，形成高水平应用智库。譬如，参与创作优质反邪教内容素材即是切入点之一，以公益传播的视角服务于邪教治理；有关揭露邪教传播伎俩、隐秘性伤害等素材资源的设计，为开展跨媒介叙事这一全媒体传播趋势提供支持；针对网络邪教新现象或邪教涉华议题等，通过全面呈现背景、援引多方文献来深度解析原委，及时准确发出客观理性的声音。而在面向网络邪教成员的教育转化路径上，全过程介入特定个体的线上线下帮扶，构建邪教成员的数字画像，为移动社群中个体与场景的互动与延展提供建议咨询等。在实践中，建议高等院校特别面向校内在校大学生，建立以安全保卫、学生辅导员及团委等为关键角色的邪教认知宣传和防范预警机制，预防网络邪教向青年的诱导和毒害。

在实践中，鉴于网络邪教的卷入人群多元化，可从警示教育宣讲切口与相关学科专业学者展开合作。鉴于不同受众人群的认知发展特征不尽相同，可分层次地纳入，而非同一宣讲内容的千篇一律，要依据不同年龄段特点开展更有针对性的宣传教育。如针对社会连接相对少的老年易感群体及暴露在网络下青少年易感群体开展有关邪教警示知识的定制开发，分门别类地对易感群体施以贴近其现实生活的宣讲教育。

（三）相关传播主体的持续参与

市场是媒介传播的生长土壤。媒介传播以内容为核心，通过内容、渠道、形式、个体与场景等传播要素之间的适配组合，触达受众、且能够影响目标受众。这其中，内容与渠道又是发起传播所必需，其背后的人力支撑可分别外显为媒介内容生产者、平台服务提供者和相关社会团体等。

媒介内容生产离不开媒体专业人员，譬如，依托媒体专业化运作条件，开展邪教相关事件或反邪教基本认知方面的数字采编，形成可在不同网络平台上复用的精品。借助新媒体来试验多种媒体形式的融合性报道，夺取广大受众的关注。平台服务提供者的角色则是借助平台的流量效应，优先为邪教治理内容的传播提供多落点的、稳定的传播渠道，并运用有效技术手段，精准监测和过滤在平台上可能出现的与邪教关联的信息，特别是针对文本、听视觉传播内容的隐秘嵌入加以防范。

网络服务平台提供者是传播服务的责任主体。鉴于网络邪教组织有可能经由不同的网络服务平台传播邪教虚假信息，网络服务平台提供者（指网络服务平台的所有者、管理者和网络服务提供者）提供了信息的多种可能的渠道，因此建立相应的约束机制是必要的，即对网络邪教“病毒”扩散予以技术性防范。比如，建立事前预防的相关制度与措施。当发现邪教相关危害信息时，即刻删除并冻结相关账号，以早发现传染源进而隔离，履行阻断义务。在全媒体时代，不容忽视的是需特别关注“移动社交应用”的事后治理。这类应用带有无标度特征的多节点网状传播特征，往往传播速度极快，用户数量庞大，如数以亿计的“微信”朋友圈或“微博”均属此类。这类移动媒体服务提供者应当具备预防与阻断邪教相关危害信息传播的相关技术措施。屏蔽线上社交丰富的富节点，快速切断网络的连通性。在网络结构中的这些富节点的特殊地位使他们能够更快速和有效地进行信息传播，并且信息总是优先感染这些节点再逐层入侵至低连接度的节点。在实践中，建议利用内容行为分析、有害信息预警等手段，进一步明确移动媒体服务提供者在“堵”上的重要责任与义务。

同样不可忽视的另一支治理力量则是从事社会公益事业、处于政府与市场之外的自治型非营利组织，国际上或称为非政府机构的社会团体。中国反邪教协会及境内多地反邪教协会等可充分利用相对优势，深耕网络邪教警示教育内容的“常态化”输出，持续培育相对稳定的全媒体采编队伍、志愿者等其他可利用的社会资源，积极发挥相关社会团体在预防类宣传资源的输出作用，从专业性、人力补充等角度充实治理网络邪教的可持续人力支撑。这类社会团体有条件利用自身专业资源，持续制作与开发反邪教宣传教育的优质内容，建立并维护好反邪教专题网络宣传阵地，并适应互联网时代媒介传播的变化。鼓励相关社会力量开展有关邪教的预防，调动自愿参与反邪教工作的多方社会力量（社会组织、非政府组织、党群社团、非营利机构等），让其建言献策，广开言路。同时，在针对邪教成员的线上帮扶服务过程中，相关协会等社会团体在人员和时间上具有相对稳定的条件，故可发挥在邪教成员帮扶路径上的专业机构作用，如形成有组织的专业帮扶人员团队，部分肩负政府授权下的代理人角色等。

二、全媒体时代网络邪教治理

全媒体是随着近年来信息技术和通信技术的发展、应用和普及，在以往的“新媒体”“媒介融合”“跨媒体”“多媒体”等概念和实践应用的基础上逐步衍生出来的新形态。全媒体这一新形态的出现为邪教治理领域提供了在多情景下更富弹性和创新的应用工具组合，为预防与抵御邪教带来新启示。

（一）网络邪教传播的新趋势

网络邪教组织在媒介传播方面呈现出诸多新景象。一方面，充分利用前沿技术应用，网络传播工具持续更迭，相关邪教的移动版网站、谷歌应用商店可搜索出相关邪教多品目内容的App应用等。面对5G、人工智能、大数据、云计算、区块链等前沿技术陆续投入应用，对于精准识别用户、强化流程追踪等方面又给一些邪教组织带来了新的便利。例如，2019年4月，脸书（Face book）力推一项加密群组功能（Private Facebook Group）。启用该功能后，入群前需要申请者回答预设的一系列问题，以判断申请人价值取向，后经管理员审核后方可加入相应群组。此类型的群组无法通过搜索功能搜寻到其存在。境外已有邪教团体借助该社群散布信息，开展邪教甚至带有恐怖主义性质的活动。其中加拿大某邪教组织在申请人加入网络社群前便会询问“是否将大量穆斯林移民涌入加拿大，视为对加拿大人的未来生活方式构成威胁”等一系列相关问题，以更精准辨识期望招募的成员。全媒体时代传播工具的持续性更迭描绘出了一幅邪教宣传的发展历程图。

另一方面，邪教应用的媒体传播模式与媒介形式亦越发丰富。网络邪教组织从早先的纸媒书籍、宣传品及光盘等单向度的传播增加了网站门户、移动社群等多向度传播，组合运用两大类典型传播媒体所长。其中，单向度的传播如同采用按照顺序操作的思路来构建机械系统的模式，由媒体人编辑、把关下主导大众传播。而多向度的传播模式如同将机械系统并行运作的部件拼接在一起，像大脑神经网络或者蚂蚁群落，任意一根发条的特定动作都会传递到整个系统。从群体中涌现出来的不再是一系列关键作用的个体行为，而是众多的同步动作[①]。这一逻辑机理不仅深刻改变了信息分发的主要形式，而且构筑了信息生产的一种稳定渠道，形成了以管理者为主导、高度制度化的虚拟社会共同体。此外，相关网络邪教网站还将大幅高清图片、系列化图片通常作为其报道的标配，传统文字的形式弱化了，仅以文字形式的报道趋于弱化；契合当下碎片化阅读习惯，部分网站设置了信息承载量高的微视频报道专区；部分网站甚至设有网络直播间，显现较强实效性等。相关邪教推出的综合性网站在媒介融合与传播力上发挥新兴媒体传播特质，如每一则报道多设置与脸书、Twitter及YouTube全球主流的内容分享平台链接，轻触拇指即完成传播；设有注册新闻简报，主动推送相关平台资讯；在报道资讯

① ［美］凯文·凯利：《失控》，东西文库译，新星出版社2014年版。

与对应的评论互动交织排版设计等，隐晦式地引导观点取向等。

（二）网络邪教虚假信息的传播特征

网络邪教虚假传播，其客体是信息，受众个体是“人”。在以内容分析法研究相关网络邪教信息中发现，此类信息呈现出相对稳定的内在特征。其一是对信息本身解读的高度选择性。人类的天性是渴望获得解释，而解释却具有极强的弹性，存在多种解读的空间。别有企图的个体或组织就可能利用弹性空间的缝隙，注入另有图谋的误读、歪曲甚至诽谤，诱导受众促成错误认知，特别是对公众普遍关注的社会事件进行肆意解读。其二是情绪煽动重于事实真相。在社会化网络媒体时代，形成情绪煽动比事实真相更能影响民意，形成所谓“后真相”，即常用来捕捉社会热点事件中情绪化表达对事实的偏离，情绪传播成为主导公众认知的动力。网络舆情中别有企图的个体利用网民对特定职业的固有偏见，运用能够激发情绪的词语与网民“共情”，继而形成推波助澜的附和与点赞声，但真相可能却南辕北辙。而相关网络邪教运用煽动性词语构建抨击政府的常态化语境，并不断重复核心信息，以达成消除怀疑、操纵情绪、扎根人心的传播效果。其三是技术驱动下传播渠道的相近性。伴随信息化社会的深入，受众已然向数字媒体全面迁徙，技术的迅猛发展又不断催生“限时分享”“在线直播”等新的传播应用或工具。网络舆情与网络邪教面对着基本相同的传播渠道进化背景，可供选择渠道与组合相似，在渠道层面拥有一致性的学理基础。但传播渠道与信息本身显然存在本质不同，在此关注信息情感维度又可作为网络舆情引导和网络邪教治理研究的共同选择。

（三）网络邪教之全媒体传播

时下的信息传播已集合了文字、声音、图像、动画等拟态环境，超越了传统媒体各自单一的传播手段，形成两种或多种媒介在多层次、多维度上的相互渗透与交融，发展为集多种媒介优势为一体的融合性媒体。特别是以“数字媒体”为核心，以网络手机为代表的新兴媒体，带来了“万众皆媒”之景观，与传统大众传媒共同呈现出全媒体传播新格局。

传统媒体与移动媒体之间的关系早已从最初的冲击与被冲击的竞争关系，走到了融合发展的全媒体格局。国内一组数据显示，截至2022年12月，中国网民规模达10.67亿，移动网络的终端连接总数已达35.28亿户①。当前线上评论、转载功能近乎成为移动网络宣传的标配。这其实给网络邪教治理提出了更精细的要求。在现实中，若某个报道的评论出现了负面“一边倒”局面，即网上错误的观点信息聚合且占有优势，则会放大和散布错误或偏见，使他人误认为网上多数人的观点是正确的。这种现象可能会干扰他人的思考和判断，出现观点极化。为了打破上述局面，反邪教工作就要及时进行疏解引导与持续追踪。在实践中，针对反邪教传播确需契合大众的喜好与习惯，才会有被阅读的可能，由此才可能实现认知引导的初衷。我们在调研中，就北京地区卷入邪教人群来看，已然打破年长、低学历等刻板印象，像高知高管等成功人士、中青年也赫然在列，并跨越不同社会圈层，且一旦卷入后深陷其中而不自知的状况并不鲜见。我们应把握不同群体的媒介使用特征，善于运用全媒体所具有的分众化和精准传播的特性及便利条件，探索开展传播视域下的网络邪教治理研究与实践。

（四）构建以内容为核心的虚拟空间

当前境内尽管建有一些反邪教网站资源，但具有一定影响力的反邪教阵地相对较少，面向青年群体等邪教易感人群的空间更鲜有涉及。鉴于互联网的跨时空特征，建议集结与整合多地反邪教资源，集中力量持续构建少量精品的以新兴宗教、新时代中西文化等带有时代感主题的反邪教网络空间，贴合实际，生成与积累针对青年或高知群体等进行宗教文化与邪教差异、遭受邪教毒害的真实个案等预防性的认知引导内容。在此基础上，以这类群体为目标受众的网络空间尤其需要关注内容的表达形式，优先视觉化的剪辑叙事，侧重于视像表达形式，且用网络流行的叙事风格来营造自然熟悉的亲和感。建议利用同一内容借以不同的表达形式多次呈现，“简单”“重复”的两

① 中国互联网研究中心：《中国互联网络发展状况统计报告》，2023年3月。

个基本原则会使宣传更有效。①

（五）开辟移动时代反邪教的全新阵地

移动互联时代孕育了反邪教全新的实践方向。时间的碎片化已然成为移动媒体的显著特性。寻找更灵活的传播节奏，适应于网众的碎片化信息阅读习惯是反邪教实践中的首要关注点。除了延伸上节所探讨的反邪教网络空间、开发移动版本之外，利用微信公众号及抖音等新媒体工具，并重视对所引导传播内容的同步升级。比如，青年群体的碎片化时间更倾向于观看短视频，将邪教基础认知内容制作少量短视频甚至时长小于一分钟的微视频，发布于大流量视频平台上用以广泛传播。又如，选用影视、科技等热点事件，冠以创意性标题，运用漫画、动画等呈现形式自然嫁接反邪教传播或开展跨学科融合的内容设计。同时可探索运用虚拟现实等新兴技术进行具有场景思维的传播，将个体遭受邪教影响的过程以直观可视化场景进行展示。在移动渠道上，既要紧追时下网络新生事物（热点 IP、元宇宙游戏等），又要瞄准具有粉丝与流量潜质的规模化平台（哔哩哔哩、快手等），不同网众群体聚集的空间即是反邪教内容输出的地方。

在移动互联时代，社区等移动社群可称作“Z 世代”（专指 20 世纪 90 年代中叶至 2010 年之前出生的人，又被称为“网络世代”或“互联网世代”）的聚集地，如同微博或 Twitter 等通常带有关键字标签，这些标签可视为一种边界或文化，大多数标签都被困在特定的社群之内。这类“聚集地”将具有相似认同感和价值观的个体黏合在一起，凸显以个体为中心的社交，同时具备以“对话”“分享”等形式的传播特性，这为反邪教实践提供了与众不同的潜在举措。比如，在文化娱乐标签的主题下，尝试由青年志愿者等人员来嵌入与之相关的反邪教知识，根据个体的回应及时通过深度互动给予正面引导。其目的在于促进反邪教相关必备知识有更大机会展现在社群成员的眼前，同时以在线互动作为一种有意义的同伴支持。

① ［美］格兰 · 斯帕克斯：《媒介效果研究概论》（第 2 版），何朝阳等译，北京大学出版社 2008 年版。

高校监督体系的建设与运行研究

郭　鹏*

党的十九届四中全会审议通过的《中共中央关于坚持和完善中国特色社会主义制度 推进国家治理体系和治理能力现代化若干重大问题的决定》提出，要“以党内监督为主导，推动各类监督有机贯通、相互协调”。高校监督体系的合理构建与有效运行，也必须将党内监督的主导作用、各类监督的职责发挥，以及不同监督的贯通协调有机结合起来，以政治的高度重视监督，以治理的思路有效监督，不断为高校的高质量发展提供坚强保障。

一、高校监督体系的基本框架

高校监督体系可以分为党内监督和其他监督两类，其中纪委作为党内监督专责机关，在推动不同监督主体认真履职、促进各类监督贯通协调方面发挥重要作用。

（一）高校党内监督

当前，相关党内法规、制度规定搭建起了高校党内监督的制度框架；各高校党委及其他党内监督主体根据框架内的职责划分，结合具体工作实际进一步细化监督内容、规范监督流程、明确监督责任，形成了高校党内

* 郭鹏，男，北京联合大学纪委副书记，纪监办主任，文学硕士，副研究员。

监督的领导和运行机制；高校纪委基于党内监督专责机关的定位，监督推动党委履行监督主体责任，监督推动其他监督单位依规依法履职发挥职能监督作用，实现“监督的再监督”的职能串联。综上所述，高校党内监督体系可以概括为：以党章和相关党内法规为依据，高校党委全面监督、其他监督主体按照职责监督，纪委以“监督的再监督”督促各项监督到位并有效贯通。

1. 高校党内监督的制度依据

高校党内监督的制度依据分为三个层面：一是《中国共产党章程》及《中国共产党党内监督条例》等党内法规的相关监督要求；二是中央和地方出台的相关文件规定中涉及党内监督的要求和内容，比如，中办印发的《党委（党组）落实全面从严治党主体责任规定》中强调，要落实党委（党组）全面从严治党主体责任，再次把党内监督首先是党委监督鲜明体现出来；三是各高校党委、纪委按照上级文件要求，结合学校特点制定的相关制度文件。

2. 高校党内监督的具体情况

结合高校办学实际，高校系统党内监督各类主体的监督履职既有与其他系统相类似情形，也有自身围绕立德树人根本任务的特点、特色。具体包括如下内容。

高校党委承担党内监督的主体责任，书记是第一责任人，党委常委会和党委委员在职责范围内履行监督职责。一是围绕立德树人根本任务、坚持社会主义办学方向深化党委监督主体作用。牢牢把握党的教育方针要求，坚持社会主义办学方向，以立德树人为根本任务，完善党委领导下的校长负责制，完善党委常委会议事规则，严格落实“三重一大”制度，制定党委书记、校长定期沟通制度，对涉及管党治党、办学治校重大问题的决策进行监督，并通过督查督办推进各项决策落地见效。二是发挥校内体制机制平台作用，督促各类主体落实全面从严治党责任。通过党风廉政建设和反腐败工作领导小组等机构、全面从严治党责任制检查等工作体制，实现对落实全面从严治党责任、严明党的纪律特别是政治纪律和政治规矩，推进党风廉政建设和反腐败工作情况的监督；通过开展校内巡察、专项监督等方式，对全面从严治党过程中的突出问题、专项问题开展有针对性的监督；定期召开书记办公会、二级党组织书记工作例会，党组织书记述职考核，公示院级党组织述职报告，接受师生监督。三是着力推动党务公开，拓宽各类主体监督渠道。把党务公开作为一项重要的政治任务来抓，制定完善党务公开实施细则，鼓励师生参与到学校管理工作中来，充分发挥共青团、学生会、教代会、学术委员会等高校特色机构团体的监督作用和智慧；支持高校民主党派履行监督职能，重视民主党派和无党派人士提出的意见、批评、建议，完善知情、沟通、反馈、落实等机制。

高校纪委作为党内监督专责机关，在接受学校党委领导和监督的同时，承担对同级党委特别是常委会委员、党的工作部门和二级党组织、党的领导干部履行职责、行使权力情况的监督。一是主动作为，督促、协助学校党委落实全面从严治党主体责任。协助党委推动全面从严治党各项工作，向党委常委会汇报每年党风廉政建设工作情况，组织开展全面从严治党宣传教育活动；协助党委落实巡视整改、开展校内巡察、开展全面从严治党责任制检查相关工作，及时发现问题并督促解决。二是紧密围绕中央和地方的重大决策部署加强政治监督。监督检查中央和地方重要工作部署在学校的贯彻落实情况，如将“不忘初心、牢记使命”主题教育活动作为监督检查的重点，查摆问题、形成对策、督促整改；与党委教师工作部协作，加强对“四有好老师”和“四个引路人”工作的监督检查等。三是结合高校工作特点开展专项监督、做细做实日常监督。监督检查学校重点领域和关键环节工作落实情况，开展科研经费使用情况、招生领域突出问题、“四风”问题等专项监督；通过列席有关会议、征求意见、沟通或通报情况、开展谈心谈话等方式实现对基层党组织尤其是班子成员的监督；通过干部选拔任用的“党风廉洁意见回复”，实现对党委、组织部门选人用人的监督。四是充分发挥信访举报和线索查办的监督效能。加强分析研判，对信访举报、线索查办中的典型性、普遍性问题提出针对性的处置意见，通过下发纪律检查建议书、工作建议、提醒函的方式，督促信访比较集中的二级单位和部门查找分析原因并认真整改。

高校党的工作部门按照职责范围开展党内监督工作，实现对本部门本单位的内部监督，强化对本系统的日常监督。其中，党委组织部通过严格执行相关文件规定、落实“凡提四必”等工作要求，履行干部选任工作中的监督职责；通过执行领导干部报告个人有关事项等制度，实现对党员尤其是领导干部的日常管理和监督；通过组织开展学院干部年度述职及校管中层干部民主测评等工作，做好对干部的考核监督；严格党内组织生活，加强对基层党组织建设的监督检查，指导基层党组织换届工作；从严把好党员队伍入口关，加强对党员发展相关工作监督指导，强化对党的经费监督管理等。党委宣传部通过建立健全学习督查考核通报制度，认真落实对各级中心组学习情况的监督检查；严格落实意识形态工作责任，实行校院党组织书记抓意识形态述职评议考核制度，作为民主生活会和述职报告的重要内容；加强对意识形态阵地监督和管理，制定完善相关制度、加强培训。开展党风廉政建设宣传教育活动，做好师生思想动态调研和舆情研判工作，及时发现问题并督促整改。党委统战部注重引领民主监督工作。学校作为人才汇聚之地，民主党派力量不可忽视。一方面，积极推动民主监督工作，组织多种形式的座谈、活动听取民主党派意见，同时传达学校党委重要工作精神；另一方面，注重引领民主监督的导向，引导民主党派成员准确把握新型政党制度下民主监督的理论特色、实践特色、时代特色，提高政治站位和民主监督的能力和水平。党委教师工作部主要围绕保障教师权利、加强教师思想政治工作、推进师德师风建设开展监督。定期召开会议听取教师对学校发展的意见建议、利益诉求并督促相关部门研究解决；开展教师思想政治情况研判、制定学校师德考核实施办法、教师职业道德规范和师德“一票否决制”实施细则，将师德考评纳入教师年度考核指标体系，不断推进师德建设规范化、制度化、常态化。党委学生（研究生）工作部主要负责对学生思想政治情况、相关政策保障落实、学生行为安全等工作的监督检查。细致调研摸排学生思想行为动态，及时发现问题并有效解决；加强学生社团管理，定期组织社团负责人会议和培训，纠正偏差确保学生社团活动的正向引导；加强对学生补助发放等相关政策落实情况的监督和检查，维护学生利益；切实维护学生的日常学习和生活安全，及时发现、消除各种安全隐患。

学校二级党组织和党支部发挥战斗堡垒作用，履行严格党的组织生活、督促党员切实履行义务、了解党员师生对学校党的工作和党的领导干部的批评和意见、维护和执行党的纪律等监督职责。通过党政联席会等方式监督确保上级和学校党委的决策部署落地落实，通过组织生活、工作约谈、教育提醒、考核评价等方式实现对基层组织负责人和班子成员的监督、对党员群众的日常监督。党员履行对党的领导干部的民主监督、揭露和纠正工作中存在的缺点和问题等职责。主要通过信访举报，参加有关党的会议、座谈会、领导接待日、投票表决等方式和途径来实现，党风廉政监督员、教职工代表大会、教职工民主管理大会监督作用发挥日益强化。

3. 高校纪委“监督的再监督”相关情况

当前，在进一步深化高校纪检监察体制改革背景下，高校纪委的“双重领导”更加明确，“三转”工作推动有序，纪委与党委从过去的“肩并肩”转为现在的“面对面”，开展“监督的再监督”的体制机制更加顺畅。高校纪委通过进行政治生态分析研判，发现、掌握高校党委在政治建设、组织建设、作风建设等方面的问题并督促其整改；通过党风廉政建设和反腐败工作协调小组等议事机构了解党委组织部、宣传部等党的工作部门的工作情况并督促其解决相关问题；通过列席相关会议、廉洁意见回复、纪律检查建议书、工作备案等方式加强对各监督主体履行监督职能的再监督；通过“以案为鉴、以案促改”等警示教育活动，督促各监督主体提高监督意识。

（二）高校其他监督的基本情况

除了党内监督之外，目前在高校发挥作用的其他监督主要有行政监督、审计监督、财会监督、群众监督和舆论监督等。行政监督主要是指高校国资、后勤、招生、教务、科研等行政职能部门依据职权划分所承担的监督职责、行政部门负责人“一岗双责”中的监督职责；审计监督主要是通过开展市教委政府审计、学校内部审计等，对领导干部经济责任履行情况、预决算执行情况、内部控制制度及执行情况等进行监督，其作用主要体现在审计发现问题的处置和整改落实上。根据《教育系统内部审计工作规定》（教育部令第47号），审计监督的内涵越来越丰富，范围也越来越广泛。高校审计监督的重要价值体现在防止类似问题再次出现，进而做好风险预警与防控工作。财会监督主要体现在学校财务部门对经费支出合法性、手续完备性的把关上。特别是高校公务卡的推广使用，大大减少了现金流，使经费支出有迹可查。群众监督主要通过有关工作接受群众评议、党务校务系务公开、信访举报等方式进行，贯彻落实以师生为中心的发展思想，保障群众的知情权、参与权、监督权。舆论监督主要体现在通过校内外的媒体平台发布的相关新闻、舆情事件发现问题，并采取有针对性的举措解决问题、化解风险。

（三）高校两类监督的贯通情况

当前，高校党内监督与其他监督的贯通协调，既具有与政府机关类似的一般特点，又具有体现高校特色的相关机制。具体包括：第一，党务政务公开制度。学校党政各级部门按照相关规定，利用互联网和信息化手段，将涉及学校发展的重大问题、群众广泛关注的问题进行公开，保障人民群众的知情权、参与权、表达权、监督权，为社会各方面监督创造条件。第二，党风廉政监督员制度。党风廉政监督员由党内外关心党风廉政建设、具有较高政治素质的教职员工和学生代表担任，党风廉政监督员通过列席工作会议、参加座谈会、个别谈话、提交反映情况表等多种方式参与监督，不断强化党内外监督，拓宽监督渠道，完善监督机制。第三，教代会是广大教职工行使民主权利、参与民主管理监督的重要形式。其工作内容涉及听取学校年度工作报告、财务工作报告、校务公开情况报告，讨论通过学校提出的与教职工利益直接相关的福利、校内分配实施方案，以及相应的教职工聘任、考核、奖惩办法等。学术委员会等学术组织，充分发挥学术委员会在学科建设、学术评价、学风建设中的重要作用，实现对学校发展的社会主义方向等内容的监督。

二、高校监督体系的问题和不足

对照坚持和加强党的全面领导的根本要求，以及提升高校治理能力和治理水平现代化的目标，通过近几年对各高校的巡视反馈，以及曝光的相关典型案例来看，高校监督体系及其作用发挥过程中还存在以下问题和不足。

（一）党内监督存在的问题和不足

第一，各类监督主体思想认识不到位。政治站位不高，对于党内监督主体责任认识不清、意识不强，缺少将监督融入管党治党、办学治校全过程的积极性和主动性，不能及时发现问题，发现了问题不及时处置。纪委对于开展同级监督的积极性和主动性不高，存在不敢监督、不会监督的问题；发挥“协助引导推动功能”的意识不强，从其他单位职能监督内容中发现问题线索和有关情况、通过监督工作支持其他单位的职能监督充分发挥的谋划不足。高校党的工作部门主动监督意识不强，对自身的职能监督责任认识不清，“监督就是纪委的事”的错误思想还在一定程度上存在；在具体工作中，纪委主动找党的工作部门调取材料、共享信息开展监督的情况较多，党的工作部门主动找纪委的情况较少。高校基层党组织、普通党员监督主体意识淡薄，在具体工作中存在忽视自身监督职责的情形。以北京邮电大学套取科研经费私设“小金库”涉280余万元的案件为例，经查，自2003年起，特别是中央八项规定出台以后，北京邮电大学有关部门及科研人员通过列支会议费、餐费、住宿费等方式，将套取资金（主要为科研经费）支付到北邮科技酒店，用于有关支出，结余资金形成“小金库”，涉及资金达到280余万元，造成国家和学校资金流失，严重违反工作纪律、财经纪律和廉洁纪律。该校出现大范围违规违纪问题，既反映了学校监管工作失之于宽、失之于软，制度执行不到位，也反映了学校对党员干部教育、监督、管理不严格，党风廉政建设主体责任和监督责任落实不到位。

第二，相关监督体制机制不健全。高校缺乏构建“以党内监督为主导，推动各类监督有机贯通、相互协调”的高校监督体系的整体思考和顶层设计，致使高校监督整体呈现各自为战的“碎片化”态势；各监督主体的信息沟通、线索移交、成果共享机制不健全，监督合力难以实现；监督履职考核机制不健全，在全面从严治党责任制检查等工作中缺少对相关监督主体监督履职情况的检查内容，缺少清单化、易操作的指标体系。十九届中央第七轮巡视反馈北京大学党委意见时指出，落实全面从严治党“两个责任”不够到位，压力传导有欠缺，校办企业、附属医院等重点领域廉洁风险较大，形式主义、官僚主义问题仍然存在。

（二）其他各类监督存在问题和不足

从整个高校监督体系布局来看，其他各类监督对党内监督主导作用的融入不够，相互之间也缺乏体制机制上的贯通协调。同时，行政、审计、财会、群众、舆论等各监督主体自身职责的发挥也存在不够全面、深入、细致的问题。

第一，高校行政监督存在法律依据模糊、监督主体不明、监督效力缺失的问题。随着我国教育体制改革的不断深入和高等教育投入的日益加大，高校在招生录取、基本建设、物资采购等各方面的行政权力越来越大、资源越来越多，但当前并没有高校行政监督的相关法律法规，高校行政部门自我监督意识淡薄，其他监督往往是针对问题的事后监督，对相关风险防范大打折扣。近年来，有多所高校在招生领域出现腐败涉法问题、违规违纪问题、程序混乱问题，是高校相关行政监督缺失的集中体现。

第二，高校审计监督力量薄弱、结果运用不充分。在高校现行体制下，审计部门一般作为高校内设机构由校长分管，针对学校相关业务行使审计职责。但当前各学校审计部门力量普遍变弱，人员少、专业人才尤其缺乏，难以满足复杂的经济业务判断需求。审计结果运用不充分，问题的整改往往易打折扣，且常规审计的事后监督特性导致既成事实的违纪行为难以纠正。

第三，高校财会监督独立性差、内控制度不健全导致监督不严。财会监督有依据、有规则，但在实际执行过程中，尤其是在科研经费监督及新的财经政策实施过程中，领导的行政干预往往削弱了相关监督职能。此外，财会监督的基础保障依赖于健全的内控制度，但目前各高校普遍存在内控制度不健全的问题，对各项经济活动的监管存在漏洞。

第四，高校群众监督定位不准、重视不够、路径不畅通。很多高校对于群众监督的定位不准，不能将群众的监督作用体现于党委决策、行政执行的各个环节，体现于高校党政一把手的权力运行；对于群众监督反映的问题重视不够，缺乏相应的追踪整改机制；反映路径不畅通，除常规的教职工代表大会、校领导接待日、信访举报等渠道外，群众监督缺乏常态化、规范化的实现路径。

第五，高校舆论监督存在能力缺失、职能失范、管理缺位的情况。目前，各高校都有校报、网站、微信等各类宣传媒体平台，但各平台的定位主要是对学校进行正面宣传，监督的意识和能力缺乏。师生运用微博、微信等自媒体进行的意见表达往往处于失范状态，不能充分发挥监督作用，却容易因为自身表达不当、外部炒作发酵等形成舆情，影响校园和社会稳定。

三、高校监督体系的意见与建议

针对高校党内监督主导作用、其他各类监督职能发挥及二者贯通协调的现状及存在问题，提出以下对策建议。

第一，进一步构建完善高校监督体系，加强党对高校工作的全面领导。坚持和加强党对高校工作的全面领导，确保高校党内监督的党委主体责任、党委书记第一责任人责任落到实处，确保高校党内监督主导作用落实到位。一是要统一思想、提高认识，增强推动高校监督体系建设的积极性和主动性。做实高校党委领导下的校长负责制，选好高校领导班子，特别是要配强党委书记、校长，突出政治标准选人用人，能够将以党内监督带动促进其他监督、构建完善具有高校特色的监督体系、监督制约相关权力作为领导班子的思想共识和行动实践。二是要突出政治监督在高校监督体系中的根本属性和基础地位。党内监督的根本属性是政治监督，各项监督贯通协同的基础也是政治监督。建立健全高校监督体系，必须切实发挥党内监督的政治引领作用，着力推动各类监督聚焦“两个维护”、聚焦“立德树人”的根本任务，从“培养社会主义合格建设者和可靠接班人”的政治高度去发现问题、纠正偏差，合力推动党中央的教育方针落到实处。三是要坚持问题导向，切实查找高校监督体系建设的薄弱环节。坚持解决当前突出问题与长远规划相结合，着力加强对高校监督体系顶层设计的研究、推动、落实，突出党内监督主导作用的一条主线，融汇各类其他监督职责效能的支线，形成网状机构，实现对高校管党治党、办学治校各方面、各领域、各环节的全面覆盖。

第二，进一步理顺相关监督体制机制，推进高校治理能力和治理体系现代化。监督是权力正确运行的必要保证，构建党统一领导、全面覆盖、权威高效的高校监督体系是推动实现高校治理能力和治理体系现代化的重要支撑和保障。一是要理顺高校党内监督和其他各类监督的职责定位，明确内容、确定方向。高校党内监督、其他各类监督履行各自监督职责及相互贯通，必须统一于党的全面领导和高校立德树人根本任务。《中国共产党党内监督条例》把党内监督的主要内容概括为 8 个方面，涵盖了管党治党的重要领域和重大问题，高校党内监督和其他各类监督都要向这 8 个方面聚焦发力，将作用发挥融入管党治党、办学治校各个方面。二是要理顺高校党内监督与其他各类监督的作用发挥机制。要进一步加强党内监督体系建设，强化党委全面监督、纪委专责监督、党的工作部门职能监督、党的基层组织日常监督、党员民主监督的职责和作用发挥，尤其要增强党委全面监督的意识和能力；要支持和推动其他各类监督主体作用发挥，明确职责权限、增强监督力量、保障充分履职；要理顺各类监督贯通协调机制，探索围绕不同监督主体建立跨领域、跨部门的议事协调机构，实现信息通报共享、密切会商、联合监督检查、协同处理处置。三是要建立健全对高校各类监督履职情况的考核机制。

将各类监督主体履行监督职能情况纳入对部门及负责人的考核之中，制定相应“监督职能落实清单”，加强对考核结果的运用，督促相关主体落实监督责任。

第三，进一步深化高校纪检监察体制改革，推动纪检监察工作高质量发展。通过纪检监察体制改革，高校纪检监察机构的力量得到了有效加强，处于高校监督体系的主干位置。着眼于当前高校监督体系现状，下一步的工作重点包括：一是要继续落实纪检监察体制改革要求，着力提升监督效能。落实好双重领导体制，持续深化“三转”，进一步理顺相关体制机制，探索建立高校纪检干部交流任职制度，保持队伍活力，提升凝聚力和战斗力。二是要强化政治监督功能，充分发挥监督职责。高校纪检监察机关要进一步提高政治站位，聚焦全面从严治党要求、立德树人根本任务，立足监督专责机关定位。既要自觉接受党委的领导和监督，又要敢于、善于对同级党委进行监督。全面开展对高校管党治党、办学治校各方面工作的监督，切实开展对各类监督主体监督情况的再监督，以充分履职保障高校和谐健康发展。三是要主动作为，在党委领导下发挥好协助引导推动作用。要在党委领导下进一步发挥好反腐败协调小组统筹协调等职能作用，与相关监督主体建立健全相应衔接机制，主要包括信息沟通机制、线索移交机制、成果共享机制，拓宽联系范围，细化沟通内容，健全协调机制，巩固协同成果，织密监督网络，做实监督全覆盖，增强监督有效性。

基层治理效能欠佳的表现、成因及对策

郑广永　周　彤*

基层治理体系和治理能力的现代化是国家治理体系和治理能力现代化的重要组成部分，因其与广大人民群众的日常生活息息相关，因此基层治理效能在一定程度上反映了国家治理体系和治理能力现代化的水平，也就是反映了党和政府的治理水平。因此，我们不能离开基层治理效能来谈论国家治理体系和治理能力的现代化。

自党的十八届三中全会提出实现国家治理体系和治理能力现代化的目标以来，人们对基层治理体系和治理能力有了新的认识和要求，基层治理效能大大提高了。本文对于已经取得的成绩不再赘述，根据习近平总书记提出的以问题为导向的工作要求，仅对基层治理效能存在的问题进行探讨，以期补齐基层治理中的短板，提升基层治理效能。

本文主要聚焦于以基层党委和政府为主的基层治理主体，是因为我国的基层治理有别于其他国家。产生于西方国家的基层治理理论，虽然对我国的基层治理具有一定的借鉴作用，但是未必完全适用。比如，美国著名社会学家埃莉诺·奥斯特罗姆提出，在西方国家盛行的多中心治理理论强调，在社会公共事务的管理过程中，并非只有政府一个主体，而是存在着包括中央政府单位、地方政府单位、政府派生实体、非政府组织、私人机构及公民个

* 郑广永，山东费县人，北京政治文明建设研究基地教授；周彤，江苏常州人，北京联合大学副校长。

人在内的许多决策中心，它们在一定的规则约束下，以多种形式共同行使主体性权力，实现基层治理目的。这个治理理论诞生于发展中国家乡村治理的现实，主要面向乡村治理，并不完全适用城市基层。更重要的是，我国基层治理虽然也强调调动各方面积极性共同参与基层治理，但是我国的基层治理主体并不是多中心治理理论意义上的多中心，而是强调在党的领导下，由政府组织、公众参与治理。在这个基层治理的根本原则下，基层党委和政府是治理的主体，公众的角色不能等同于党委和政府（基层党委和政府也就是广义的政府），公众更多的是提出期望和反馈治理效果。至于其他的企事业单位和组织，都是在政府主导下的配合角色。人们曾经一度期望的包括非政府组织、私人机构及公民个人在内的基层治理局面并没有实现。中国的现实政治结构、文化传统和治理路径决定了包括基层政府在内的各级政府依然是全能型或者说是父爱型政府，政府依然是基层治理的主体。基层政府有责任有能力承担基层治理的主责，更主要的是基层政府得到民众的信任，这种信任是其他任何组织和个人取代不了的。所以，从这样的现实出发，我们聚焦于基层党委和政府构成的治理体系，及其治理能力的现代化水平，以及提升路径，探讨如何改变部分地区基层治理效能不佳的状况。

一、基层治理效能不佳的表现

基层治理体系和治理能力的现代化是一个过程，是国家治理体系和治理能力现代化的一部分。我们只是从党的十八届三中全会才开始明确提出实现国家治理体系和治理能力的现代化，而把国家治理体系和治理能力现代化引申到基层治理中，更是近几年才开始的工作，基层治理效能还存在这样那样的问题，这是不可避免的。当下我们所要做的一个重要工作就是分析影响基层治理效能的成因，拟定对策，补齐短板，提升基层治理效能。当前基层治理效能不佳的一个突出表现是少数基层治理主体消极治理。

俞可平提出了一个学术界公认的治理概念：“治理不同于统治，它指的是政府组织和（或）民间组织在一个既定范围内运用公共权威管理社会政治事务，维护社会公共秩序，满足公众需要。治理的理想目标是善治，即公共利益最大化的管理活动和管理过程。善治意味着官民对社会事务的合作共治，是国家与社会关系的最佳状态。”[①]按照这个界定，基层治理是指基层治理主体治理基层事务，维护社会公共秩序，满足基层民众需要的过程。基层治理不佳就是基层治理主体没能完全承担起治理的责任，不能满足群众对公共服务的需要，甚至侵害了群众的利益。显然这不仅没有满足群众的需要，更远离了善治的目标。

由于基层治理主体居于主导地位，因此基层治理主体的治理能力现代化水平对于治理效能具有关键作用。基层治理主体治理能力的现代化不是空洞的，它指的是基层治理主体的主动精神、职业道德、解决问题的能力等。如果基层治理主体都有一心为民、积极主动的精神，而且具有良好的业务素质，善于解决问题，那么基层治理效能就好，否则治理效能就差。在此首先分析基层治理主体消极治理的主观因素。笼统地说，基层治理主体就是基层党委和政府及其派出机构，以及具有治理职责的基层自治组织，如城市居民委员会和农村村民委员会。然而任何组织机构都是由具体的人员组成的，当基层治理的组织架构确定以后，工作人员就是关键。

基层治理主体消极治理有许多表现方式。

第一，在其位，不谋其政，漠视群众疾苦，对群众的诉求推诿扯皮。基层领导干部不论职位职级怎样，都应该尽心尽力积极回应群众的诉求，解决群众急难愁盼问题，即使条件不具备，暂时解决不了，也要耐心向群众解释清楚。但是有些基层干部却以各种借口不作为，有的甚至还出现了“躺平”现象。比如，海南省海口市龙华区龙桥镇、城西镇、龙泉镇三镇居民，曾长期苦于建筑垃圾乱堆放问题，向12345政务服务便民热线投诉多达215次，但是每次都回复没有发现。最后还是在当地纪委监督下才得以解决。[②]

---

① 俞可平：《中国的治理改革（1978—2018）》，《武汉大学学报（哲学社会科学版）》2018年第3期。

② 初英杰：《各地纪检监察机关强化监督执纪问责 严查蛮干乱干躺平不干》，《中国纪检监察报》2022年3月28日。

第二，政策执行不力或不当。国家大政方针，特别是事关群众切身利益的政策必须通过基层治理主体执行才能落实到群众身上。但是有些地区的个别干部，敷衍塞责，不认真落实，使群众应该享受到的福利打了折扣，甚至享受不到。如吉林省长岭县医疗保障局党组书记、局长张清波等人在履职过程中，对新型农村合作医疗惠民政策重视推动不力，导致 2019 年度 21 户贫困户 41 人未享受到村级医疗报销惠民政策，国家惠民政策没有得到有效落实。[①]与此相反的是，有的地方因干部工作不力，或者出于私心，使不该享受某些惠民待遇的人享受到了待遇。例如，北京市密云区西田各庄镇坟庄村党支部书记刘景明在负责对低收入农户精准识别及建档立卡工作中，未按规定严格把关，包村干部王永生、王瑞忠未按要求严格审核，致使 75 户不符合条件农户被认定为低收入农户，造成财政资金损失 2.8 万元。[②]

第三，脱离群众，官僚主义习气严重。有些基层领导干部不愿意接触群众，官僚主义习气严重，习惯于高高在上发号施令，颐指气使，处处要体现出自己的官威。河南省项城市秣陵镇原党委书记趁着酒劲，对来访村民又打又骂，叫嚣道："敢进我办公室，作死你个鳖孙！"[③]这种极端现象比较少见，更多的是不接地气，脱离群众。《半月谈》记者采访报道了一个不见面的电话式治理的普遍现象，那就是电话代替对话，用画面代替见面。报道中说，一个村有 2000 多人，在微信群中只有 500 多人，很多老人根本就不会使用智能手机，村干部日常只是在微信群中喊话传达信息。许多农村干部白天在农村，晚上回到城里。群众戏称现在的干群关系是油水关系，或者是蛙水关系，需要时跳进水里，不需要时就跳出来。[④]这样的治理效果可想而知。

---

① 陆丽环：《亮剑懒政怠政——"不担当不作为乱作为假作为"问题居官僚主义形式主义问题查处总数首位》，《中国纪检监察报》2020 年 10 月 28 日。

② 张祎鑫、李兵：《北京：狠纠扶贫领域作风问题》，中央纪委监察部网站 2018 年 1 月 25 日，https：//www.ccdi.gov.cn/toutiao/201801/t20180111_161566.html。

③《官员要官威：敢进我办公室 作死你个鳖孙》，新华社客户端 2019 年 1 月 4 日，https：//baijiahao.baidu.com/s？ id=1621707470510381623&wfr=spider&for=pc。

④ 胡锦武、晏国政、孙亮全：《画面代替见面，电话替代对话："不见面治理"滋生脱离群众新苗头》，新华社客户端 2022 年 3 月 31 日，https：//baijiahao.baidu.com/s？ id=1728789817702667165&wfr=spider&for=pc。

这种现象不仅在农村大量存在，在城市也大量存在，许多基层干部懒得见群众，怕见群众，烦见群众。比如北京，有些热衷于公益的市民，反映基层治理中的一些问题长期得不到解决，于是不得不频频拨打12345政务服务便民热线，结果这些热心市民被不加区分地当成惹是生非的刁民，他们的电话被有关部门屏蔽。对此，没有任何领导干部当面向群众解释不能解决问题的原因。显然这是一种不解决问题，而先解决反映问题人的官僚主义的恶劣做法。

第四，形式主义假作为。基层治理中形式主义花样翻新，不胜枚举。有人把现阶段基层治理中的形式主义总结为这样几种样式。[①] 一是精准迎合上级的作秀型。遇到任务，既不会首先考虑设定任务本身的出发点，也不考虑完成任务本身的主客观条件、办事客观规律和最佳路线。首先考虑怎么琢磨、吃透、拿准领导个人的喜好和心思，再考虑怎么样采取若隐若现、巧妙天成的方式迎合上级。二是照搬照抄的传声筒型。对现实问题、任务，尤其是紧急任务，不调查、不研究、不决策、不请示，会议宣读学习上级文件，只要求下属严格遵照文件内容执行。而本人既不对文件精神和内容领悟、钻透、学懂，也不针对现实中出现的具体问题，根据文件精神提出有针对性、可实施性的措施或方案。工作开展按兵不动，却美其名曰不能违背文件精神。三是“智慧”的旋转门型。面对问题、矛盾、利益诉求，表现出认真倾听、认真研究的样子，提出表面上乍一看像是个“解”的措施。这些“解”，有空话、大话、套话、官话等啥也不是的“空解”；有离题千里、遥不可及的远水解不了近渴的“远解”；还有一开始就明知根本不具有可操作性的“废解”。四是声东击西的游击战术型。故意回避主要问题、主要矛盾，选择容易解决、容易短期出成效的边边角角问题作为主攻点，转移、拖延大众对焦点问题的关注度，任由主要矛盾、主要问题升级恶化。比如，笔者所居住的北京市朝阳区某乡辖区内一个近3万居民的大型社区，涉及9个居民小区，

① 申心文：《谨防基层假作为》，搜狐网2020年4月28日，https：//www.sohu.com/a/391914944_120032。

6条街道，9个路口，该地区乱停车、挤占盲道和公交站台、闯红灯等现象十分严重，原因在于社区建成10多年后，开发商一直没有将附属道路等市政设施移交给政府市政管理部门，致使交管部门在该地区无法有效执法，乡政府城管人员只是巡逻管理一些无证商贩。当然城管人员会定时定点打卡，以显示认真履职。而对于造成这种现状的根本原因，即开发商不移交市政设施问题，则无人问津，也不向群众解释。

二、影响基层治理效能的原因分析

基层治理主体消极治理影响治理效能有多方面的原因，归结起来可以从两个方面予以解释。其一，我们日常所能直接观察到的经验主义分析解释，这包括治理主体的主观因素和治理的客观环境因素。其二，从政治学理论上看是基层治理目标的错位，或者说是行政发包制的必然结果。

（一）影响基层治理效能的主观原因

第一，基层党建薄弱，个别基层党员干部背离了共产党人的初心使命。中国共产党自成立之初就确立了实现民族振兴、国家富强、人民幸福的光荣使命。但是建党百年有余，新中国成立70多年了，承平日久，中国共产党党员总数为9900多万名，成为世界第一大执政党。作为世界第一大执政党，很难保证每个党员都能不忘初心使命，特别是在各种利益的诱惑下，有些党员干部忘记了党的初心使命，在日常工作中懒政懈怠，脱离群众，有的甚至侵害群众利益，走向了违法犯罪。事实证明，凡是党建薄弱的基层组织，基层治理效能都会存在这样那样的问题，这是一个共性。

第二，少数基层干部职业道德缺失。许多基层工作人员并非党员，不能苛求这些人都具有共产党人的初心使命，但是职业道德是对每个工作人员的基本要求，这无关理想使命，无论党员与否，都必须具备。一些基层工作人员在工作中消极懈怠，源于职业道德缺失。在一般意义上，职业道德是指各行各业的从业者必须共同遵守的基本行为准则，这些准则包括爱岗敬业、诚实守信、办事公道、服务群众、奉献社会。基层治理属于广义的政府行为，因此基层治理主体的职业道德就是行政伦理，有别于一般的职业道德。它具有自己的独特性，那就是权力性、公共性和法律的不可分割性。因此，对基层治理主体职业道德要求要高于一般的职业道德。具体到基层治理主体，爱岗敬业、诚实守信、办事公道、服务群众、奉献社会这五点尤其重要，是基层治理主体的必备素养。以往人们常说的门难进、脸难看、事难办是基层治理主体职业道德缺失的典型表现。2013 年 10 月 11 日晚，中央电视台“焦点访谈”栏目《证难办，脸难看》曝光了河北省武邑县公安局出入境管理大队工作人员态度粗暴、刁难办证群众的问题。这就是一个十分典型的职业道德缺失的案例。

第三，部分基层工作人员因对待遇不满而懒政怠政。马克思在批判边沁功利主义时指出，人们所奋斗争取的一切都同他们的利益有关。马克思在这里指出了一个基本的事实，那就是人是社会现实中的人，生存和发展是每个人的首要问题。当然马克思承认这样一个事实，并没有停留在这个事实上，而是认为狭隘的资产阶级个人主义把个人利益当作了一切，共产主义者则是为了全人类的利益而奋斗。我们不得不承认，受限于社会发展程度，人们的认识和觉悟还不可能达到共产主义社会才应该达到的程度。所以，今天的人们仍然把劳动当作谋生和实现个人价值的手段，基层工作人员也不例外。正如我们所指出的，社会发展是一个历史过程，人们总是受限于社会的发展程度，另外还有一些不确定的因素影响个人利益和价值的实现。如果因为自己对社会产生不满情绪就可以不作为、慢作为，甚至乱作为，这实际是思想狭隘、境界低下的表现。

第四，一些基层工作人员能力不足。基层治理虽然不像高层政治家治国理政那样需要高超的政治智慧，但是把国家大政方针落实到群众身上的最后关键一步，同样需要一定的智慧和能力。这种能力包括对法律及上级政策的理解能力、同群众打交道的能力、为落实政策而必需的创新和变通能力等。缺乏任何一种能力，都做不好基层治理工作，导致群众利益受损，影响党和政府的威信。

首先，个别基层工作人员对法律和上级政策理解不深不透，甚至有偏差。基层工作人员要依法、依规办事，就必须理解好国家法律和上级的政策精神。各地都会结合本地实际出台与群众利益直接相关的政策，要求基层落实。这就首先要求基层治理主体吃透文件精神，认真落实。个别基层干部由于不善于学习，或者是懒于学习，对上级文件精神理解有偏差，导致政策执行过程中出现偏差，甚至导致群众利益受损。这类情况大多与民生问题息息相关。比如，国家或地方政府各种惠民政策、灾害补贴、养老助残，以及其他困难群众的补助救济等，都需要基层工作人员认真研究文件，认真核查，做好相应的计算发放。

其次，个别基层工作人员业务能力不足，尤其是处理不了难题。现在的基层治理专业性越来越强，而且越来越借助于现代办公技术。这就要求基层工作人员始终坚持学习，既需要学习专业知识，也需要学习专业技术。据报道，2022 年 4 月 5 日，内蒙古自治区主要领导在防疫的关键时期，暗访有关职能部门，要通过远程视频的方式检查边境地区口岸的防疫状况，结果工作人员因业务能力不行，而调不出画面。作为省区一级的工作部门尚出现这种状况，基层工作部门肯定也不少见。

再次，部分基层工作人员缺乏与群众打交道的能力。与群众打成一片，善于与群众沟通，化解矛盾，为群众排忧解难是基层干部必备的能力。群众路线不仅是中国共产党根本的政治路线和组织路线，更是生命线。时至今日，中国共产党长期执政的最大政治优势是保持与群众的血肉联系。基层干部是党和政府与群众之间紧密联系最直接的纽带，是群众路线最直接的实践者。因此，党的基层干部必须具备良好的与群众交流沟通的能力。但是现实中，确有少数基层工作人员不善于、不愿意，甚至厌烦同群众打交道。这说明，一方面，有些基层干部还没有真正理解党的群众路线，只是喊口号、做姿态，没有深入群众，因而没有练就与群众打交道的本领；另一方面，说明这些人能力不足，解决不了群众的难题，有的基层工作人员面对群众的质问，一问三不知，落到尴尬的境地，所以害怕接见群众。以北京市为例，北京市民的文化素养、权利意识、对国家法律政策的理解程度、对存在问题的认识程度都是很高的，尤其是北京市民中有大量的高级知识分子和各层级干部，其中还有大量热心关注公共事务和公益事业的市民。面对众多的市民，解答和解决他们提出的问题、难题，基层工作人员必须具备相应的能力，否则就会出现说不清、说不过的尴尬局面。这也是有些基层工作人员不愿见群众，害怕见群众的一个重要原因。

最后，少数基层治理主体谋求单位或个人的私利，甚至直接侵犯群众利益。在某些时候和某些方面，基层治理就是利益分配，而有些基层部门或个人在利益分配中谋取了不当利益。最常见的是基层工作人员个人吃拿卡要、勒索服务对象。党的十八大以来，基层反腐中查处了大量这样的案件。引起群众强烈愤慨的往往是那些对急需救助贫困群众的勒索。比如，2012 年“7·21”特大自然灾害发生后，北京市房山区琉璃河镇东南吕村共有 4 户村民房屋因灾受损，各自按程序分别申请了 1.35 万元救助金。2013 年 1 月，北京市房山区琉璃河镇东南吕村原党支部书记、村委会主任、经济合作社社长何志强向 4 户受灾村民发放了救助金。其中一户领取救助金后，何志强向该村民索要了 2000 元。[①]更多的是利用手中的权力损公肥私，各地查处的大量公车私用现象也不在少数。

（二）影响基层治理效能的客观原因

基层治理是治理主体为了实现既定目标，依法依规行政的过程，其治理效果如何，不仅与治理主体的主观因素有关，也与治理的客观环境有关。治理的客观环境一方面指基层治理依据的法律和政策；另一方面指可能影响法律和政策实施的外部因素。

第一，相关法律法规的衔接不顺畅，决定基层治理效能的最大客观因素是关于基层治理的法律和政策。依法行政是现代国家的最基本特征，也是衡量一个国家现代化水平的重要标准之一。以北京市为例，过去那种“七八

① 《北京房山：通报 2 起群众身边的腐败和作风问题》，中国经济网 2021 年 11 月 9 日，http：//www.ce.cn/xwzx/gnsz/gdxw/202111/09/t20211109_37072066.shtml。

顶大盖帽管不了一顶破草帽”的管理窘境，因为《北京市街道办事处条例》《北京市接诉即办工作条例》的颁布实施，而得到了极大改观，综合执法成为一种普遍的执法方式。但是，这些法律法规的实施并不意味着完全解决了问题，新的问题仍然会出现。

《北京市接诉即办工作条例》覆盖了北京市所有辖区和人口，但是《北京市街道办事处条例》还没有覆盖北京市所有辖区和人口。根据《北京市接诉即办工作条例》，北京市所有基层街道（乡镇）、居（村）委会都要按照该条例处理解决群众诉求。但是城市街道办事处与农村乡镇性质和功能定位不同，前者是区人民政府的派出机构，后者是地方组织法明确规定的一级政府机构，内部机构设置也有所不同，工作的重心和方式不同。城市社区居民委员会和农村村民委员会虽然同属群众基层自治组织，但是两者的功能定位也不尽相同，尤其是村民委员会还是一级集体经济组织。更重要的是，城市居民与农村居民由于身份性质的不同，他们的诉求以及解决问题的方式也不同。除了这背后深层的城乡居民在医疗教育社保住房等方面的性质差别外，还有生活方式习惯等差别。北京虽然已经高度城市化了，但是还有大量的农村居民，尤其是城乡接合部，不仅城市居民和农村居民混居，而且公用设施产权分属于不同性质的组织，还无法统一按照对城市居民的管理和服务办法来管理这些地区。所以北京全市还保留有大量的乡镇，特别是在城市化程度较高的城乡接合部保留了许多乡镇（地区办事处）。根据《北京市街道办事处条例》第 49 条规定，这些乡镇（地区办事处）在落实党建引领“街乡吹哨、部门报到”和接诉即办机制、开展综合行政执法活动时，可以参照本条例有关规定执行。这就可能为基层在实施接诉即办条例时带来困惑。比如，有些地区因为公共设施的产权性质不同，引出执法单位是否有执法权的问题。

第二，基层服务的体制机制不够健全。全国各地的基层治理架构基本建立起来了，但是有些体制机制还不够健全。比如，北京市在落实街道办事处条例和接诉即办条例时还存在不少问题。[①]接诉即办体制机制有待完善。一是体制机制还不健全。市、区相关部门及街道之间在处理群众诉求时存在责任边界不清、跨部门协调不畅、少数职能部门对履行主体责任认识不到位、解决基层问题推诿扯皮的现象。二是信息共享还不高效。市、区两级部门下沉的多个平台系统数据未与街道社区实现共享，影响了基层接诉即办效能。

综合执法水平有待提高。一是监管保障还不到位。职权下放部门对街道综合执法的业务指导、协调、监督和保障等存在明显不足。二是协同机制还不健全。随着执法权下放，有效的协同机制未完全建立，服务基层综合执法的大数据平台建设滞后，“全链条”监管合力难以有效发挥。三是专业能力还不突出。街道综合执法人员对水务河道、卫生健康、生态环境等新增领域的执法程序、办案方式不熟悉，司法所现有人员的专业能力与新承接的法治职能差距较大。

综合服务保障能力有待加强。一是履职权责还不匹配。《北京市街道办事处条例》中明确了街道办事处行使规划编制等七项职权，但基层反映落实不到位，需要市、区相关部门进一步细化措施和工作流程。部门虽然把权力下放到街道，但更多的是把责任和任务赋予街道，相关的执法力量、资源、经费等并没有一同下沉到街道，导致街道“不敢干、不愿干”的问题发生。二是履行“街乡吹哨、部门报到”主体责任还不到位。《北京市街道办事处条例》以法律形式固化了“街乡吹哨、部门报到”经验，为街道提升履职赋权赋能提供法理依据，但没有明确政府职能部门与街道办事处在办理市民诉求时的责任界限，少数职能部门对履行主体责任认识不到位，导致出现吹哨不解决或基层不愿吹哨。

第三，基层组织的行政执法环境受限，无法充分行使职权。除了上面提

① 2020年11月26日，北京市民政局在北京市第十五届人民代表大会常务委员会第二十六次会议上《关于贯彻〈北京市街道办事处条例〉实施情况的报告（书面）》，北京市人大常委会门户网站，http：//www.bjrd.gov.cn/zyfb/bg/202101/t20210116_2221227.html。

到的城市街道办事处与农村乡镇政府设置、城市居民委员会和农村村民委员会设置导致治理的适用法律和政策差别外，基层治理区域内各种组织单位也会影响治理效能。比如，北京市的许多街道乡镇辖区内有许多层级高、体量大的机关企事业单位。基层组织在开展基层治理工作时往往需要得到这些机关企事业单位的支持和配合，否则很难开展工作。特别是当涉及机关企事业单位的利益时，协调的难度非常大，基层组织甚至无力处理。比如，北京市有一些房地产开发企业，销售完商品房后，开发时代征的道路等公共设施不及时移交给地方政府有关部门，致使城市管理服务无法满足群众需要，造成群众生活不便，以致产生怨言。对此，基层组织也想解决群众的诉求，但是苦于自身地位低力量弱，如果没有上级政府的强力支持，很难得到开发企业的配合。面对类似情况，北京市开创了“街乡吹哨、部门报到”的合理解决问题模式并取得了很好的效果。但是这种模式在实施过程中也遇到了新的问题。比如，在实际工作中，街道乡镇在什么情况下吹哨，吹哨后解决问题所产生的后果，街道乡镇也是有顾虑的。

（三）行政发包制的政治运作方式在一定程度上导致了基层治理失效

以上列举了许多案例，证明在某些地区某些方面基层治理失效了，甚至是失败了。基层治理为什么会失败？俞可平给出了答案，他认为治理的失败可以理解成由于有关各方对原定的目标是否仍然有效产生争议而未能重新界定目标所致。[①] 简言之，就是基层治理主体背离了国家或者上级设定的治理目标，通过偷梁换柱的方式，把自己的目标替换了上级原来设定的治理目标。比如，本文列举的一些基层干部挤占挪用扶贫救灾的资金，就是明目张胆地把自己谋取私利的目标代替了本来扶危济困的治理目标。还有更多的是以隐晦的方式改换原来的治理目标。比如，有些干部懒政怠政、大搞形式主义，就是把自己不思进取混日子的目标代替了原来设定为群众提供公共服务

---

① 王锐：《乡村治理失效的原因与对策》，《重庆科技学院学报（社会科学版）》2008 年第 9 期。

的目标。那么，为什么会出现这种治理目标不一致的状况呢？除了我们上面列举的众所周知的原因之外，还有深层的原因，那就是中国自古以来就存在的行政发包制的治理方式一定会导致这种状况。

周黎安提出了行政发包制的概念和理论框架[①]，其他学者进一步拓展了这个理论。行政发包制是用于分析政府间关系、官员激励和政府治理的理论框架。它借鉴了经济领域企业生产的雇佣制和外包制的方式，说明中国自古以来就形成了，而且至今仍然在使用的行政治理模式。雇佣制的企业生产，由企业自身内部的员工进行生产，企业从原材料进厂，到生产流程、质量管控、员工的薪酬福利和考核都由企业自身完成。外包制生产是指企业将生产的某个环节外包给其他生产者，企业支付给外包生产者一定的资金后，不过问外包生产者的生产流程和生产者员工的薪酬福利，只是最后验收产品即可。雇佣制生产总体上由企业自控，生产者自由裁量权较小。外包制生产则不同，外包者自由裁量权较大，受发包者的监督力度小，其获利程度取决于压低成本的能力。至于外包者在生产过程中是否有违法违规行为，发包者则不过问。

中国的行政体制一方面具有韦伯所讲的科层制特点，即财权事权层层下授，据此进行考核验收；另一方面由于中国幅员辽阔，各地经济社会发展程度、民风习俗差距甚大，而且行政层级和事务众多，从中央到地方各级政府财力及对信息掌握都有限。这使得中央政府完全依靠科层制的治理方式成为不可能，于是强调属地责任制的行政发包制便应运而生。行政发包制是行政体系内部上下级之间的发包，即上级把治理任务发包给下级。但是行政发包制不完全等同于外包制，因为这种发包是在行政体系内部上下级之间进行的。尤其是在中国这种单一制集权国家，各级政府享有对下级政府的绝对权威，上级政府掌握着对下级的人事、监察、审批、指导权，以及不受约束的否决和干预权。行政发包制在一定程度上对地方起到了激励作用，激励地方获取财政盈余或者财政补贴，或者通过政策汲取本地税费资源，也包括官员的晋升。在行政发包制机制内，上级对下级的考核不如科层制考核那样细致

① 周黎安：《行政发包制》，《社会》2014 年第 6 期。

严格，往往以结果考核代替过程控制。这一方面可以激励地方治理的创新；另一方面则可以导致地方政府选择性执行，用自己的目标替代了原先上级设定的治理目标，对上级阳奉阴违，大搞形式主义，使得治理失效，甚至失败。这种失效更多地发生在基层治理上。因为行政发包制并不适用于所有的政府行为，对于国家统治和安全至关重要的重大事项则很少使用，比如，国家航天工程、高铁工程、南水北调、全民疫情防控等。行政发包制往往适用于教育、医疗、环境扶贫、地方治安秩序等日常公共服务领域。这些公共服务内容越是到基层，特别是乡镇街道一级就越适合行政发包制。正如上面所讲到的，由于上级财力和信息所限，把这些公共服务发包给基层是最适合不过的。因此，也正是在基层才更多地出现了治理不佳、不能提供有效公共服务的状况，从而导致基层群众不满。

在行政发包制治理方式下，许多治理不佳的状况都可以得到解释。有学者就对行政发包制下懒政怠政、为官不为作了比较恰当的解释。[①]行政发包制下上下级之间信息不对称、财政约束资源不足、考核不充分等原因为基层干部为官不为创造了条件。

三、提升基层治理效能的办法

提升基层治理效能是一个长期的过程，不能期望短时间内实现根本性改观。一方面是因为群众的诉求是不断产生的，解决了旧问题，还会产生新问题；另一方面是因为提升基层治理主体的治理能力也非一蹴而就，但是可以针对上面列举出的现象和原因，采取适当的办法予以逐步解决。还有就是从深层次上结合我国基层治理多采用行政发包制的现实，有针对性地改进基层治理中行政发包制的缺陷。

第一，持之以恒加强基层党组织建设，把服务效能当作检验基层党建的

① 冯源：《基层干部“为官不为”的生成逻辑与规制路径——基于行政发包制的视角》，《湖南行政学院学报》2021 年第 1 期。

一个重要标准。党的建设包含丰富的内容，诸如政治建设、组织建设、作风建设、纪律建设、思想建设。对于当下从事基层治理的基层党组织而言，作风建设、纪律建设、思想建设尤其重要。广大基层党员干部，每天直接面对群众的诉求，要解决群众的难题，首先在思想上感情上要理解群众的疾苦。因此，任何时候都要牢记共产党人的初心使命是为人民服务，要坚持以人民为中心，践行群众路线，所以基层党组织党建的第一任务就是教育党员干部不忘初心、牢记使命。这项教育应该是常态化党建活动，要做到让广大党员干部思想上认识到位，行动上作出表率。基层党组织思想建设是否到位最终要体现在基层治理实践上，体现在人民群众是否满意上。正如我们常讲的，思想是总开关，思想建设这关通过了，纪律、作风上就不会出大的问题，更不会出政治上的问题。在基层治理中，即使有些问题暂时因为条件不具备解决不了，经过耐心解释，大多数群众也是可以理解的。在这里需要强调的是，要在党的建设中，坚决反对形式主义，务必把基层党的建设与基层治理工作结合起来，切不可把二者分开来，必须在基层治理中检验党的建设成效。

第二，加强基层工作人员的职业道德建设。虽然基层组织中有许多共产党员，但是仍然有许多工作人员不是党员，在这种情况下以党员的标准要求每个工作人员并不现实，所以，对全体基层工作人员，尤其是非党员同志进行职业道德教育十分重要。基层治理属于广义的政府行为，具有权力性、公共性和法律性，因此基层治理主体的职业道德不同于一般的职业道德，标准和要求要高于一般的职业道德，这就是行政伦理。行政伦理要求治理主体爱岗敬业、诚实守信、办事公道、服务群众、奉献社会。在行政伦理教育中，务必让全体工作人员清楚明白这些要求，并落实到实际工作中，不能因为处于基层就看轻自己，看轻工作，从而放松对自己的要求。

第三，提升基层工作人员的业务能力和素质。现代社会分工越来越细，人们的需求越来越复杂多样，群众的诉求就越来越多样化。因此，为了满足群众的各种诉求，需要基层工作人员同样具有专业本领。这种专业本领，一是解决具体问题的能力，二是与群众的沟通能力。就专业本领而言，基层工作人员首先具有对国家和地方政府的法律法规和政策的掌握能力。法制化规范化是基层组织服务群众的一条重要要求，面对群众的各种诉求，能不能做、如何做、怎样做都应遵循法律法规和有关政策。其次是与各部门、各单位协调沟通解决群众诉求的能力。基层组织服务群众，往往不是基层工作人员冲在一线直接解决问题，而是需要专业组织和专业人员解决具体难题。这就需要基层工作人员协调这些专业组织和人员来处理群众诉求，比如解决居民生活中的水电气暖故障等问题。与群众的沟通能力则是基层工作人员必备的另一项能力。在现实中，群众的诉求未必完全合理，还有许多诉求，不是基层组织所能解决的，有的甚至需要长时间等待上级政府部门协调才能完成，而有些长期积累下来的老大难问题，因为涉及面广，解决起来更是困难。面对种种难题，需要基层工作人员向群众做耐心的解释，因此基层工作人员的解释沟通能力非常重要。尤其是面对上级的考核和群众对诉求办理评价之间的矛盾压力，基层工作人员既需要专业的解释能力，也需要良好的心理素质。这就要求基层工作人员加强学习，提升自身业务素质和能力，同时也需要政府对这些基层工作人员予以关心爱护。

第四，加强对基层组织和工作人员的监督，畅通群众的诉求和监督渠道。首先是加强对基层组织和工作人员的法律监督。这种法律监督不仅是司法监督，还指人大及其常委会开展的相关执法检查，特别是检查基层组织落实有关法律法规的情况。区县一级的人大及其常委会结合本区域内的具体情况开展执法检查会起到更好的效果。另外，这种监督还包括纪检监督。以往纪检监督重点在基层工作人员违纪违法问题的查处上，现在应该把监督基层组织在解决群众诉求时是否推诿扯皮作为一项常态化的监督内容。尽管各地纪检监察机关查处通报了许多基层组织和个别工作人员大搞形式主义，对群众诉求推诿扯皮的情况，但是这种监督还没有常态化。纪检监察机关接受群众投诉的仍然是具体的违纪违法问题，而对于群众投诉的基层形式主义问题鲜有受理。

另外一项重要工作是畅通群众诉求的渠道，不能把一些热心群众反映问题，当作是给政府找麻烦，甚至屏蔽这些热心群众的电话。现在各地都有大量热心于公共事务的群众，经常反映一些公共事务难题。个别基层组织或工作人员因为解决不了这些难题，但是又面对上级严格的考核，因此十分反感这些热心群众，认为他们是管闲事，不理解也不愿意接待这些群众。必须说明的是，基层政府屏蔽群众电话，这是一种违法的侵权行为，实质是违法剥夺群众的知情权、参与权、监督权、表达权，与民主治理的原则背道而驰。基层组织和工作人员应该坚持以人民为中心的思想，把这些热心群众的诉求当作是推动基层为群众服务的积极力量，甚至应该把这些热心群众组织起来，和政府一起推动基层组织服务效能的提升。

第五，坚持依法治理。当今社会，法治越来越深入人心，无论是基层组织还是广大群众，其法治意识空前提高了，因此依法治理是基层治理的根本遵循。但是，有一点需要说明，由于基层治理的法律都属于民事法律，相对于重大刑事和民事案件，这些法律法规所管辖的事件均属于比较小的事务，基本不涉及重大核心利益，因此执法部门往往本着缓和矛盾、多重调解、轻执法的原则。比如，居民养狗引起诸多纠纷，尽管从国家到各地都有相关的法律规定，但是执法部门大多是批评教育调解，很少严格执法，这往往造成被伤害一方的不满，致使矛盾长期存在。因此，基层组织，尤其是基层执法部门一定要严格执法，否则就会影响基层服务的效能。

第六，有针对性地去除行政发包制的弊端。周黎安说："依靠规则程序，细节化管理和奉公执法是行政发包制的软肋。"[①] 行政发包制是一种行之有效的治理方式，在多数情况下适合我国的国情，不能因为存在弊端而放弃，转而照搬西方科层制的治理方式。推动行政发包制完善的最有力工具是以信息技术为代表的科技力量，以及基层民众参与的民主权利。现代信息技术彻底改变了以往政府上下级之间信息不对称的状况，有利于各方的监督。民众的民主权力让民众更加有底气参与监督。其中需要说明的是，行政发包制的一个根本原因是上级财政受限，因此发展经济、解决财政困难问题才是根本的措施，当然这是一个漫长的过程。

---

① 周黎安：《行政发包制》，《社会》2014 年第 6 期。

总体国家安全观视域下的数字时代网络安全治理

白　琦*

2014年4月15日，习近平总书记在主持召开中央国家安全委员会第一次会议时，首次正式提出“总体国家安全观”①。近年来，网络空间安全领域不断爆发重大事件，网络安全威胁逐渐涵盖了各个领域，从物理基础设施和网络信息系统到社交媒体信息，对虚拟和实际世界的多个方面都构成了威胁。“当前，以网络化、数字化为代表的新科技革命和产业变革深入发展，给国家安全治理带来深刻影响。”②本文旨在通过分析当前数字时代网络安全面临的威胁和挑战，提出有效的对策，以保障信息网络安全稳定和可持续发展。

2015年，习近平主席发出“世界各国应共同构建网络空间命运共同体”倡议。构建网络空间命运共同体是确保全球网络安全的关键步骤，需要加强国际合作，全球各国共同努力。本文将从这些角度出发，探讨应对网络安全问题的具体治理策略，以期为网络安全领域的研究和实践提供有益的参考。

---

* 白琦，北京联合大学国际交流合作处助理研究员。

①《习近平主持召开十九届中央国家安全委员会第一次会议并发表重要讲话》，新华社2018年4月17日。

② 陈一新：《加强数字时代的国家安全治理》，《中国网信》2023年第9期。

一、数字时代网络安全的挑战与威胁

（一）人工智能的网络安全威胁

随着人工智能技术的不断迭代，深度学习和神经网络对各行业的技术支撑作用凸显，“从内容推荐到疾病诊断和治疗再到自动驾驶，深度学习在作出关键决策方面发挥着非常重要的作用”[①]。人工智能与网络安全深度结合将威胁和影响经济社会安全。《2018 年全球风险报告》认为：“人工智能赋能网络攻击的安全威胁及应对策略，网络攻击问题已经成为仅次于极端天气、自然灾害之外的世界第三大威胁。”[②] 针对人工智能系统的新的攻击形式（在性质上与传统的网络攻击不同）以一种“指数级的、有时无法衡量的方式增加了连接系统的攻击面”[③]。

（二）供应链网络攻击

供应链网络攻击是一种针对软件或硬件供应链中的环节进行的攻击，旨在通过植入恶意代码或篡改产品，对最终用户或组织造成损害。这种攻击利用了供应链中的弱点，通过污染或篡改整个供应链中的组件、软件、固件或硬件，从而使得最终用户在不知情的情况下使用受感染的产品。随着工业互联网供应链全球化趋势的发展，工业企业接触到核心技术产品、核心部件和敏感数据的供应商和服务提供商数量显著增加，因此工业企业的受攻击面也显著扩大。这使得外部合作伙伴、供应商，以及第三方服务提供商成为新兴威胁的潜在目标，供应链攻击已经成为一种新型威胁。

2013 年 6 月，“棱镜门”事件揭示了美国政府在全球范围内进行大规模

---

① 高枫：《揭秘人工智能带来的网络安全威胁》，《计算机与网络》2019 年第 3 期。

② World Economic Forum.The global risks report 2018［EB/OL］.（2018-01-17）［2021-02-26］.https：//cn.weforum.org/reports/theglobal-risks-report-2018.

③ 李宁：《人工智能与网络安全：技术、治理和政策挑战》，《中国工业和信息化》2021 年 8 月。

监控和数据收集的活动。根据斯诺登披露的文件，“棱镜门”计划使美国国家安全局能够获取来自主要科技公司的用户数据，包括用户的通信记录、电子邮件、社交媒体活动、文件传输等数据，并进行大规模的监控和分析。

（三）零日漏洞

零日漏洞，又被称为零时差攻击，指的是一种安全漏洞，它在被发现后立即被恶意攻击者利用，而相关的零日攻击是指利用操作系统或应用软件中的某些未被开发商知晓或尚未修复的漏洞来发动攻击的行为。从特征角度来看，零日攻击与传统的黑客攻击有许多相似之处，主要区别在于零日攻击的对象和渠道。零日攻击通常针对未知的漏洞或者已经被公开但尚未得到修复的系统漏洞。

（四）大数据中心的安全威胁

随着信息技术的迅速进步，包括云计算、大数据、物联网等新技术的发展，为科技信息化带来了新的推动力。然而与此同时，这些新技术也给网络信息安全带来了全新的挑战。

一是大数据环境中存在的各种威胁和漏洞，可能导致敏感数据泄露、隐私侵犯、数据篡改等问题。

二是大数据和云计算技术改变了数据的生命周期，打破了数据安全闭环，特别是“数据资源大量汇聚、集中存储以后，信息泄露、数据滥用等安全风险逐步加大”①。

三是在大数据环境中，数据被广泛收集和分析，如果没有严格的数据使用政策和合规控制，数据可能被滥用或用于不当目的。

（五）关键基础设施网络安全威胁

2021 年 5 月 7 日，美国最大的成品油管道公司科罗尼尔（Colonial）遭

① 孙翠云：《大数据安全的风险分析和解决思路》，《电脑知识与技术：学术版》2022 年第 29 期。

到勒索软件攻击，导致被迫关闭设备。由于科罗尼尔的管道网络在美国东部地区扮演着至关重要的角色，停运导致了燃油短缺、价格上涨和供应紧张的局面。“该事件凸显了关键基础设施对网络安全的脆弱性，以及勒索软件攻击对关键行业的潜在危害”①。

国家关键信息基础设施是指关系国家安全、国计民生，一旦数据泄露、遭到破坏或者丧失功能可能严重危害国家安全、公共利益的信息设施。基础设施一旦遭受网络攻击，将严重威胁生产安全和社会稳定，甚至导致整个产业链的瘫痪。当前，基础设施正在成为网络攻击的首要目标，“数字时代的网络攻击已经发生了很大的变化，并带来多重挑战，这将严重威胁国家安全”②。

以山东省为例，《2019年山东省互联网网络安全报告》中指出，“关键信息基础设施威胁日益升级”。2019年，山东省关键信息基础设施共遭受境外各类网络攻击18232起，多家APT组织对山东省发起网络攻击，涉及交通、能源、金融、电信等基础行业。“关键信息基础设施漏洞数量呈上升趋势，网络安全防护薄弱和态势感知能力缺乏的问题非常突出”③。

二、共建网络空间命运共同体，应对网络安全新挑战

习近平总书记指出：“网络安全和信息化对一个国家很多领域都是牵一发而动全身的”“没有网络安全，就没有国家安全，没有信息化就没有现代化。”④因此，国家亟须加快网络安全治理体系建设，将网络治理作为贯彻落实总体国家安全观的重要组成部分，提升我国关键基础设施漏洞威胁防御水

① 《美最大成品油管道遭勒索软件攻击被迫关闭，政府宣布紧急状态》，澎湃新闻2021年5月10日。

② 龚汉卿、李天婴：《高度警惕关键基础设施网络安全》，《网信军民融合》2021年第8期。

③ 山东网络安全和信息化委员会办公室、省通信管理局、国家计算机应急技术处理协调中心山东分中心编：《2019年山东省互联网网络安全报告》，人民邮电出版社2020年版。

④ 习近平：《中央网络安全和信息化领导小组第一次会议上的讲话》，新华社2014年2月。

平。为了推进全球网络空间治理，习近平主席倡议："各国应顺应时代潮流，勇担发展责任，共迎风险挑战，共同推进网络空间全球治理，努力推动构建网络空间命运共同体。"①

2015年，习近平主席在第二届世界互联网大会上首次提出"构建网络空间命运共同体"②。2017年3月1日，我国外交部和国家互联网信息办公室共同发布《网络空间国际合作战略》，该战略以构建网络空间命运共同体为目标，倡导在和平、主权、共治、普惠四项基本原则基础上构建全球网络空间命运共同体。

未来的网络安全挑战将更加严峻，要激励研究者进行网络安全方面研究，找出相关解决方案，并推动国家、组织的有效合作，创建一个稳定、安全的网络空间。

三、数字时代网络安全治理的对策思考

（一）倡导推动网络空间行为规范的形成

建立平台以促进网络空间的双边和多边合作，不断促进国际网络空间规则的制定和完善。各国在网络治理方面形成合力，加强对话合作，一同协商解决，实现共享共治的良好局面。各国应形成正确的"义利观"，"网络命运共同体的构建不仅符合国际社会的共同利益，也是全社会应有的责任与担当"③。

（二）加速发展大数据相关技术，建立网络安全纵深防御体系

一方面，加大对大数据安全保障关键技术研发的资金投入，推动基于大数据的安全技术研发，研究基于大数据的网络攻击追踪方法；另一方面，针对国家敏感、重要大数据防护目标，构建具有反制能力的网络安全积极防御

① 《习近平向第六届世界互联网大会致贺信》，《人民日报》2019年10月21日。
② 习近平：《在第二届世界互联网大会开幕式上的讲话》，《人民日报》2015年12月17日。
③ 张修蒙：《构建网络命运共同体的路径探析》，《企业科技与发展》2018年第10期。

体系，发展平战结合、军民结合、攻防兼备的网络。

（三）提升工业互联网供应链技术安全保障能力

一是完善供应链安全管理体系：建立全面的供应链安全管理体系，包括制定安全政策、规范和流程，明确责任和权限，确保供应链各环节的安全得到有效管理和监控。

二是强化物理安全措施：加强对工业互联网供应链环境的物理安全措施，包括控制物理访问权限、安装监控设备、保护机房和设备等，防止未经授权的人员和设备进入供应链环境。

三是数据加密和隐私保护：对供应链中的敏感数据进行加密处理，确保数据在传输和存储过程中的安全。同时，建立隐私保护机制，合规处理个人信息和敏感商业信息。

四是强化网络安全防护：采用先进的网络安全技术和设备，包括防火墙、入侵监测系统、安全监控和日志分析等，及时发现和应对网络攻击和威胁。

（四）注重人工智能赋能应用

要注重人工智能赋能应用，同时“在人工智能赋能网络构建中，还应该做好网络安全的有效管控，确保其技术的应用更加合理，也能够提升网络安全”①。在实施人工智能系统之前，促进适合性测试，以评估相关的安全风险。“这种测试将由参与开发和/或部署项目的所有利益相关者进行，应衡量价值、攻击的难易程度、损害、机会成本和替代方案”②。

着眼人工智能赋能网络攻击的威胁和影响，从防范安全威胁、构建对等能力的视角着手，尽快开展重大关键技术研究。推动“产学研”机构以有效

① 高飞、闫征：《人工智能赋能网络攻击的安全威胁及应对策略》，《网络安全技术与应用》2022年第4期。

② 李宁：《人工智能与网络安全：技术、治理和政策挑战》，《中国工业和信息化》2021年第8期。

应对人工智能赋能攻击新型威胁场景为首要需求，“从攻防两方面进行联合攻关，开展智能化威胁态势感知、自动化漏洞挖掘与利用、智能恶意代码等技术研究”[①]。

习近平总书记指出：“新时代新征程，网信事业的重要地位作用日益凸显。要坚持发挥信息化驱动引领作用，坚持依法管网、依法办网、依法上网，坚持推动构建网络空间命运共同体。”[②]在总体国家安全观的框架下，数字时代构建网络强国已成为中国实现新发展格局、推动中国式现代化的不可或缺路径，同时为推进国家安全体系和能力建设、维护国家安全和社会稳定提供了坚实的基础。要继续强调信息化驱动引领作用，依法管理互联网、依法推进互联网发展，积极促进国际社会建立网络空间命运共同体，为现代化建设和国家安全提供更为牢固的支撑。

① 方滨兴、时金桥、王忠儒、余伟强：《人工智能赋能网络攻击的安全威胁及应对策略》，《中国工程科学》2021 年第 2 期。

②《习近平对网络安全和信息化工作作出重要指示》，新华社 2023 年 7 月 16 日。

平安中国视域下基层社会治理的现实困境与路径选择

张静文 *

2019 年 10 月，党的十九届四中全会审议通过的《中共中央关于坚持和完善中国特色社会主义制度 推进国家治理体系和治理能力现代化若干重大问题的决定》明确提出，坚持和完善共建共治共享的社会治理制度，保持社会稳定、维护国家安全，建设更高水平的平安中国。[②] 基层社会治理作为我国治理体系的基础，是社会稳定平安、国家长治久安的重要基石，也是新形势下创新社会治理模式的重中之重。平安中国建设既是基层社会治理的重要目标，也是基层社会治理的重要保障，扎实推进基层社会治理是推进平安中国建设、促进基层社会稳定的应然选择。

一、"更高水平"平安中国建设的紧迫要求

以习近平同志为核心的党中央从构建新发展格局、统筹国内国际两个大局、办好发展安全两件大事出发，作出了建设更高水平平安中国的重大决

---

* 张静文，中共湖南省委党校（湖南行政学院）法学教研部讲师。

① 郭占恒:《从全面建设"平安浙江"看"建设更高水平的平安中国"》,《浙江经济》2023 年第 7 期。

②《中共中央关于坚持和完善中国特色社会主义制度 推进国家治理体系和治理能力现代化若干重大问题的决定（2019 年 11 月 5 日）》，https：//www.gov.cn/zhengce/2019-11/05/content_5449023.htm？ eqid=82d2cc60000e6af20000000664842f79。

策。更高水平的平安体现的是一种更全面、更系统的大平安，是一种对更高质量美好生活的诉求，也是一种对更精准危机预警能力的要求。①

（一）世界百年未有之大变局下不确定因素日益增多

当前，世界百年未有之大变局加速演变，世界之变、时代之变、历史之变的特征更加明显，国际环境充满着不稳定性不确定性，我国发展面临世所罕见、史所罕见的风险挑战。受新冠疫情全球持续流行等多因素影响，经济全球化遭遇强态逆流，世界经济复苏乏力，地缘政治冲突加剧，保护主义、单边主义上升，强权政治对世界和平与发展构成严重威胁。特别是在中美博弈大背景下，地区性冲突多发，安全局势更加动荡，我国外部环境不稳定性、不确定性更加凸显，安全环境正发生改革开放以来最深刻的变化。

（二）国内安全领域面临诸多风险和挑战

从国内看，经历三年新冠疫情冲击，长期积累的深层次矛盾加速显现，很多新情况新问题又接踵而至。外需下滑和内需不足碰头，周期性和结构性问题并存，一些地方的房地产、地方债务、中小金融机构等风险隐患凸显，部分地区遭受洪涝、台风、地震等严重自然灾害。②在这种情况下，政策抉择和工作推进面临的“两难”“多难”问题明显增加，发展不平衡、不充分问题仍然突出。政治安全风险依然严峻复杂，敌对势力渗透颠覆力度明显加大，意识形态、宗教、网络安全等领域斗争更趋复杂激烈；经济金融风险交织叠加，一些地方经济困难和金融风险相互交织，高负债、盲目扩张企业特别是房地产企业风险暴露，极易向社会政治领域传导；社会风险复杂多元，社会稳定风险传导联动，治安风险多发易发，电信网络诈骗等非接触类犯罪多发，性侵未成年人、养老诈骗犯罪上升，个人极端暴力事件时有发生；公

① 张青卫：《“更高水平”平安中国的科学内涵与建设路径》，《天津大学学报（社会科学版）》2021 年第 7 期。

②《政府工作报告——2024 年 3 月 5 日在第十四届全国人民代表大会第二次会议上（2024 年 3 月 12 日）》，https：//www.gov.cn/yaowen/liebiao/202403/content_6939153.htm。

共安全领域，交通安全风险上移，消防安全隐患凸显，安全生产形势严峻。非传统风险方面，新技术新业态领域安全风险呈发展态势，带来信息安全、数据安全、网络安全和个人信息安全等一系列新挑战。

（三）人民美好生活的需要对安全感提出了更高要求

平安是老百姓亘古不变的期盼，是人民群众最基本的民生需要。党的十九大报告指出："人民美好生活需要日益广泛，不仅对物质文化生活提出了更高要求，而且在民主、法治、公平、正义、安全、环境等方面的要求日益增长。"[①]随着我国社会主要矛盾发生历史性变化，人民群众对平安的需要，不只包含治安良好、犯罪率低，生命财产安全有保障，还涵盖安居、安业、安心、安康等方面，甚至扩展到网络环境清朗、营商环境优越、社会公平正义等方面，平安的内涵外延不断拓展，标准和要求也更新更高。

二、当前基层社会治理面对的现实困境

基层是国家治理的最末端、服务群众的最前沿。近年来，我国基层社会治理积累了一些有益经验，取得较好的效果，但与建设更高水平的平安中国的新目标新期待相比还有一定的差距。主要阻碍有以下几方面内容。

（一）治理理念转变难

随着我国改革开放步伐的不断加快，人民群众与政府之间的互动日渐频繁，群众希望得到政府更多的关怀与优质的服务，但部分基层干部在长期工作中形成了以"管"为核心的治理理念，下意识地用手中的权力来开展管理，对群众的基本诉求"被动式"地应对，这就难免会产生一些不良的社

---

① 习近平：《决胜全面建成小康社会 夺取新时代中国特色社会主义伟大胜利》，人民出版社 2017 年版。

会影响。[①] 由此可见，传统的基层治理理念往往侧重于行政管理和权力集中，这种理念在一定程度上限制了基层组织和自治组织的自主性及创新性。基层治理理念的转变难在：一是管理到服务的治理理念转变难。部分地区政府工作人员尚未真正树立"以人民为中心"的治理理念，也未能很好地适应从管理到服务的理念转变，重政府监管、轻社会协同等现象较为突出。二是被动到主动的参与意识转变难。部分群众将公共建设、公益事业等均视为政府工作，习惯于等政策、靠扶持、要条件，自我管理、自我服务意识不强。

（二）社会力量参与难

目前基层治理呈现出政府管理多、引导少、部分地区群众参与少的现象，政府、社会和公民的共享交流、沟通协商、共建共治共享的格局尚未完全形成。一方面，群众参与仍然出现参与意愿不强、参与结构失衡、参与层次偏低、参与方式被动等难题。能力强、技术高、能够提供更为高效支持的社会中坚力量和专业技术人才参与得不多。另一方面，基层志愿服务发展仍然面临一些现实困境。比如，对基层志愿服务工作认识浅显、重视不够、基层志愿服务工作队伍建设稳定性较低、基层志愿服务社会化专业化水平偏低等都可看出基层志愿服务发展仍显不足。

（三）数据共享融通难

各地高度重视基层社会治理的信息化建设，但数据准确性、完整性不够，数据更新、信息安全相对滞后，大数据的数量和质量存在差距，数据平台运维、视频监控维护等存在财力支撑困难。一方面，部分地区和单位已建设信息数据平台，但存在重复建设的现象，数据通融程度不高。对信息平台的运用还停留在实时监控、可视调度、事后追溯等层面，离向前端治本延伸、源头预测预警预防还有差距，数据治理的便捷效果还不够理想。另一方面，因为没有形成全国或全省统一的智慧信息平台，信息共享有技术障碍，

---

① 陈梵:《新时代基层干部治理能力提升研究》,《新西部》2023 年第 5 期。

存在网络梗阻、信息孤岛、数据壁垒、信息“部门化”和“碎片化”、信息技术共享难等问题。

（四）部门协同推进难

当前各层级、各部门多是着眼自身来推进基层社会治理，而在相互之间的密切协同、无缝衔接和同向发力上有待加强。一是跨部门协作联动难。部分基层社会治理部门因职责任务交叉重叠等因素，矛盾化解中呈现出“横向衔接不畅”“九龙治水而水不治”的问题，部门间协作有困难。比如，某些省份在贯彻落实中央文件后制定了一系列实施意见和措施，其中乡村治理主要由乡村振兴局负责，城市党建引领基层治理主要由党委组织部负责，市域社会治理现代化主要由党委政法委负责，各部门侧重不同，工作交叉重叠，相同工作却有不同要求。二是纵向推进合力不足。省、市、县、乡（街道）、村（社区）五级联动工作格局存在对接不畅、合力不足问题，省、市级层面在方案设计、宏观决策、指导实施、统筹协调等方面的作用还需加强，距离上下贯通、运行高效的推进机制要求还有差距。

三、平安中国视域下基层社会治理的路径选择

平安是人民幸福安康的基本要求，是改革发展的基础和前提。党的二十大报告提出：“夯实国家安全和社会稳定基层基础，建设更高水平的平安中国，以新安全格局保障新发展格局”“完善社会治理体系，健全共建共治共享的社会治理制度，提升社会治理效能。”[①] 党的十八大以来，伴随着平安中国建设的深入推进，人民群众居家更安心，出行更放心、生活更舒心，“平安中国”成为一张靓丽的国家名片，中国成为世界上最安全的国家之一。与此同时，平安中国建设面临新形势，面对新挑战，只有加快基层社会治理，

---

① 习近平：《高举中国特色社会主义伟大旗帜 为全面建设社会主义现代化国家而团结奋斗——在中国共产党第二十次全国代表大会上的报告》，人民出版社 2022 年版。

努力建设更高水平的平安中国，才能适应社会发展新形势，满足人民新期盼，实现中国式现代化。

（一）强化“以人民为中心”的基层治理理念

在不同地区的基层治理工作中，需要树立明确的治理理念，那就是始终将人民放在第一位，以人民为中心开展各项治理工作。习近平总书记强调，“我们要始终坚持人民至上，要积极发展全过程人民民主，健全人民当家作主制度体系，要贯彻以人民为中心的发展思想”。一是树立社会治理共同体意识。建设“政府、社会、公众的协同治理机制”，明辨三者的指涉对象和逻辑关联，更好地推进政府、社会及公众的协同合作，强化基层治理的实效。深化基层自治的治理机制，优化决策参与机制，提升人民群众的主体意识和参与意识，建设共建共治共享的社会治理制度，“建设人人有责、人人尽责、人人享有的社会治理共同体”。二是要充分实践“以人民为中心”的服务型政府理念。基层领导干部要从主观上转变思想认识，破除传统的“管理”思维定式，建设以人民为中心的治理理念，不断增强服务意识，提升基层治理效能。一方面，要树立制度意识。按照制度来处理问题，严格按照流程办事，保证各项基层工作能够有据可依、有章可循、善始善终。另一方面，要树立互动意识。在实际工作中，基层领导干部要加强与人民群众的互动，要深入群众，真正了解民情、理解民意，明白群众心中所想、心中所愿，从实际出发，找到适宜的解决方式与治理对策。在现有工作机制模式中，通过和基层民众打交道，用权为民行便利的同时，虚心采纳群众意见，及时总结高效经验，简化程序来解决基层民众的急难愁盼。

（二）激发“社会＋市场＋群众”的基层治理内生动力

社会力量参与基层治理是新时代加强社会治理的内在要求，是打造共建共治共享社会治理格局的使命必然，是激发社会活力、提升社会治理社会化专业化水平的现实需要。一是拓宽群众参与基层社会治理渠道，进一步引导社会力量参与治理。要认清政府并非社会治理的唯一主体，切实转变政府职能，适时调整国家与社会、政府与基层间的关系，既要有治理体系中的自上而下，也要有自下而上的治理融通，真正从“社会管理”走向“社会治理”，实现治理力量多元化。[①]丰富社会组织和群众参与的新形式，为各种社会力量创造发挥作用的机会和空间，注重挖掘民间潜力，提升自发性民间社会组织活力，鼓励经验丰富的政法干警、社区干部、教师等高素质人群参与基层社会治理服务团队。积极培育和引导社会力量参与基层治理，是新形势下创新社会治理的重点问题，也是提高社会自治程度、提升基层治理现代化水平的一个重要途径。二是组建基层社会组织孵化平台。培育扶持基层公益性、服务性、互助性社会组织，培育更多的社会组织来承接政府转移职能和服务项目。比如，常德市鼎城区蔡家岗镇“发展平安之星协会，引导群众共建共治”，探索发展社会组织，全镇建立 17 个协会，激发群众活力，协会参与化矛盾、关爱帮扶防肇事、视频巡查强防控，实现了社会组织全覆盖、重大矛盾全化解、重大风险零发生。三是进一步激发市场主体参与治理。逐步扩增政府购买服务的范围和规模，充分发挥市场主体在公共服务供给中的独特功能和作用，探索项目合作共建等多渠道、多类型的市场参与模式。另外，进一步培养社会工作专业人才。逐步解决当前基层社会治理人才少、能力弱的问题，立足长远，着力建设一支专业化的社工人才队伍，为基层社会提供矛盾调处、权益维护、心理疏导、情绪支持、危机干预等专业工作服务，夯实基层社会治理基础。

（三）完善“数据＋治理”的基层治理支撑体系

一是进一步加强数据建设，推进“一网共治”。以智慧城市建设为契机，加大重点数据设施建设力度，完善基层信息系统，加快基层信息资源更新，按照“统筹规划、集约建设、安全可行、上下贯通”的原则建设覆盖广、精度高的五级联动数据中心和社会治理信息平台，适应社会治理层级结构，打

---

① 李三辉：《社会力量参与基层治理的逻辑进路与对策探讨》，《三晋基层治理》2023 年第 4 期。

造省一市一县多层级社会治理数据中心。二是进一步加强数据共享，推进“一体运行”。整合应急管理、公安、交管、城管等部门信息系统资源，通过科技破壁实现端口互联，做到信息互享、数据互通，实现分级采集、一体运行。推进基层社会治理数据标准规范体系建设，健全治理数据采集、存储、处理标准规范，确定各级数据共享管理主体，探索建立联动管理模式，形成高效运行的共享协调工作机制，明确信息数据提供、使用、管理、共享的权利和义务，破除信息孤岛和部门壁垒。三是加强数据运用，实现基层社会治理由“处置”向“预警”突破。统筹推进智慧城市、智慧社区基础设施、系统平台和应用终端建设，强化系统集成、数据融合和网络安全保障，建立完善预警机制。定期梳理矛盾纠纷的总体情况、变化情况、发展趋势等宏观内容，运用大数据分析矛盾纠纷数据，对重点地区、重点行业、重点时段提前预警，以专题汇报等形式提供参考，以进一步实时调整预防措施，及时堵塞漏洞，尽可能做到防患于未然、防患于基层。

（四）优化“纵向＋横向”的协同治理机制

一是建设“政府、社会、市场的协同运行机制”。进一步发挥政府、社会、市场的机制功能，着力增强政府、市场、社会等体系机制的协同互补作用。如湖南省岳阳市湘阴县文星镇长岭社区通过政企合作，在政府的领导下，将全社区生活垃圾分类工作进行企业化市场运营，打造生活垃圾分类全产业链，通过政府推动、市场运作、全民参与，实现人居环境治理，助力生态文明乡镇建设。二是建设“纵向和横向的协同推进机制”。加强上下层级之间的协同，搭建“上下贯通”的纵向协同机制，建立省、市、县、乡（街道）、村（社区）联席会议机制，定期进行信息收集和问题汇集，强化上下级之间的纵向协同。另外，加强横向部门之间的协同，搭建“左右联动”的横向协同机制，健全和完善各级层面调度会议机制，加强部门对接联系与衔接配合，避免部门隔阂和阻碍，推动均衡发展。